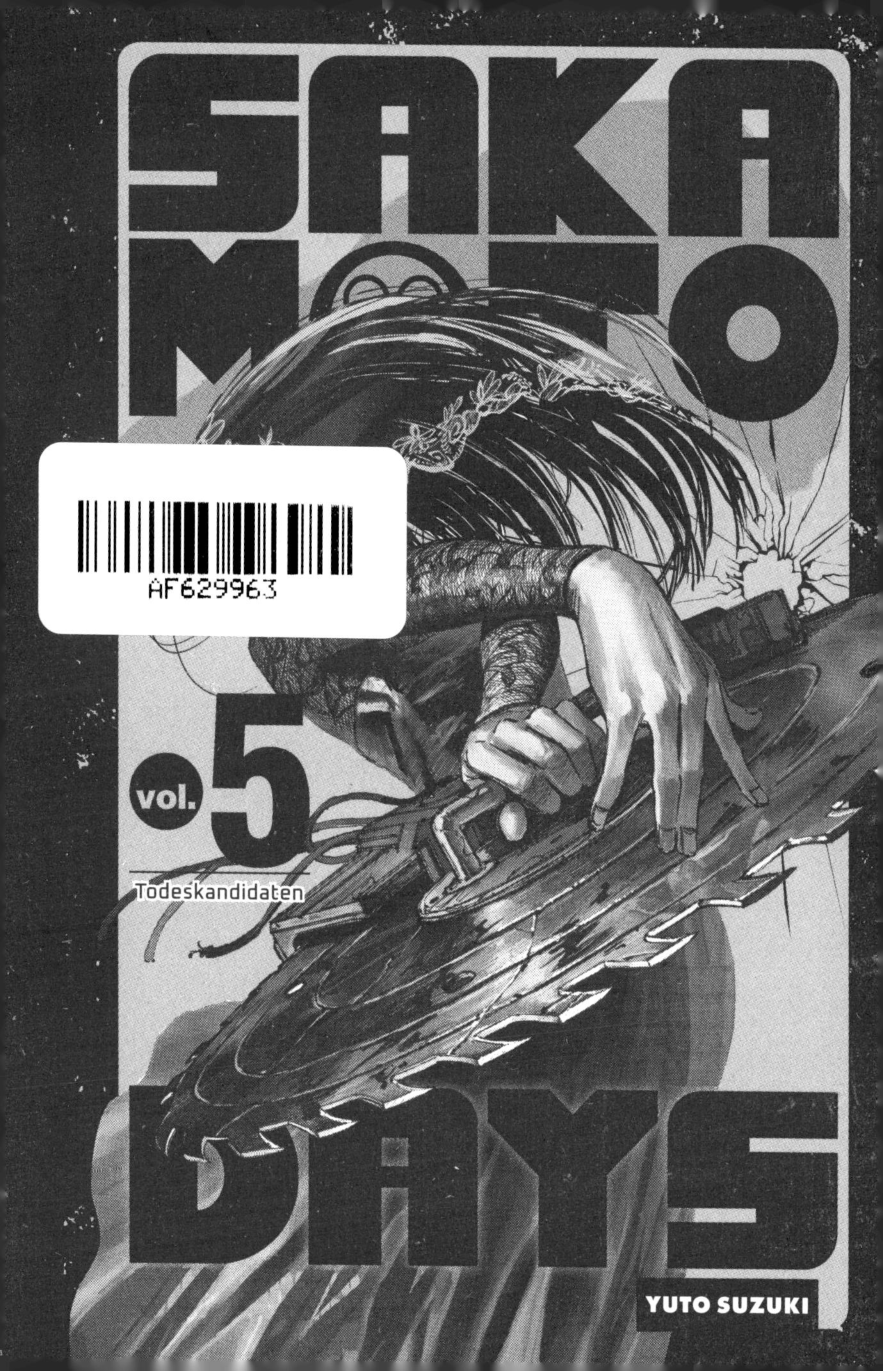
SAKAMOTO
vol. 5
Todeskandidaten
DAYS
YUTO SUZUKI

EMPFEHLUNGEN IN DIESEM BAND !!

SAKAMOTOS LADEN

BAND 5
CHARAKTERE & WAS BISHER GESCHAH

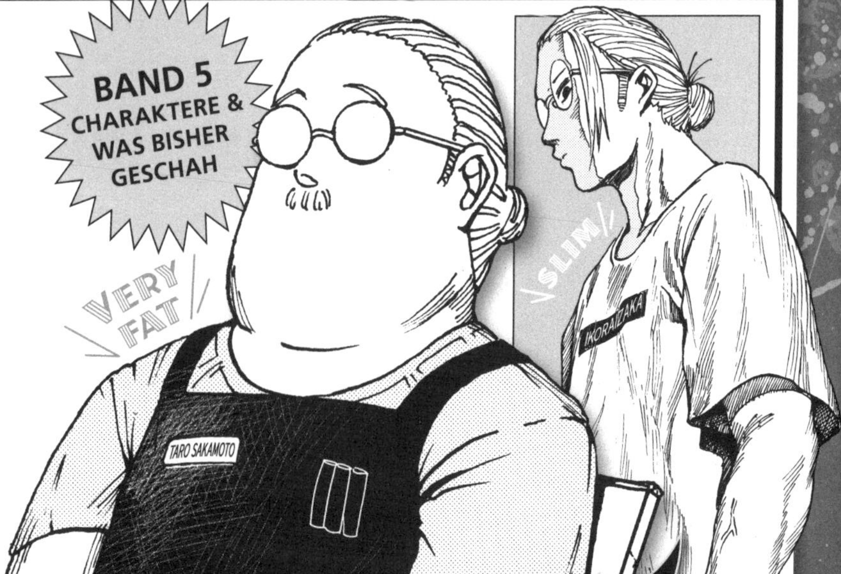

TARO SAKAMOTO

EHEMALS: LEGENDÄRER PROFIKILLER

Ehemals der stärkste und gefürchtetste Auftragskiller. Führt jetzt einen kleinen Familienbetrieb, einen Tante-Emma-Laden namens »Sakamoto«, in einem ruhigen Viertel der Vorstadt. Ein recht schweigsamer und gefräßiger Zeitgenosse, der, obwohl er mittlerweile kugelrund ist, noch immer die gefährlichsten Tötungstechniken und alle Tricks und Kniffe eines waschechten Profikillers instinktiv beherrscht. Seine Frau und seine Tochter liebt er über alles. Wenn er zu viele Kalorien verbrennt, magert er schnell ab und ist wieder schlank und fit wie ein Turnschuh.

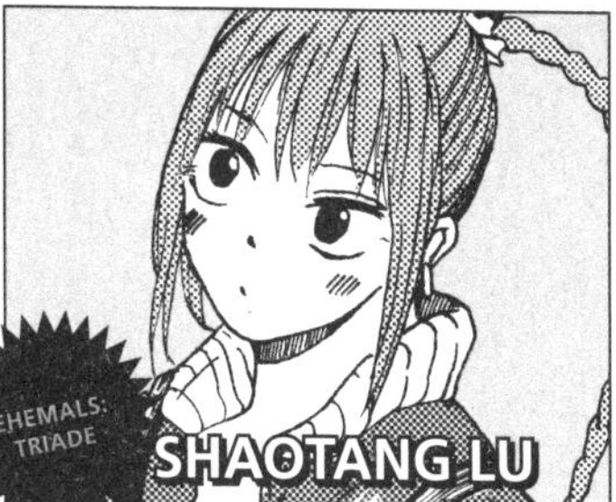

EHEMALS: TRIADE

SHAOTANG LU

Tochter einer Triaden-Familie. Sakamoto rettete ihr das Leben, als sie von einem befeindeten Clan, der ihre gesamte Familie ausgelöscht hatte, verfolgt wurde. Ebenfalls Mitarbeiterin bei Sakamoto.

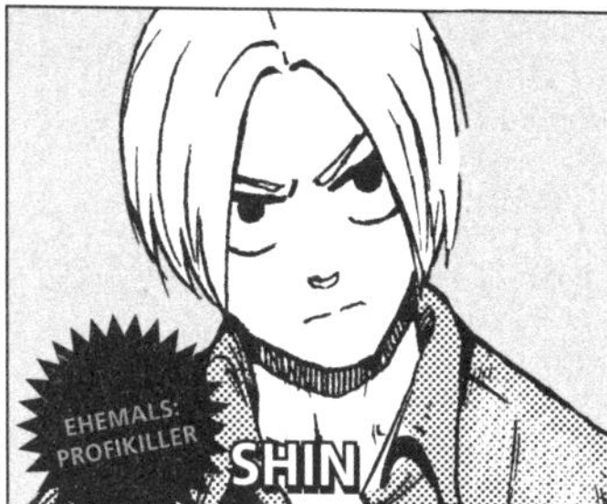

EHEMALS: PROFIKILLER

SHIN

Ehemaliger Untergebener Sakamotos. Telepath, der die Gedanken anderer Menschen lesen kann. Wurde von Sakamoto gerettet und arbeitet seitdem als erster und fleißigster Mitarbeiter in Sakamotos Laden.

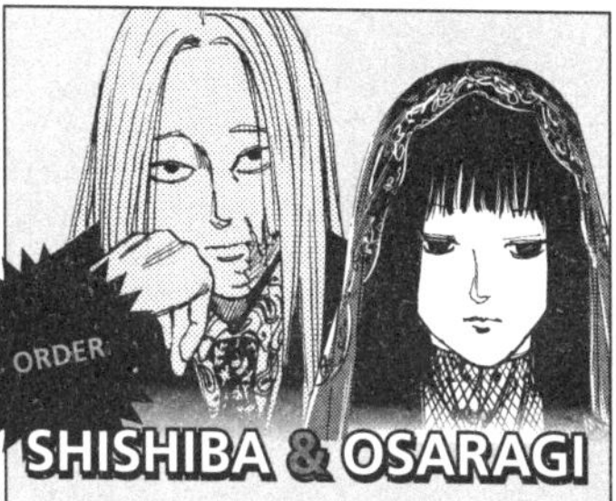

ORDER

SHISHIBA & OSARAGI

Mitglieder von ORDER, einer Spezialeinheit, die direkt dem JBA untersteht. Ihr Job ist es, gefährliche Auftragskiller aus dem Weg zu räumen.

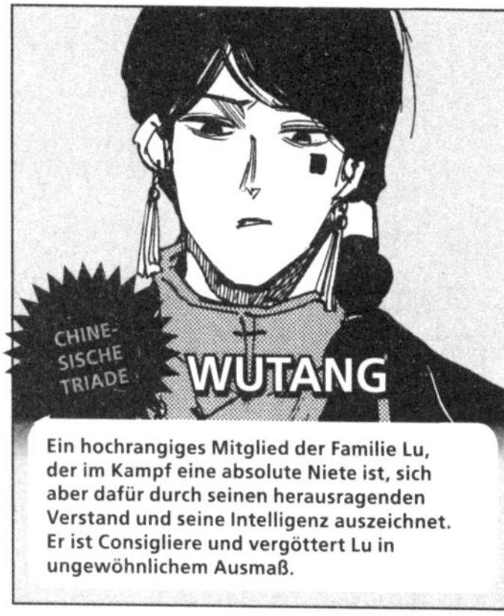

CHINESISCHE TRIADE

WUTANG

Ein hochrangiges Mitglied der Familie Lu, der im Kampf eine absolute Niete ist, sich aber dafür durch seinen herausragenden Verstand und seine Intelligenz auszeichnet. Er ist Consigliere und vergöttert Lu in ungewöhnlichem Ausmaß.

STORY

Es war einmal ein legendärer und erstklassiger Auftragskiller. Sein Name: Taro Sakamoto. Er war der Beste von allen, die Nummer 1 unter den Auftragsmördern, von der gesamten Verbrecherwelt gefürchtet und bewundert zugleich. Doch eines Tages… verliebte er sich! Danach folgten Schlag auf Schlag: Ruhestand, Hochzeit, Nachwuchs – und dann… wurde Sakamoto fett! Und zwar so richtig. Mittlerweile ist er Besitzer eines Familienbetriebs namens »Sakamoto« und kaum dass er der Unterwelt den Rücken gekehrt hat, sieht er sich ständig neuen Gefahren ausgesetzt. Dabei versucht er doch nur, den ruhigen Alltag und das friedliche Familienleben mit seiner geliebten Frau Aoi und seiner Tochter Hana zu beschützen und löst all die Probleme, die auftauchen, lieber im Geheimen zusammen mit seinem früheren Partner Shin. Der erbitterte Kampf im Untergrund des Labors zwischen Sakamoto und seinem Team, ORDER und der mysteriösen Mörderbande endet damit, dass Kashima, ein direkter Untergebener von »X«, ausgeschaltet wird. Doch die wahre Identität von »X« bleibt nach wie vor ein Rätsel. Wutang, ein Mitglied der chinesischen Triade, taucht plötzlich in Japan auf in der Hoffnung, Lu zurück nach China zu bringen. Natürlich hat er nicht damit gerechnet, dass Sakamoto Lu inzwischen als treue Mitarbeiterin eingestellt hat. Er macht ihnen einen Vorschlag und es kommt zu einem Glücksspielwettbewerb in einem Casino: Wenn Team Sakamoto verliert, muss Lu nach China zurückkehren. Sollten sie allerdings gewinnen, erhalten unsere Helden Informationen über das Kopfgeld, das auf Sakamoto ausgesetzt wurde und Lu darf bleiben.

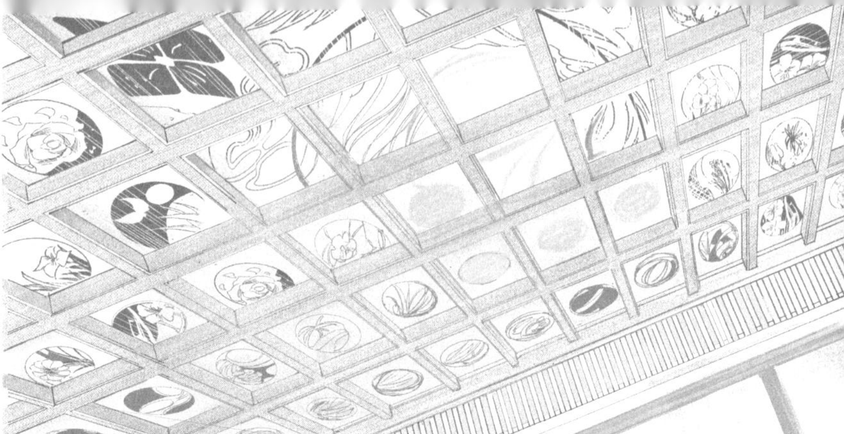

SAKAMOTO DAYS vol. 5

INHALT

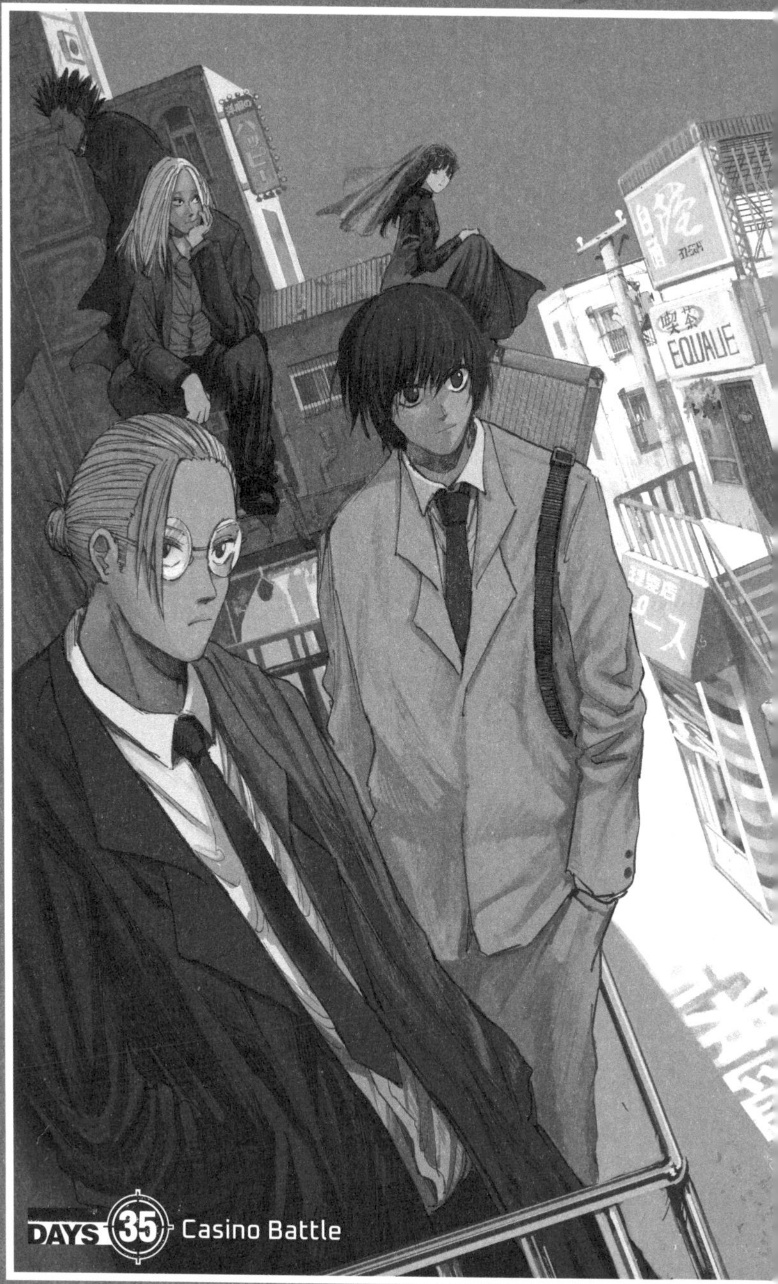

DAYS 35 Casino Battle

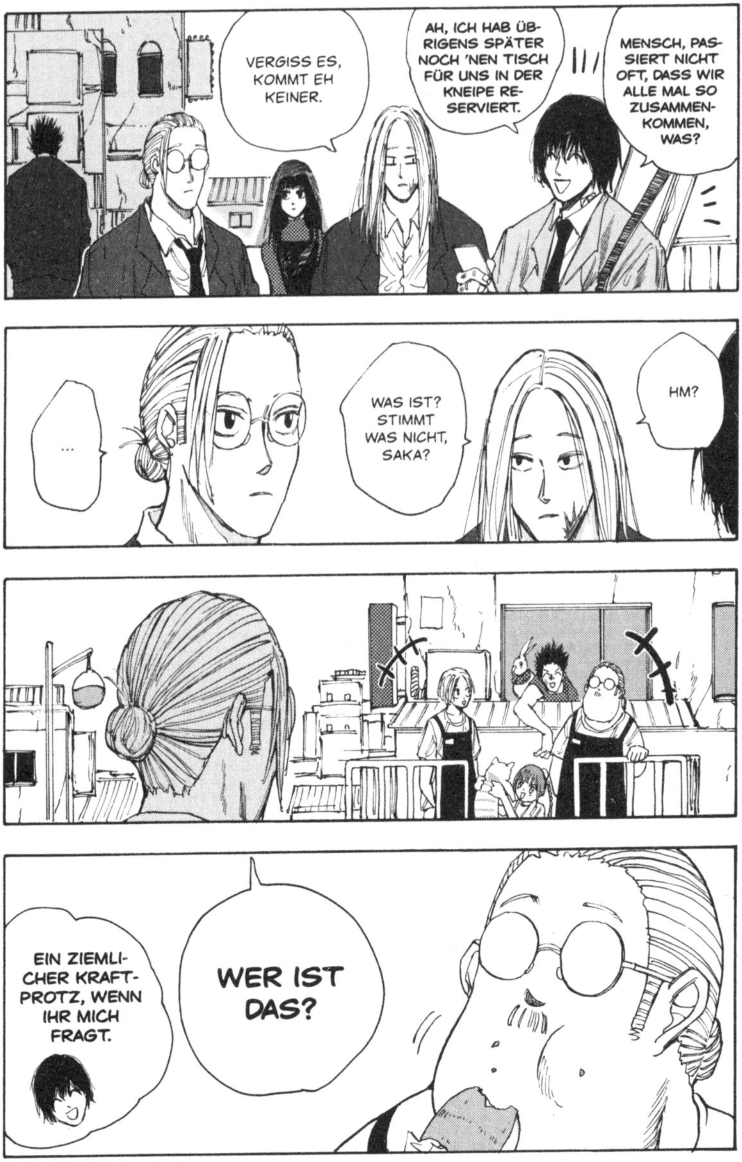
MENSCH, PASSIERT NICHT OFT, DASS WIR ALLE MAL SO ZUSAMMENKOMMEN, WAS?
AH, ICH HAB ÜBRIGENS SPÄTER NOCH 'NEN TISCH FÜR UNS IN DER KNEIPE RESERVIERT.
VERGISS ES, KOMMT EH KEINER.
HM?
WAS IST? STIMMT WAS NICHT, SAKA?
...
WER IST DAS?
EIN ZIEMLICHER KRAFTPROTZ, WENN IHR MICH FRAGT.

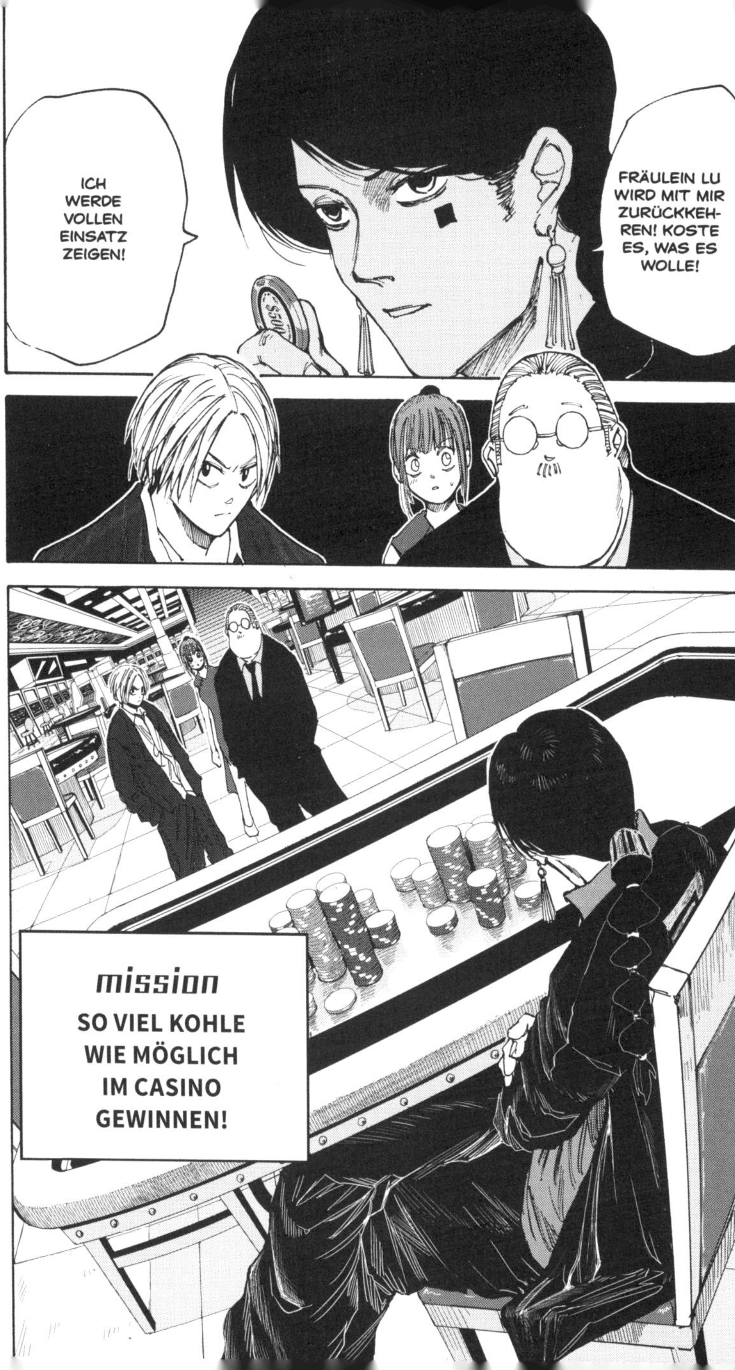
FRÄULEIN LU WIRD MIT MIR ZURÜCKKEHREN! KOSTE ES, WAS ES WOLLE!
ICH WERDE VOLLEN EINSATZ ZEIGEN!
mission
SO VIEL KOHLE WIE MÖGLICH IM CASINO GEWINNEN!

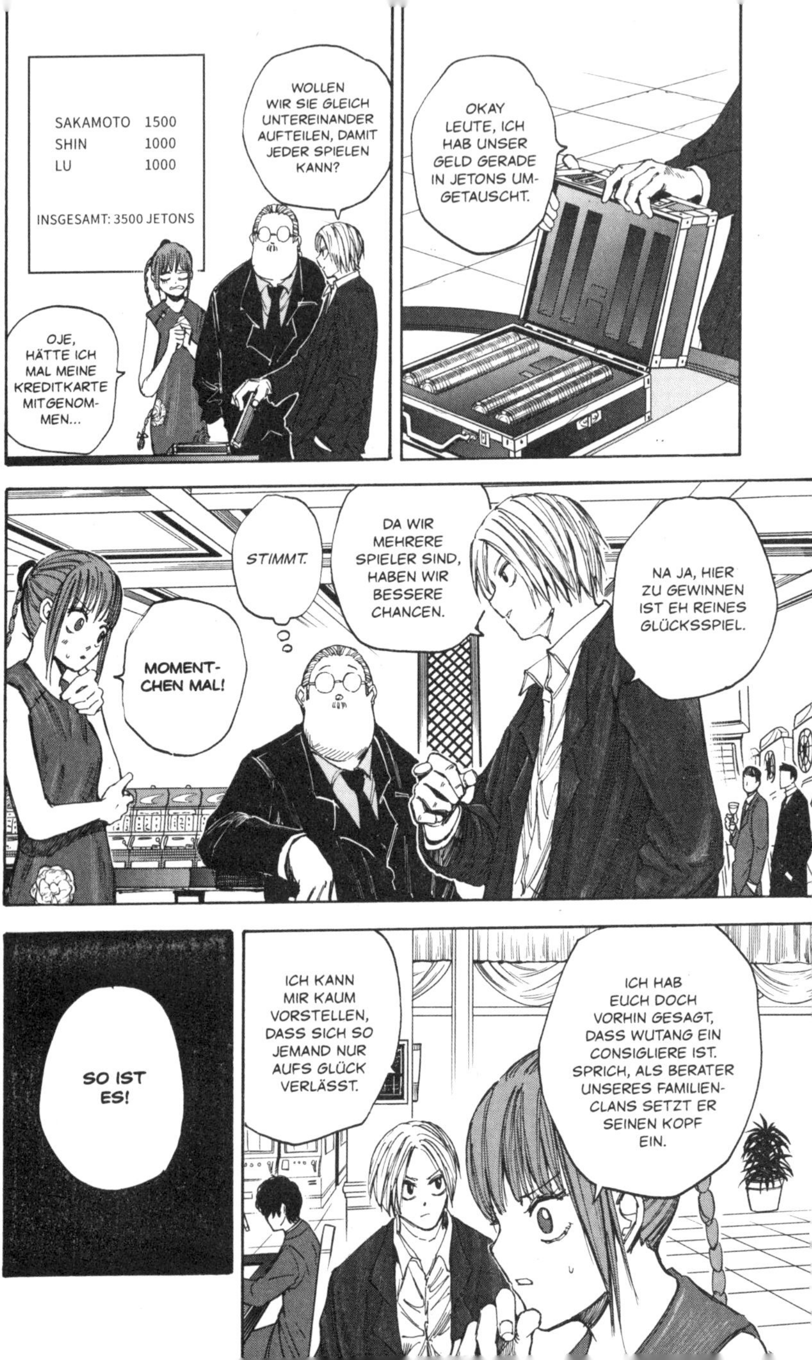

OKAY LEUTE, ICH HAB UNSER GELD GERADE IN JETONS UMGETAUSCHT.
WOLLEN WIR SIE GLEICH UNTEREINANDER AUFTEILEN, DAMIT JEDER SPIELEN KANN?
SAKAMOTO 1500
SHIN 1000
LU 1000
INSGESAMT: 3500 JETONS
OJE, HÄTTE ICH MAL MEINE KREDITKARTE MITGENOMMEN...
NA JA, HIER ZU GEWINNEN IST EH REINES GLÜCKSSPIEL.
DA WIR MEHRERE SPIELER SIND, HABEN WIR BESSERE CHANCEN.
STIMMT.
MOMENTCHEN MAL!
ICH HAB EUCH DOCH VORHIN GESAGT, DASS WUTANG EIN CONSIGLIERE IST. SPRICH, ALS BERATER UNSERES FAMILIENCLANS SETZT ER SEINEN KOPF EIN.
ICH KANN MIR KAUM VORSTELLEN, DASS SICH SO JEMAND NUR AUFS GLÜCK VERLÄSST.
SO IST ES!

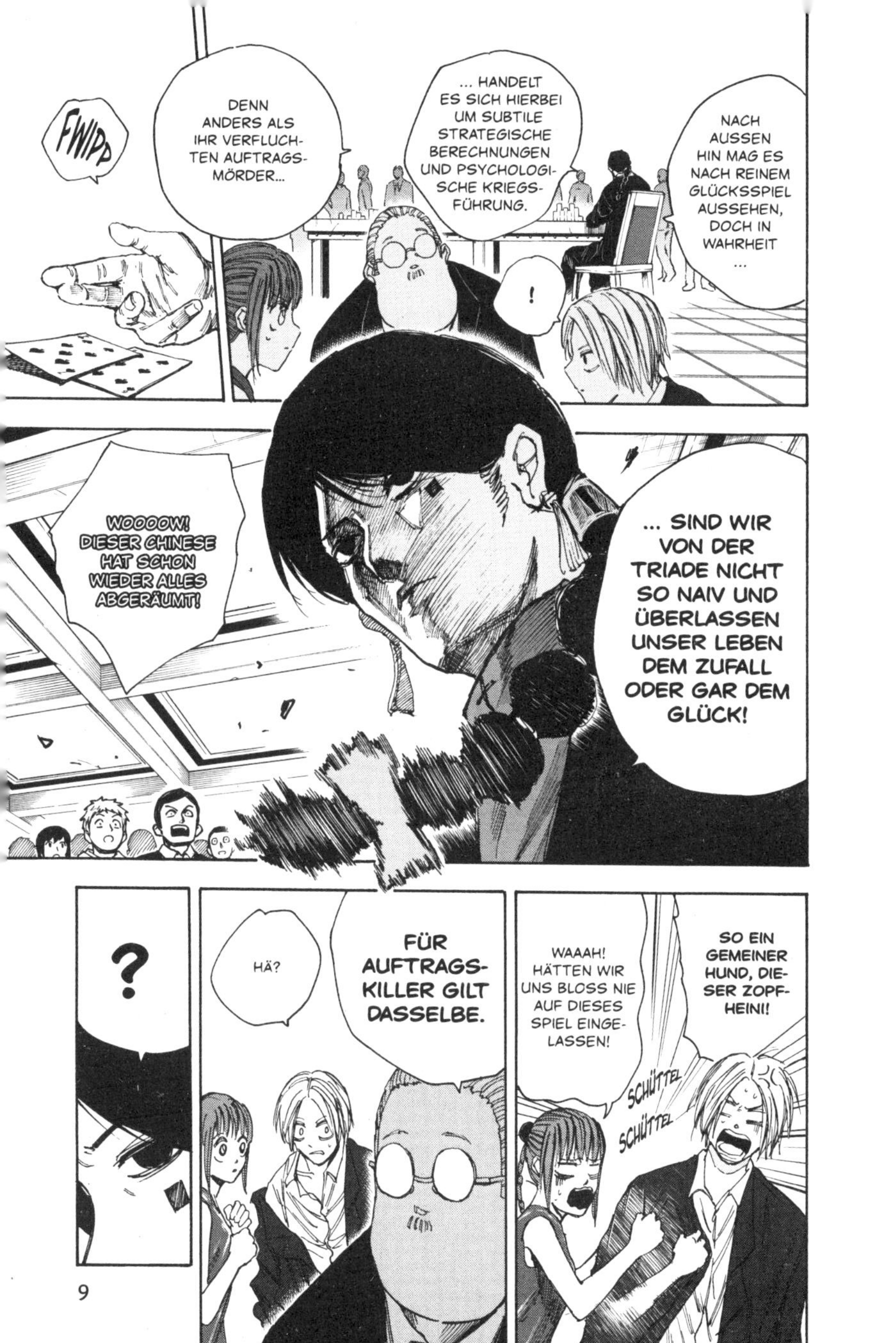
NACH AUSSEN HIN MAG ES NACH REINEM GLÜCKSSPIEL AUSSEHEN, DOCH IN WAHRHEIT ...
... HANDELT ES SICH HIERBEI UM SUBTILE STRATEGISCHE BERECHNUNGEN UND PSYCHOLOGISCHE KRIEGSFÜHRUNG.
DENN ANDERS ALS IHR VERFLUCHTEN AUFTRAGSMÖRDER...
FWIPP
!
... SIND WIR VON DER TRIADE NICHT SO NAIV UND ÜBERLASSEN UNSER LEBEN DEM ZUFALL ODER GAR DEM GLÜCK!
WOOOOW! DIESER CHINESE HAT SCHON WIEDER ALLES ABGERÄUMT!
SO EIN GEMEINER HUND, DIESER ZOPFHEINI!
WAAAH! HÄTTEN WIR UNS BLOSS NIE AUF DIESES SPIEL EINGELASSEN!
SCHÜTTEL
SCHÜTTEL
FÜR AUFTRAGSKILLER GILT DASSELBE.
HÄ?
?

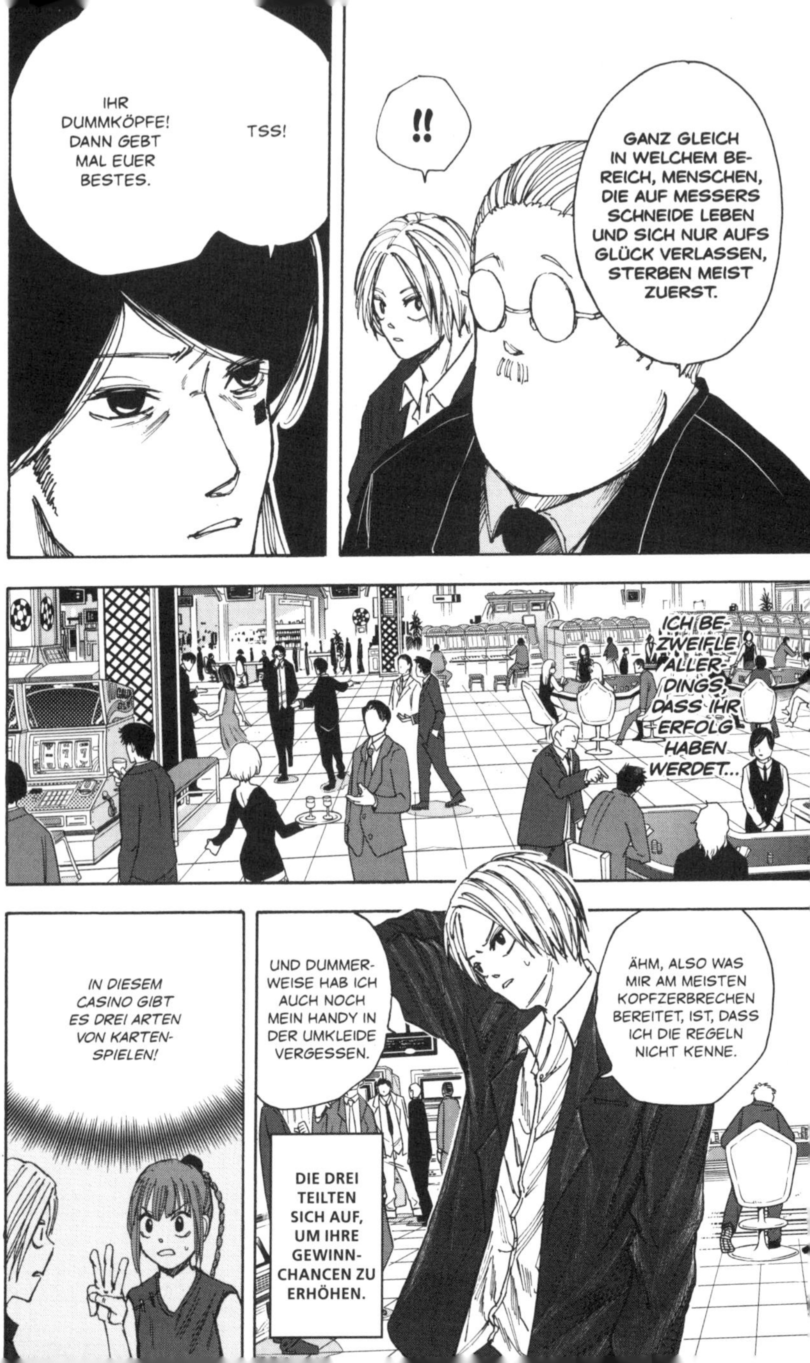
GANZ GLEICH IN WELCHEM BEREICH, MENSCHEN, DIE AUF MESSERS SCHNEIDE LEBEN UND SICH NUR AUFS GLÜCK VERLASSEN, STERBEN MEIST ZUERST.
!!
TSS!
IHR DUMMKÖPFE! DANN GEBT MAL EUER BESTES.
ICH BEZWEIFLE ALLERDINGS, DASS IHR ERFOLG HABEN WERDET...
ÄHM, ALSO WAS MIR AM MEISTEN KOPFZERBRECHEN BEREITET, IST, DASS ICH DIE REGELN NICHT KENNE.
UND DUMMERWEISE HAB ICH AUCH NOCH MEIN HANDY IN DER UMKLEIDE VERGESSEN.
DIE DREI TEILTEN SICH AUF, UM IHRE GEWINNCHANCEN ZU ERHÖHEN.
IN DIESEM CASINO GIBT ES DREI ARTEN VON KARTENSPIELEN!

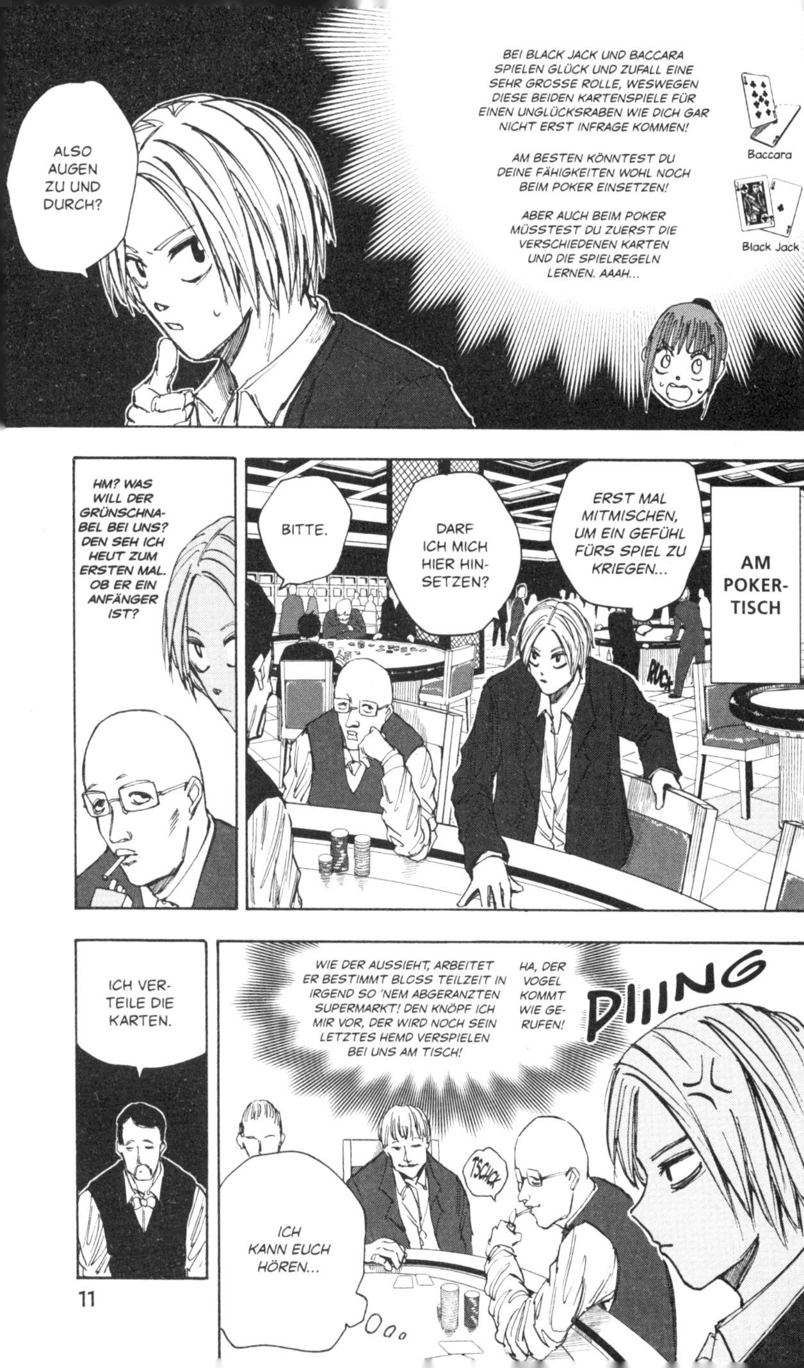
BEI BLACK JACK UND BACCARA SPIELEN GLÜCK UND ZUFALL EINE SEHR GROSSE ROLLE, WESWEGEN DIESE BEIDEN KARTENSPIELE FÜR EINEN UNGLÜCKSRABEN WIE DICH GAR NICHT ERST INFRAGE KOMMEN!
AM BESTEN KÖNNTEST DU DEINE FÄHIGKEITEN WOHL NOCH BEIM POKER EINSETZEN!
ABER AUCH BEIM POKER MÜSSTEST DU ZUERST DIE VERSCHIEDENEN KARTEN UND DIE SPIELREGELN LERNEN. AAAH...
Baccara
Black Jack
ALSO AUGEN ZU UND DURCH?
AM POKER-TISCH
ERST MAL MITMISCHEN, UM EIN GEFÜHL FÜRS SPIEL ZU KRIEGEN...
DARF ICH MICH HIER HIN-SETZEN?
BITTE.
RUCK
HM? WAS WILL DER GRÜNSCHNA-BEL BEI UNS? DEN SEH ICH HEUT ZUM ERSTEN MAL. OB ER EIN ANFÄNGER IST?
DIIING
HA, DER VOGEL KOMMT WIE GE-RUFEN!
WIE DER AUSSIEHT, ARBEITET ER BESTIMMT BLOSS TEILZEIT IN IRGEND SO 'NEM ABGERANZTEN SUPERMARKT! DEN KNÖPF ICH MIR VOR, DER WIRD NOCH SEIN LETZTES HEMD VERSPIELEN BEI UNS AM TISCH!
TSCHICK
ICH KANN EUCH HÖREN...
ICH VER-TEILE DIE KARTEN.

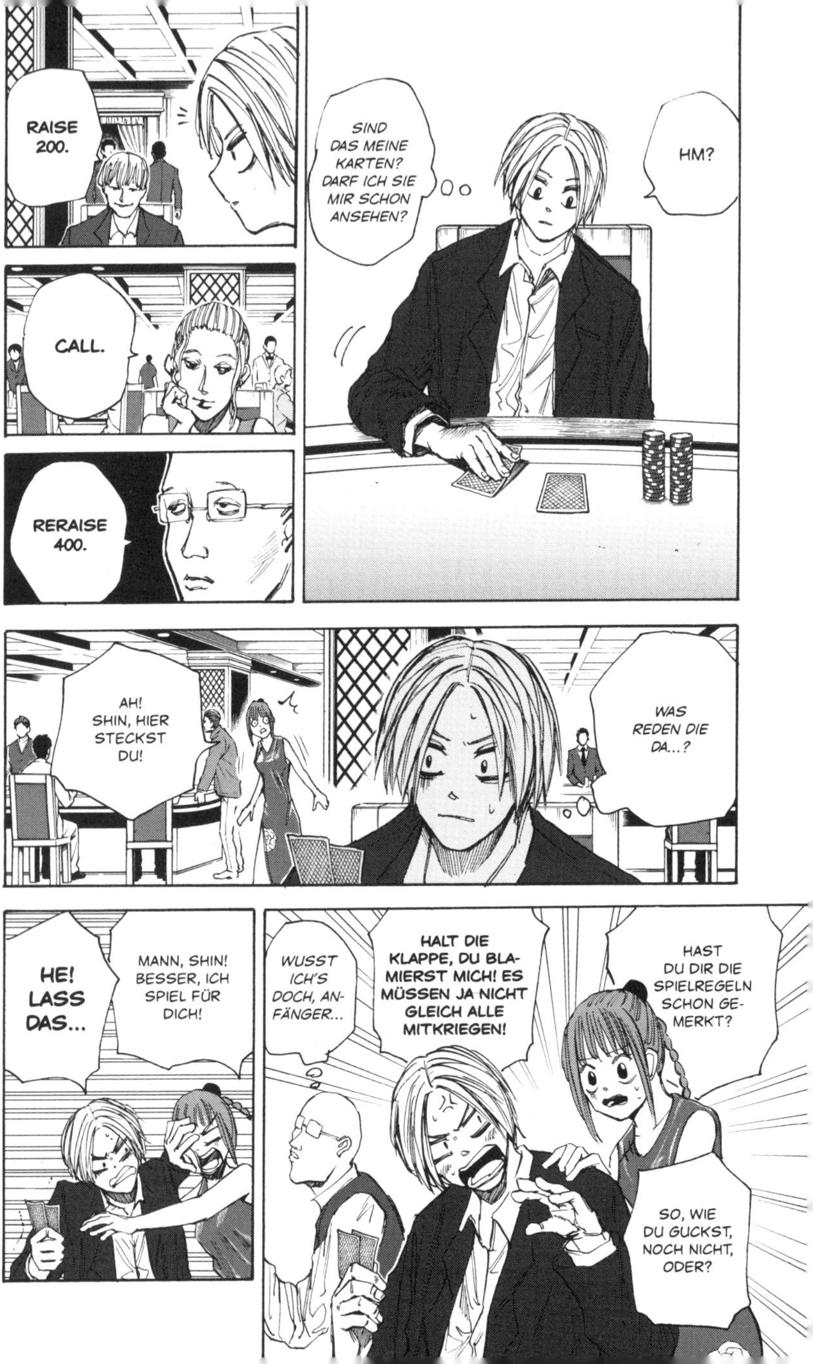
HM?
SIND DAS MEINE KARTEN? DARF ICH SIE MIR SCHON ANSEHEN?
RAISE 200.
CALL.
RERAISE 400.
WAS REDEN DIE DA...?
AH! SHIN, HIER STECKST DU!
HAST DU DIR DIE SPIELREGELN SCHON GEMERKT?
SO, WIE DU GUCKST, NOCH NICHT, ODER?
HALT DIE KLAPPE, DU BLAMIERST MICH! ES MÜSSEN JA NICHT GLEICH ALLE MITKRIEGEN!
WUSST ICH'S DOCH, ANFÄNGER...
MANN, SHIN! BESSER, ICH SPIEL FÜR DICH!
HE! LASS DAS...

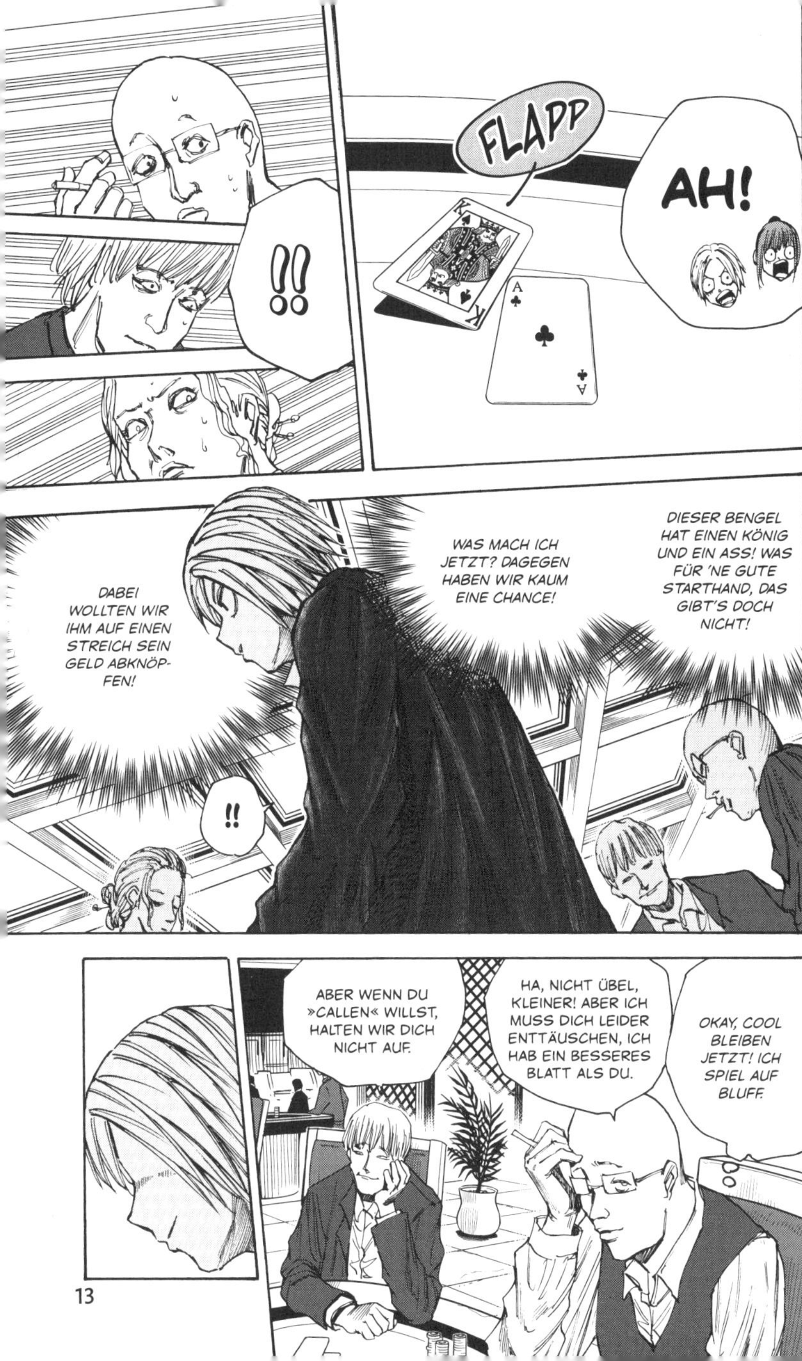
FLAPP
AH!
!!
DIESER BENGEL HAT EINEN KÖNIG UND EIN ASS! WAS FÜR 'NE GUTE STARTHAND, DAS GIBT'S DOCH NICHT!
WAS MACH ICH JETZT? DAGEGEN HABEN WIR KAUM EINE CHANCE!
DABEI WOLLTEN WIR IHM AUF EINEN STREICH SEIN GELD ABKNÖPFEN!
!!
HA, NICHT ÜBEL, KLEINER! ABER ICH MUSS DICH LEIDER ENTTÄUSCHEN, ICH HAB EIN BESSERES BLATT ALS DU.
ABER WENN DU »CALLEN« WILLST, HALTEN WIR DICH NICHT AUF.
OKAY, COOL BLEIBEN JETZT! ICH SPIEL AUF BLUFF.

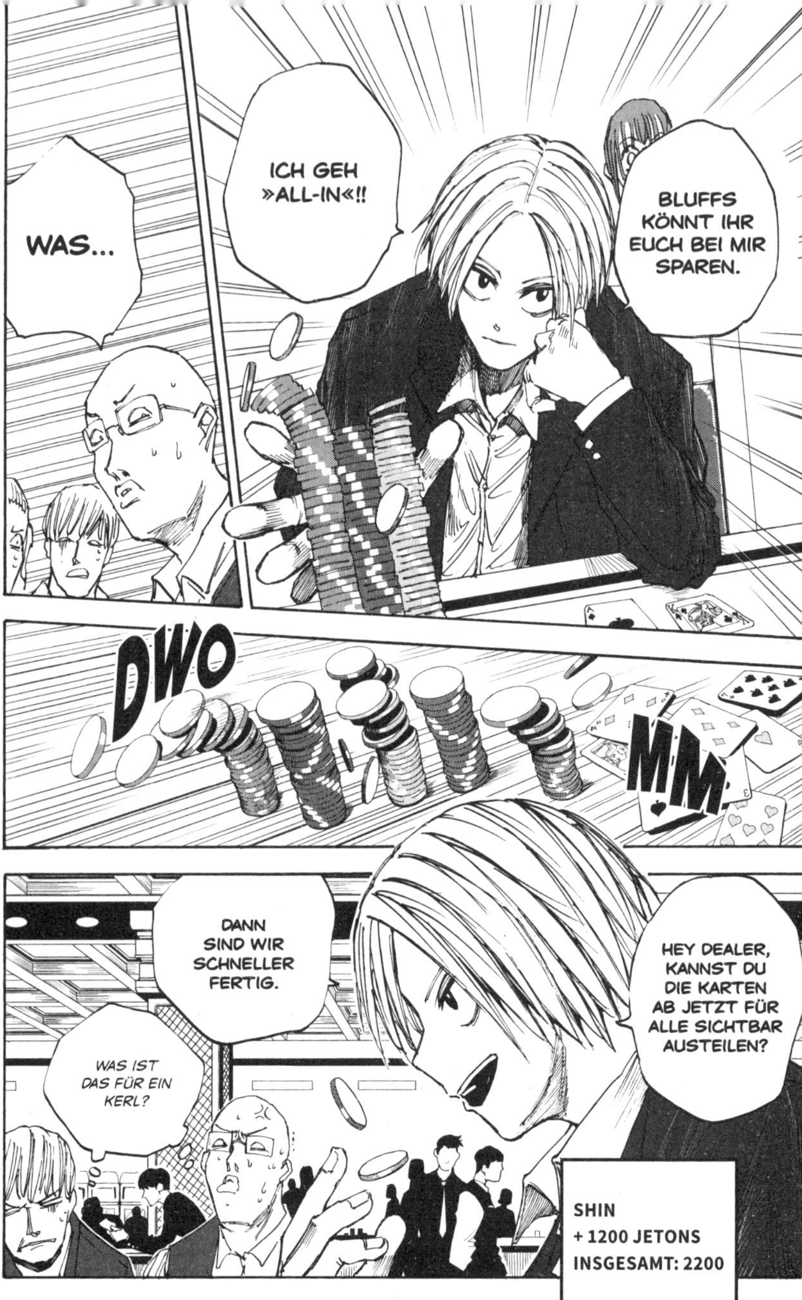
BLUFFS KÖNNT IHR EUCH BEI MIR SPAREN.
ICH GEH »ALL-IN«!!
WAS...
DWO
MM
HEY DEALER, KANNST DU DIE KARTEN AB JETZT FÜR ALLE SICHTBAR AUSTEILEN?
DANN SIND WIR SCHNELLER FERTIG.
WAS IST DAS FÜR EIN KERL?
SHIN
+ 1200 JETONS
INSGESAMT: 2200

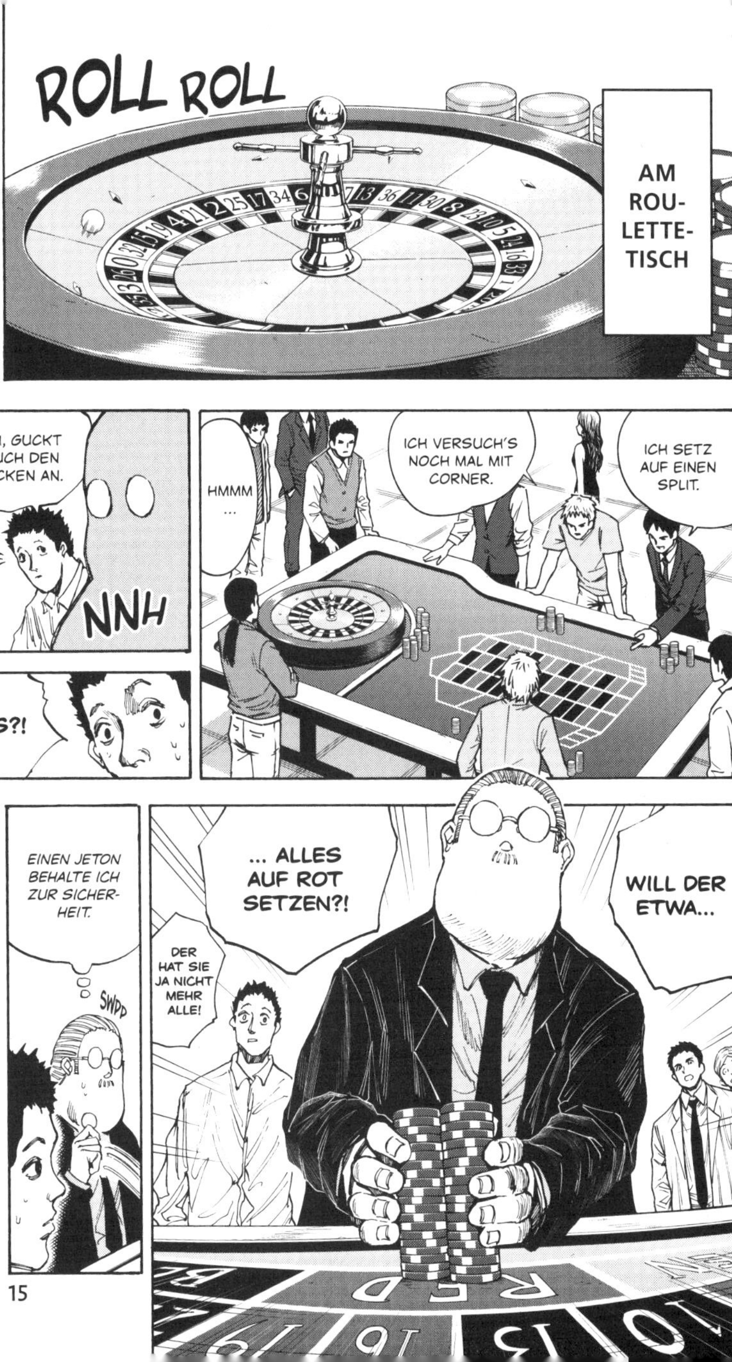
ROLL ROLL
AM ROU-LETTE-TISCH
OH, GUCKT EUCH DEN DICKEN AN.
NNH
WAS?!
ICH SETZ AUF EINEN SPLIT.
ICH VERSUCH'S NOCH MAL MIT CORNER.
HMMM …
WILL DER ETWA...
... ALLES AUF ROT SETZEN?!
DER HAT SIE JA NICHT MEHR ALLE!
EINEN JETON BEHALTE ICH ZUR SICHER-HEIT.
SWPP

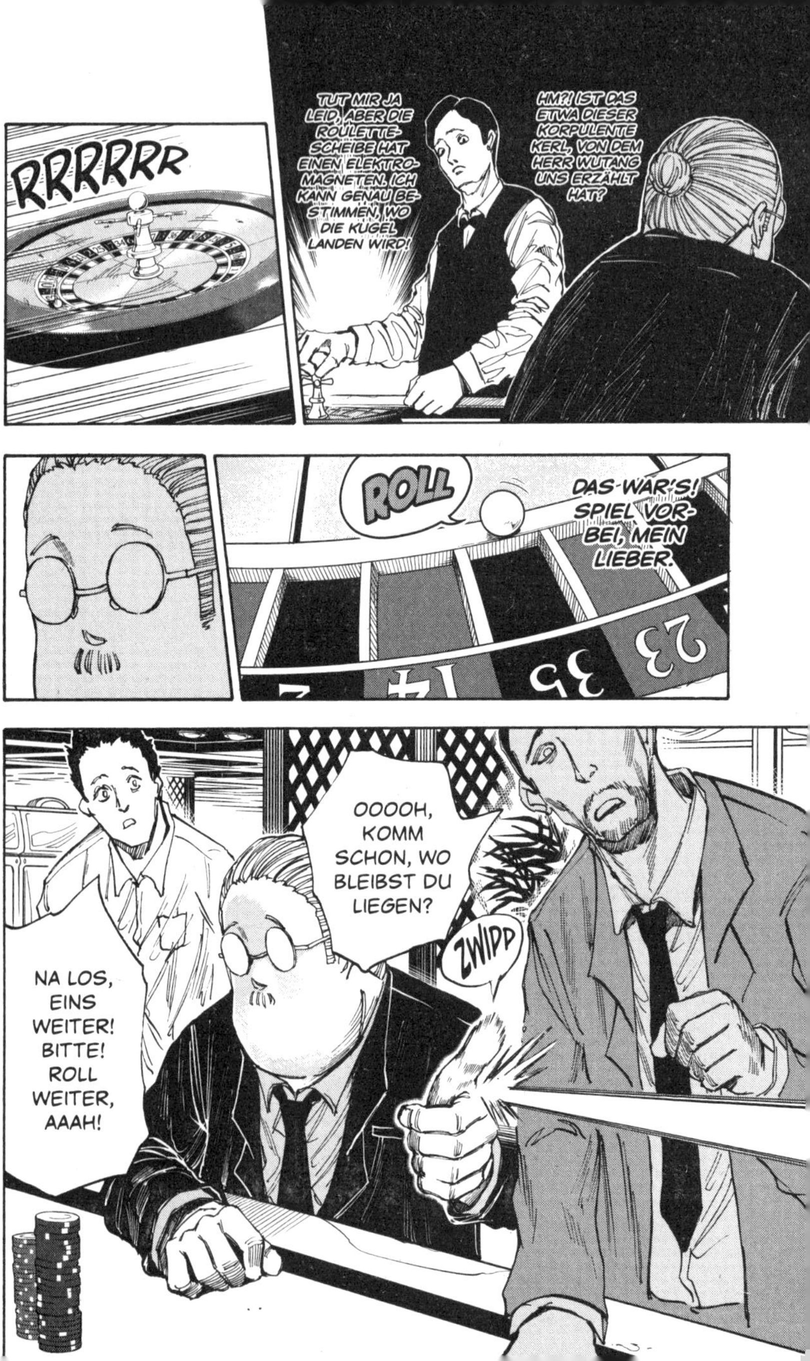
RRRRRR
HM?! IST DAS ETWA DIESER KORPULENTE KERL, VON DEM HERR WUTANG UNS ERZÄHLT HAT?
TUT MIR JA LEID, ABER DIE ROULETTE-SCHEIBE HAT EINEN ELEKTRO-MAGNETEN. ICH KANN GENAU BESTIMMEN, WO DIE KUGEL LANDEN WIRD!
ROLL
DAS WAR'S! SPIEL VORBEI, MEIN LIEBER.
OOOOH, KOMM SCHON, WO BLEIBST DU LIEGEN?
ZWIPP
NA LOS, EINS WEITER! BITTE! ROLL WEITER, AAAH!

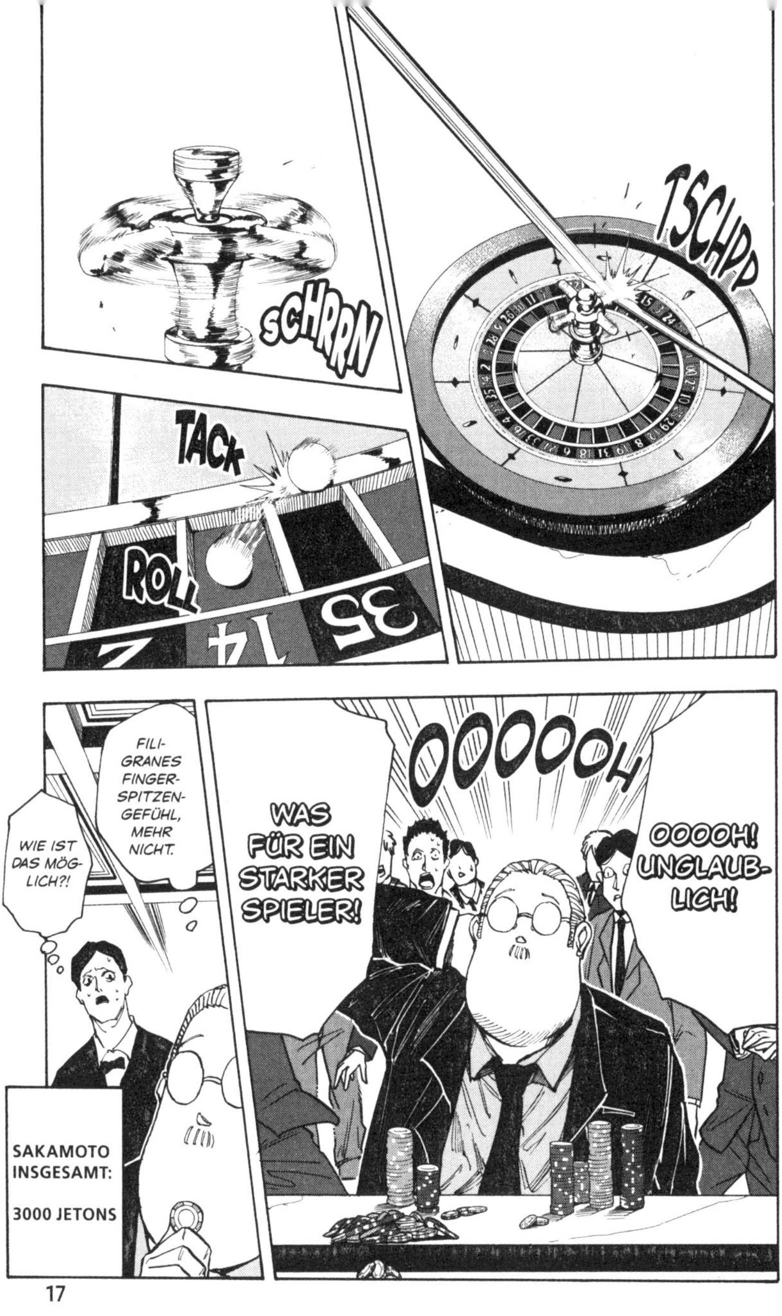
TSCHPP
SCHRRN
TACK
ROLL
OOOOOH
OOOOH! UNGLAUB-LICH!
WAS FÜR EIN STARKER SPIELER!
FILI-GRANES FINGER-SPITZEN-GEFÜHL, MEHR NICHT.
WIE IST DAS MÖG-LICH?!
SAKAMOTO INSGESAMT:
3000 JETONS

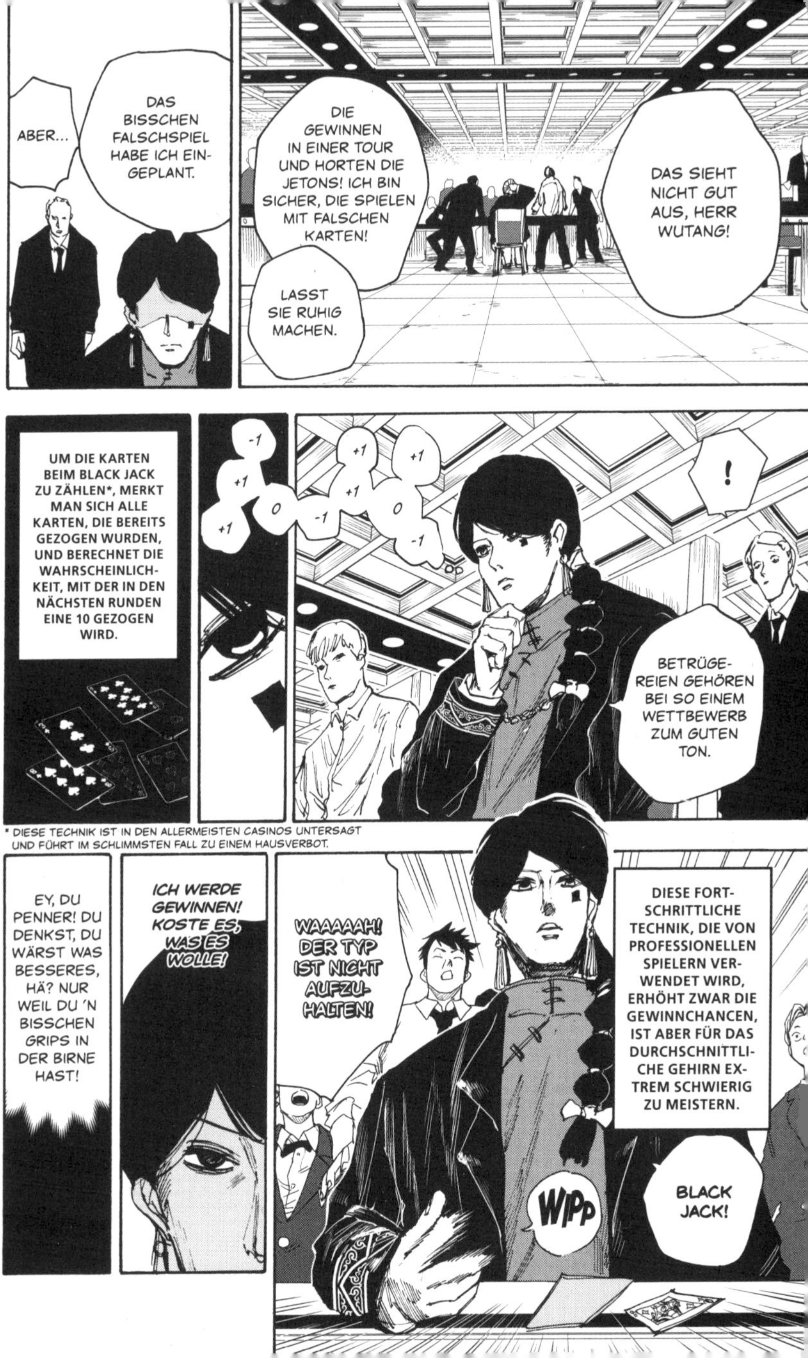

* DIESE TECHNIK IST IN DEN ALLERMEISTEN CASINOS UNTERSAGT UND FÜHRT IM SCHLIMMSTEN FALL ZU EINEM HAUSVERBOT.

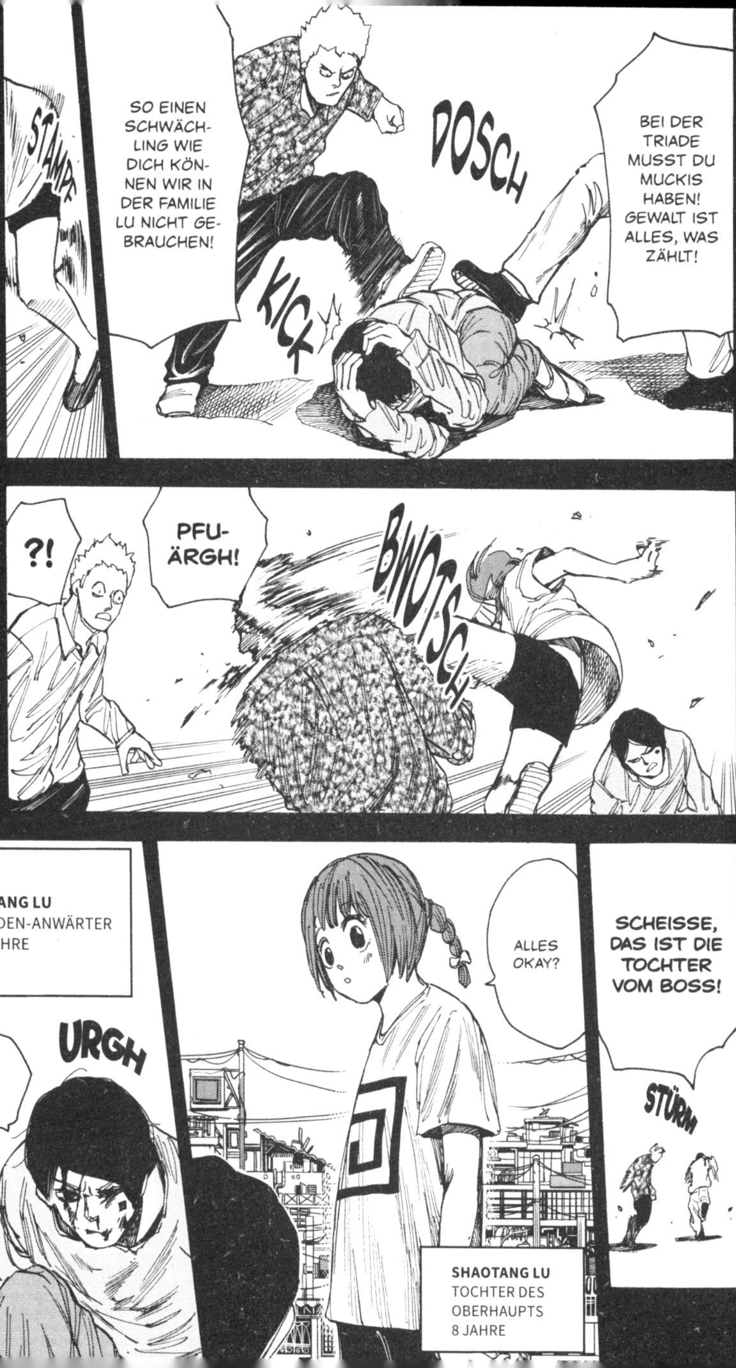
BEI DER TRIADE MUSST DU MUCKIS HABEN! GEWALT IST ALLES, WAS ZÄHLT!
DOSCH
SO EINEN SCHWÄCHLING WIE DICH KÖNNEN WIR IN DER FAMILIE LU NICHT GEBRAUCHEN!
STAMPF
KICK
BWOTSCH
PFU-ÄRGH!
?!
SCHEISSE, DAS IST DIE TOCHTER VOM BOSS!
STÜRM
ALLES OKAY?
SHAOTANG LU
TOCHTER DES OBERHAUPTS
8 JAHRE
WUTANG LU
TRIADEN-ANWÄRTER
11 JAHRE
URGH
?

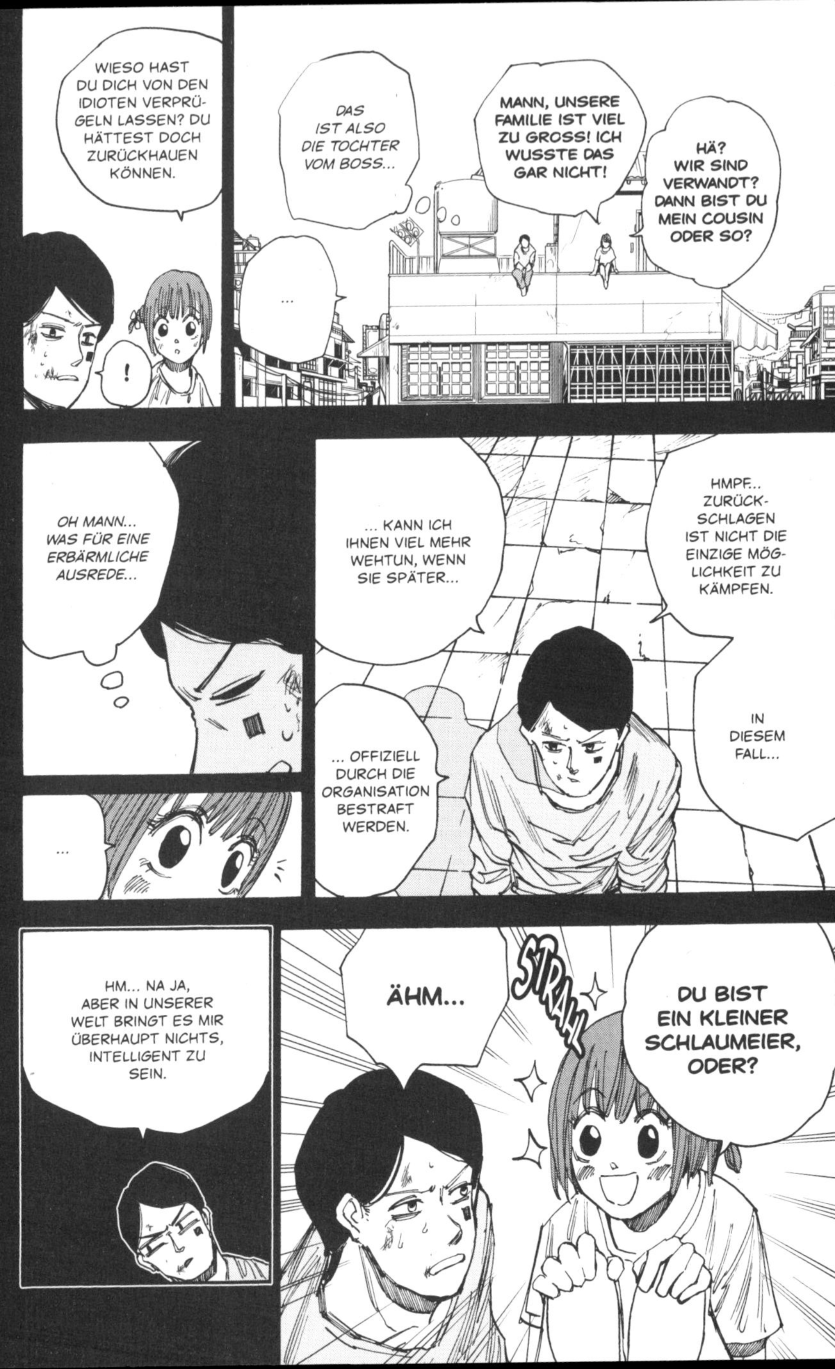
HÄ? WIR SIND VERWANDT? DANN BIST DU MEIN COUSIN ODER SO?
MANN, UNSERE FAMILIE IST VIEL ZU GROSS! ICH WUSSTE DAS GAR NICHT!
DAS IST ALSO DIE TOCHTER VOM BOSS...
...
WIESO HAST DU DICH VON DEN IDIOTEN VERPRÜGELN LASSEN? DU HÄTTEST DOCH ZURÜCKHAUEN KÖNNEN.
!
HMPF... ZURÜCKSCHLAGEN IST NICHT DIE EINZIGE MÖGLICHKEIT ZU KÄMPFEN.
IN DIESEM FALL...
... KANN ICH IHNEN VIEL MEHR WEHTUN, WENN SIE SPÄTER...
... OFFIZIELL DURCH DIE ORGANISATION BESTRAFT WERDEN.
OH MANN... WAS FÜR EINE ERBÄRMLICHE AUSREDE...
...
DU BIST EIN KLEINER SCHLAUMEIER, ODER?
STRAHL
ÄHM...
HM... NA JA, ABER IN UNSERER WELT BRINGT ES MIR ÜBERHAUPT NICHTS, INTELLIGENT ZU SEIN.

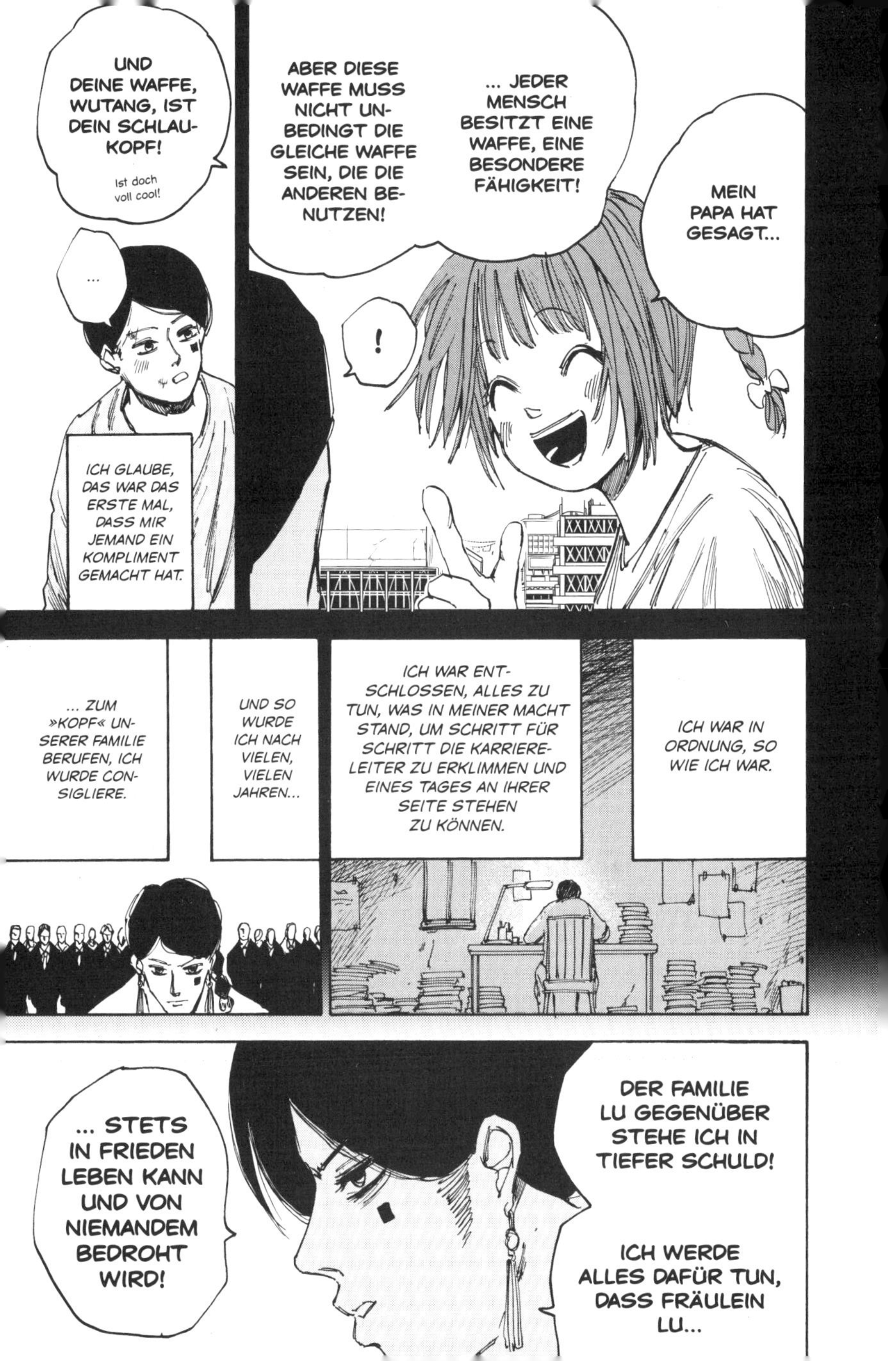
MEIN PAPA HAT GESAGT...
... JEDER MENSCH BESITZT EINE WAFFE, EINE BESONDERE FÄHIGKEIT!
ABER DIESE WAFFE MUSS NICHT UNBEDINGT DIE GLEICHE WAFFE SEIN, DIE DIE ANDEREN BENUTZEN!
!
...
UND DEINE WAFFE, WUTANG, IST DEIN SCHLAUKOPF!
Ist doch voll cool!
ICH GLAUBE, DAS WAR DAS ERSTE MAL, DASS MIR JEMAND EIN KOMPLIMENT GEMACHT HAT.
ICH WAR IN ORDNUNG, SO WIE ICH WAR.
ICH WAR ENTSCHLOSSEN, ALLES ZU TUN, WAS IN MEINER MACHT STAND, UM SCHRITT FÜR SCHRITT DIE KARRIERELEITER ZU ERKLIMMEN UND EINES TAGES AN IHRER SEITE STEHEN ZU KÖNNEN.
UND SO WURDE ICH NACH VIELEN, VIELEN JAHREN...
... ZUM »KOPF« UNSERER FAMILIE BERUFEN, ICH WURDE CONSIGLIERE.
DER FAMILIE LU GEGENÜBER STEHE ICH IN TIEFER SCHULD!
ICH WERDE ALLES DAFÜR TUN, DASS FRÄULEIN LU...
... STETS IN FRIEDEN LEBEN KANN UND VON NIEMANDEM BEDROHT WIRD!

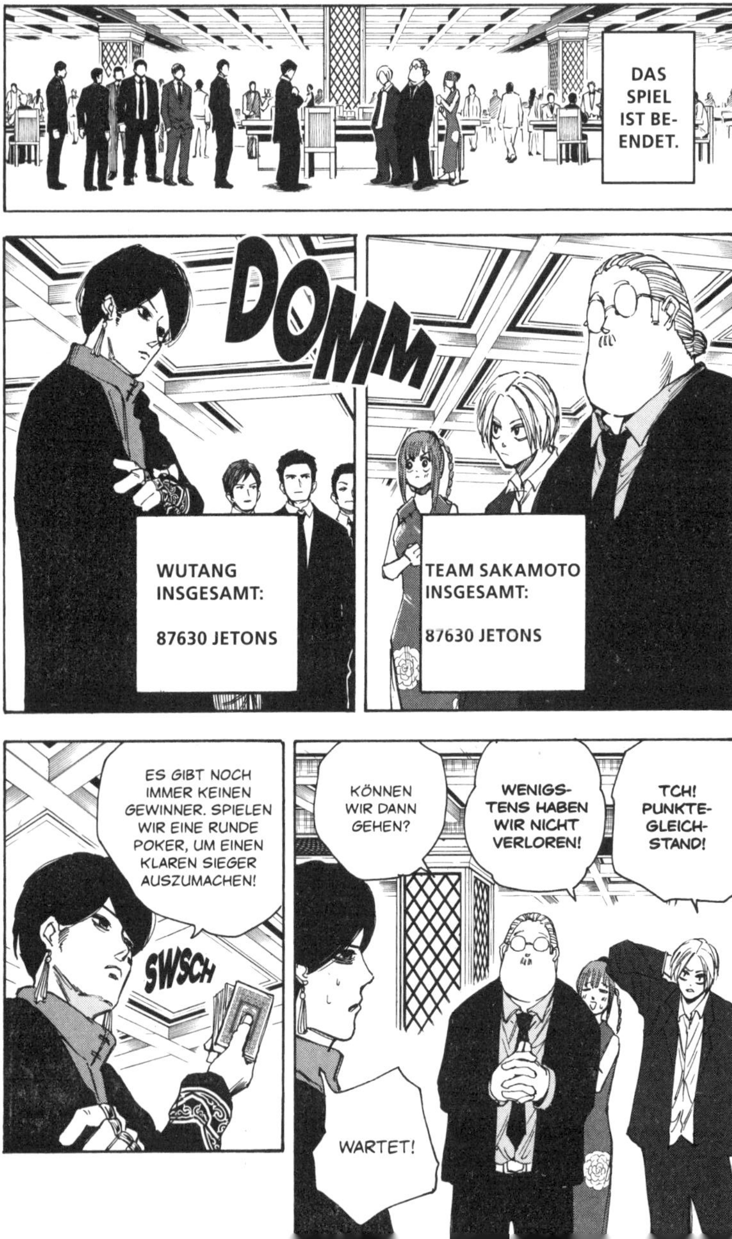

DAS SPIEL IST BE-ENDET.
DOMM
TEAM SAKAMOTO INSGESAMT: 87630 JETONS
WUTANG INSGESAMT: 87630 JETONS
TCH! PUNKTE-GLEICH-STAND!
WENIGS-TENS HABEN WIR NICHT VERLOREN!
KÖNNEN WIR DANN GEHEN?
WARTET!
ES GIBT NOCH IMMER KEINEN GEWINNER. SPIELEN WIR EINE RUNDE POKER, UM EINEN KLAREN SIEGER AUSZUMACHEN!
SWSCH

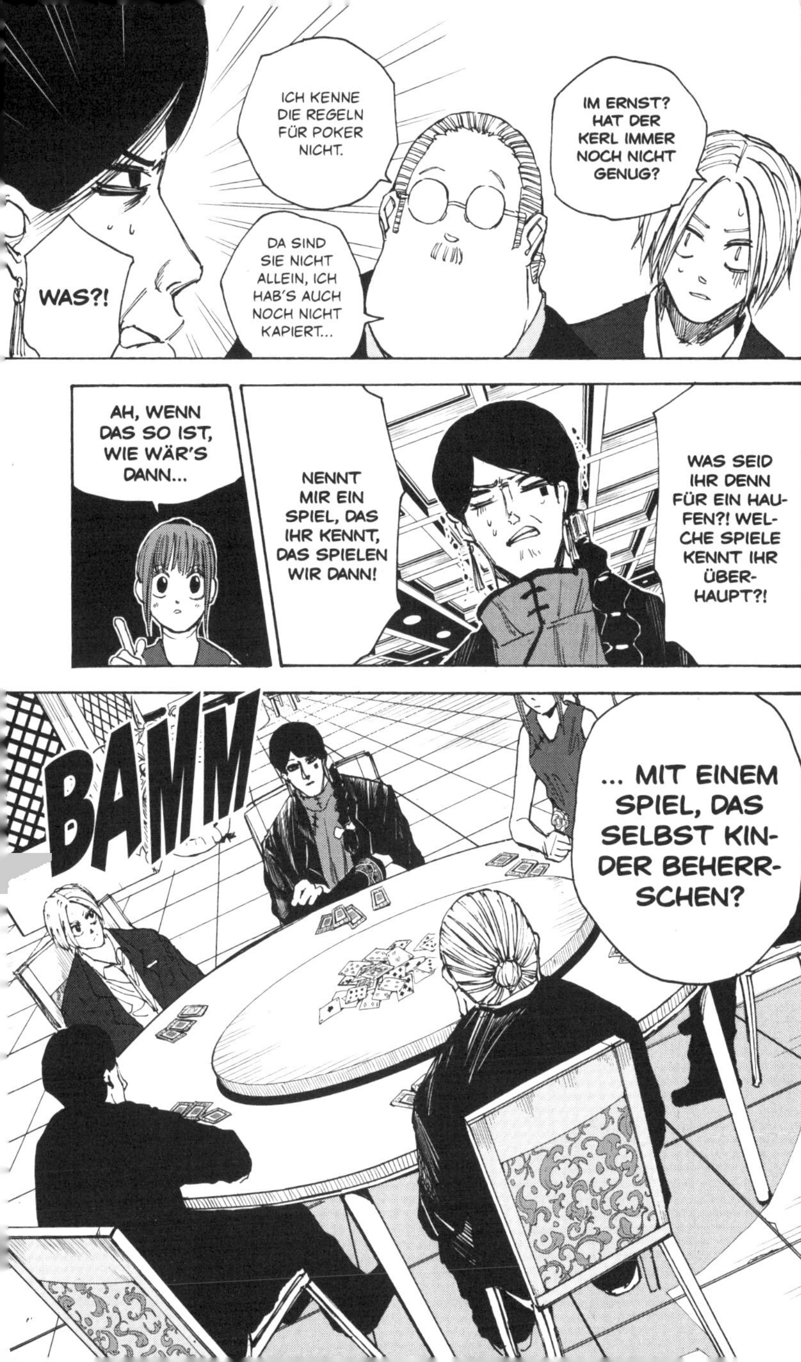
IM ERNST? HAT DER KERL IMMER NOCH NICHT GENUG?
ICH KENNE DIE REGELN FÜR POKER NICHT.
DA SIND SIE NICHT ALLEIN, ICH HAB'S AUCH NOCH NICHT KAPIERT...
WAS?!
WAS SEID IHR DENN FÜR EIN HAU-FEN?! WEL-CHE SPIELE KENNT IHR ÜBER-HAUPT?!
NENNT MIR EIN SPIEL, DAS IHR KENNT, DAS SPIELEN WIR DANN!
AH, WENN DAS SO IST, WIE WÄR'S DANN...
... MIT EINEM SPIEL, DAS SELBST KIN-DER BEHERR-SCHEN?
BAMM

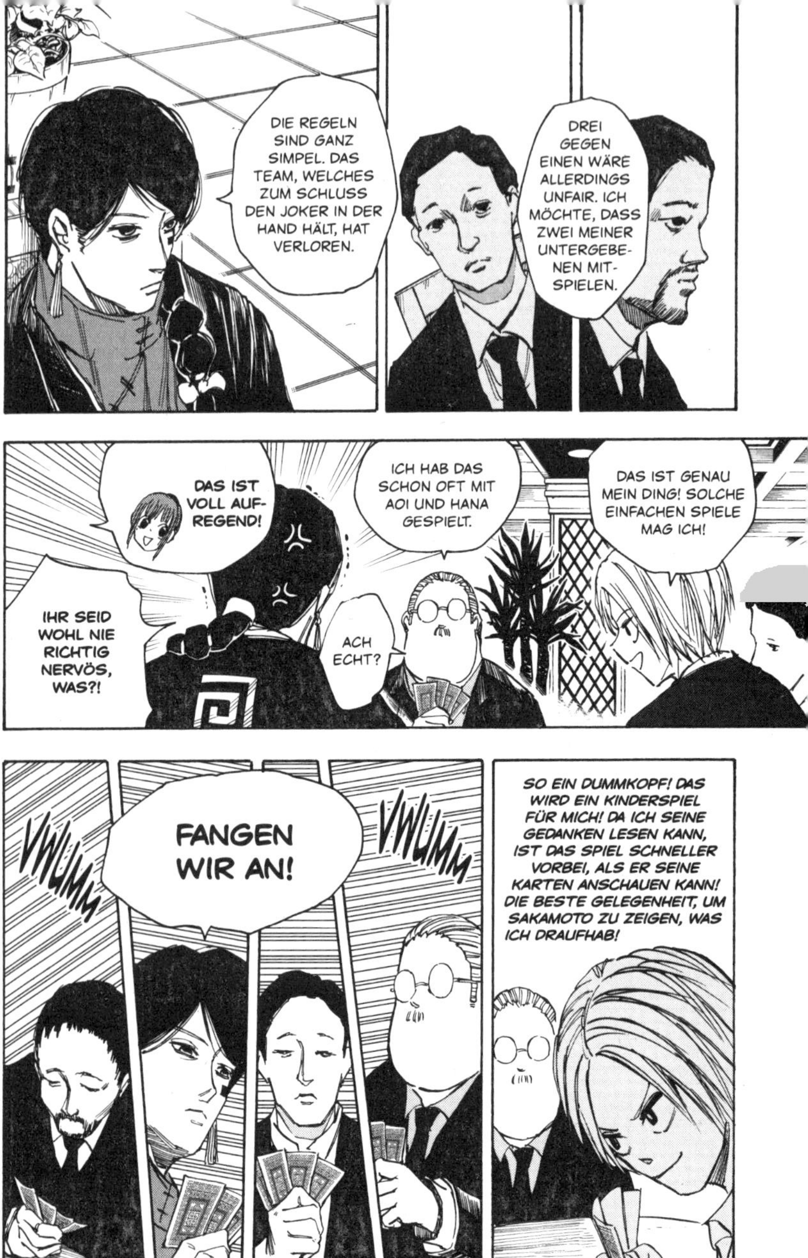
DREI GEGEN EINEN WÄRE ALLERDINGS UNFAIR. ICH MÖCHTE, DASS ZWEI MEINER UNTERGEBE-NEN MIT-SPIELEN.
DIE REGELN SIND GANZ SIMPEL. DAS TEAM, WELCHES ZUM SCHLUSS DEN JOKER IN DER HAND HÄLT, HAT VERLOREN.
DAS IST GENAU MEIN DING! SOLCHE EINFACHEN SPIELE MAG ICH!
ICH HAB DAS SCHON OFT MIT AOI UND HANA GESPIELT.
ACH ECHT?
DAS IST VOLL AUF-REGEND!
IHR SEID WOHL NIE RICHTIG NERVÖS, WAS?!
SO EIN DUMMKOPF! DAS WIRD EIN KINDERSPIEL FÜR MICH! DA ICH SEINE GEDANKEN LESEN KANN, IST DAS SPIEL SCHNELLER VORBEI, ALS ER SEINE KARTEN ANSCHAUEN KANN! DIE BESTE GELEGENHEIT, UM SAKAMOTO ZU ZEIGEN, WAS ICH DRAUFHAB!
VWUMM
FANGEN WIR AN!
VWUMM

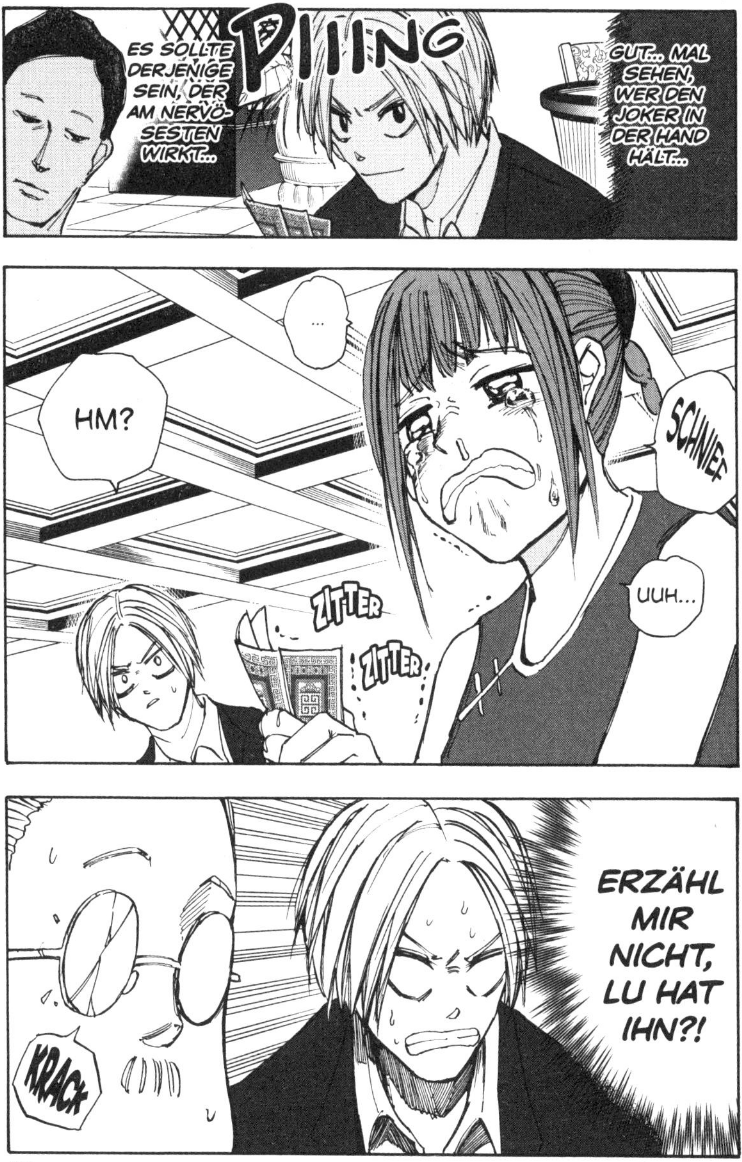
GUT... MAL SEHEN, WER DEN JOKER IN DER HAND HÄLT...
PIIING
ES SOLLTE DERJENIGE SEIN, DER AM NERVÖSESTEN WIRKT...
SCHNIEF
...
HM?
UUH...
ZITTER
ZITTER
ERZÄHL MIR NICHT, LU HAT IHN?!
KRACK

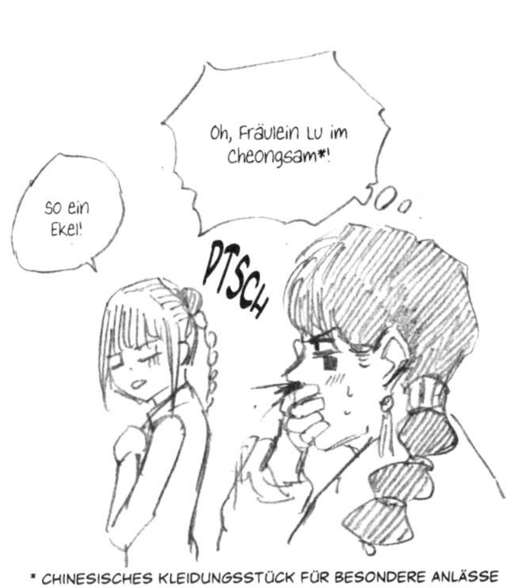

* CHINESISCHES KLEIDUNGSSTÜCK FÜR BESONDERE ANLÄSSE

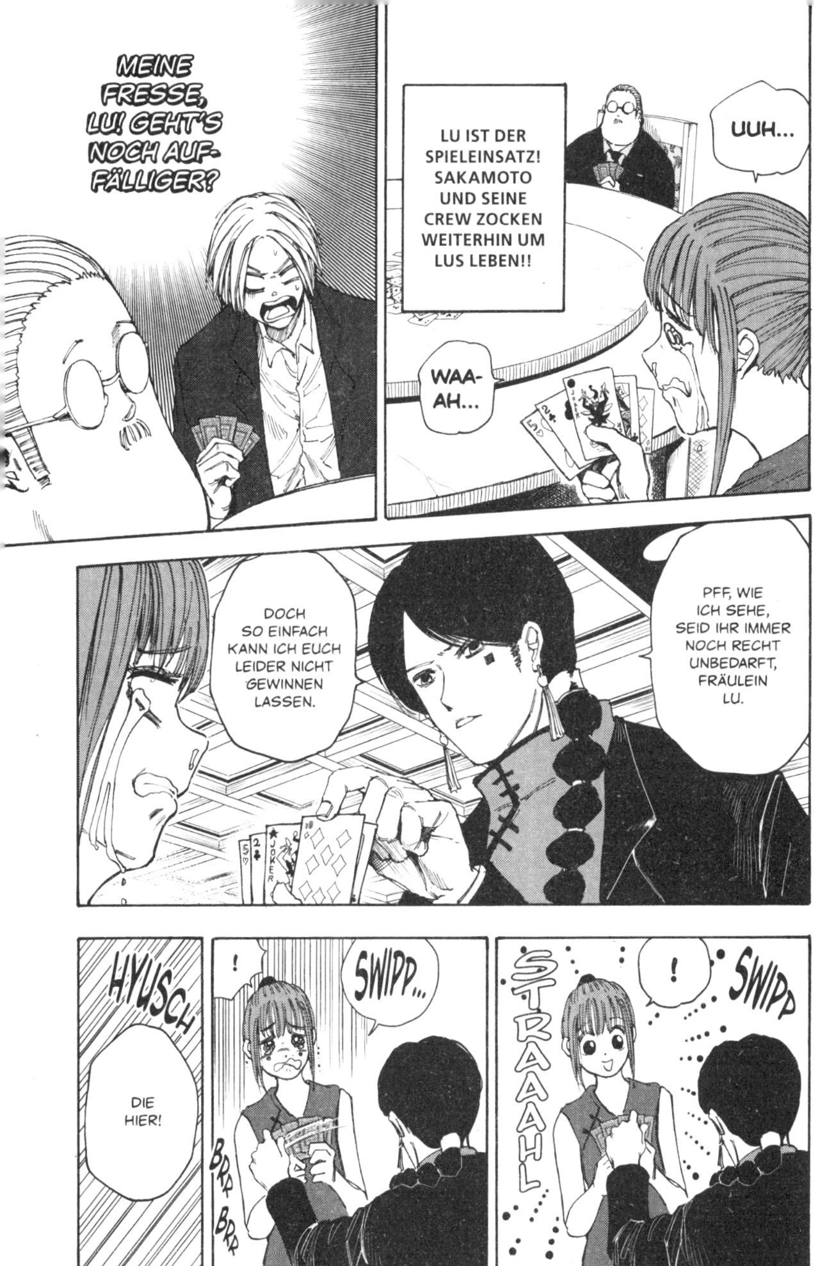

LU IST DER SPIELEINSATZ! SAKAMOTO UND SEINE CREW ZOCKEN WEITERHIN UM LUS LEBEN!!
UUH...
WAA-AH...
MEINE FRESSE, LU! GEHT'S NOCH AUFFÄLLIGER?
PFF, WIE ICH SEHE, SEID IHR IMMER NOCH RECHT UNBEDARFT, FRÄULEIN LU.
DOCH SO EINFACH KANN ICH EUCH LEIDER NICHT GEWINNEN LASSEN.
!
SWIPP
STRAAAHL
SWIPP...
!
BRR BRR
HYUSCH
DIE HIER!

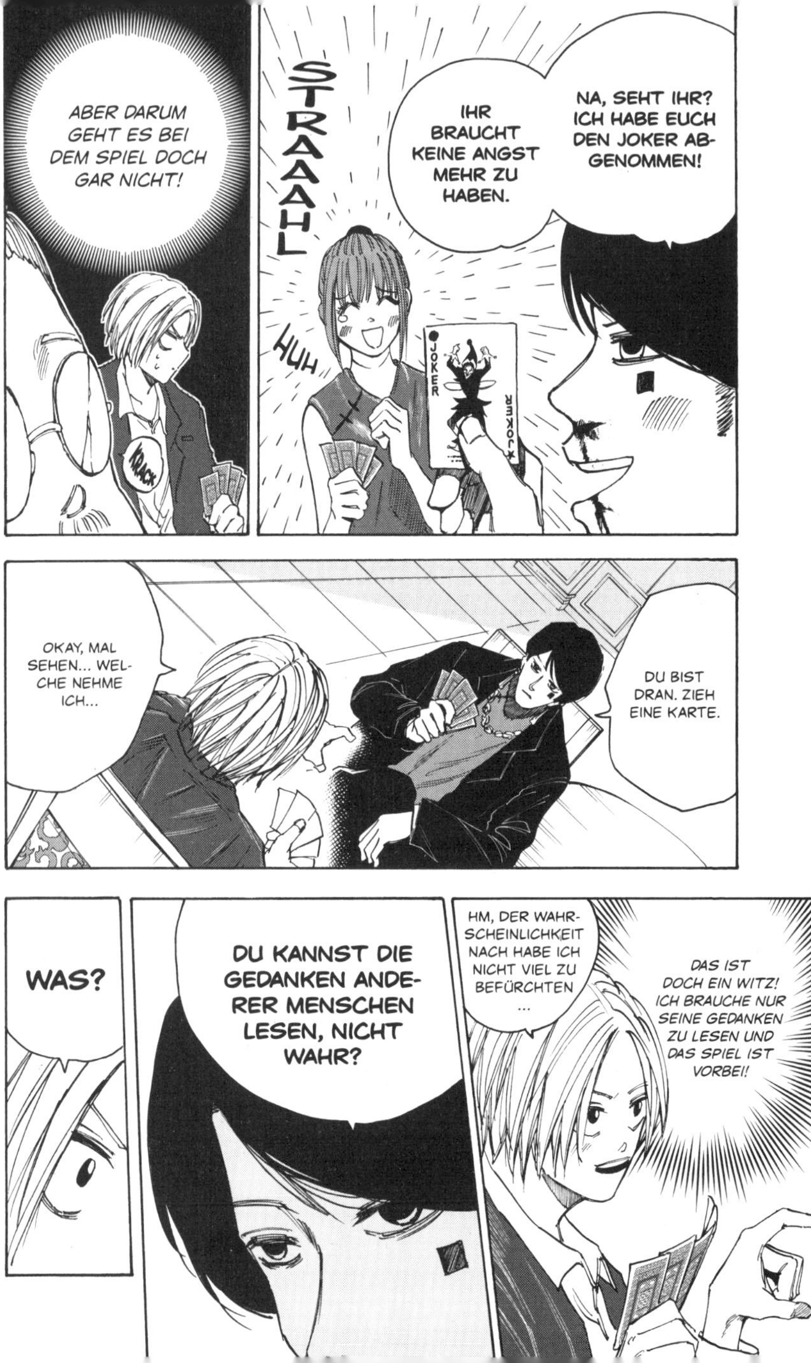
NA, SEHT IHR? ICH HABE EUCH DEN JOKER AB-GENOMMEN!
IHR BRAUCHT KEINE ANGST MEHR ZU HABEN.
STRAAAAHL
JOKER
JOKER
HUH
ABER DARUM GEHT ES BEI DEM SPIEL DOCH GAR NICHT!
KRACK
DU BIST DRAN. ZIEH EINE KARTE.
OKAY, MAL SEHEN... WEL-CHE NEHME ICH...
DAS IST DOCH EIN WITZ! ICH BRAUCHE NUR SEINE GEDANKEN ZU LESEN UND DAS SPIEL IST VORBEI!
HM, DER WAHR-SCHEINLICHKEIT NACH HABE ICH NICHT VIEL ZU BEFÜRCHTEN ...
DU KANNST DIE GEDANKEN ANDE-RER MENSCHEN LESEN, NICHT WAHR?
WAS?

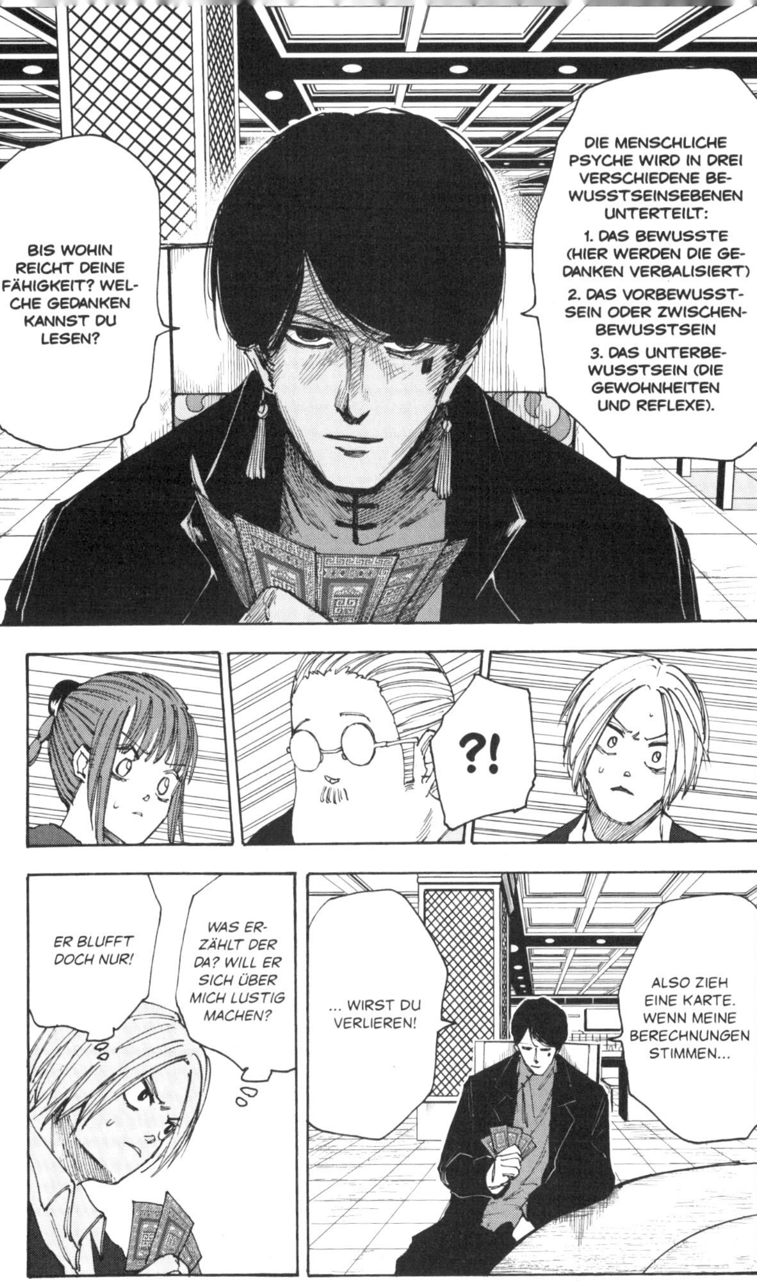

DIE MENSCHLICHE PSYCHE WIRD IN DREI VERSCHIEDENE BEWUSSTSEINSEBENEN UNTERTEILT:
1. DAS BEWUSSTE (HIER WERDEN DIE GEDANKEN VERBALISIERT)
2. DAS VORBEWUSSTSEIN ODER ZWISCHENBEWUSSTSEIN
3. DAS UNTERBEWUSSTSEIN (DIE GEWOHNHEITEN UND REFLEXE).
BIS WOHIN REICHT DEINE FÄHIGKEIT? WELCHE GEDANKEN KANNST DU LESEN?
?!
ALSO ZIEH EINE KARTE. WENN MEINE BERECHNUNGEN STIMMEN...
... WIRST DU VERLIEREN!
WAS ERZÄHLT DER DA? WILL ER SICH ÜBER MICH LUSTIG MACHEN?
ER BLUFFT DOCH NUR!

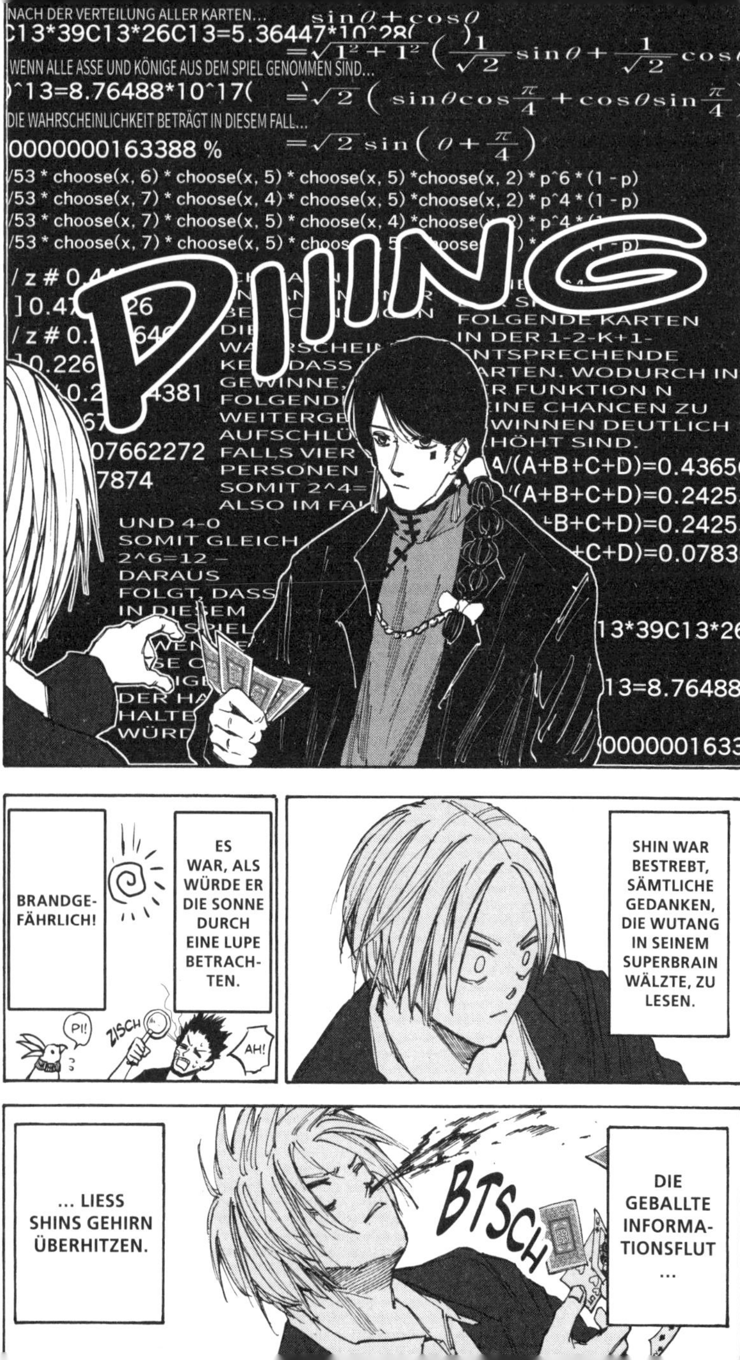
NACH DER VERTEILUNG ALLER KARTEN...
WENN ALLE ASSE UND KÖNIGE AUS DEM SPIEL GENOMMEN SIND...
DIE WAHRSCHEINLICHKEIT BETRÄGT IN DIESEM FALL...
FOLGENDE KARTEN
DIIING
SHIN WAR BESTREBT, SÄMTLICHE GEDANKEN, DIE WUTANG IN SEINEM SUPERBRAIN WÄLZTE, ZU LESEN.
ES WAR, ALS WÜRDE ER DIE SONNE DURCH EINE LUPE BETRACHTEN.
BRANDGEFÄHRLICH!
AH!
ZISCH
PI!
DIE GEBALLTE INFORMATIONSFLUT ...
BTSCH
... LIESS SHINS GEHIRN ÜBERHITZEN.

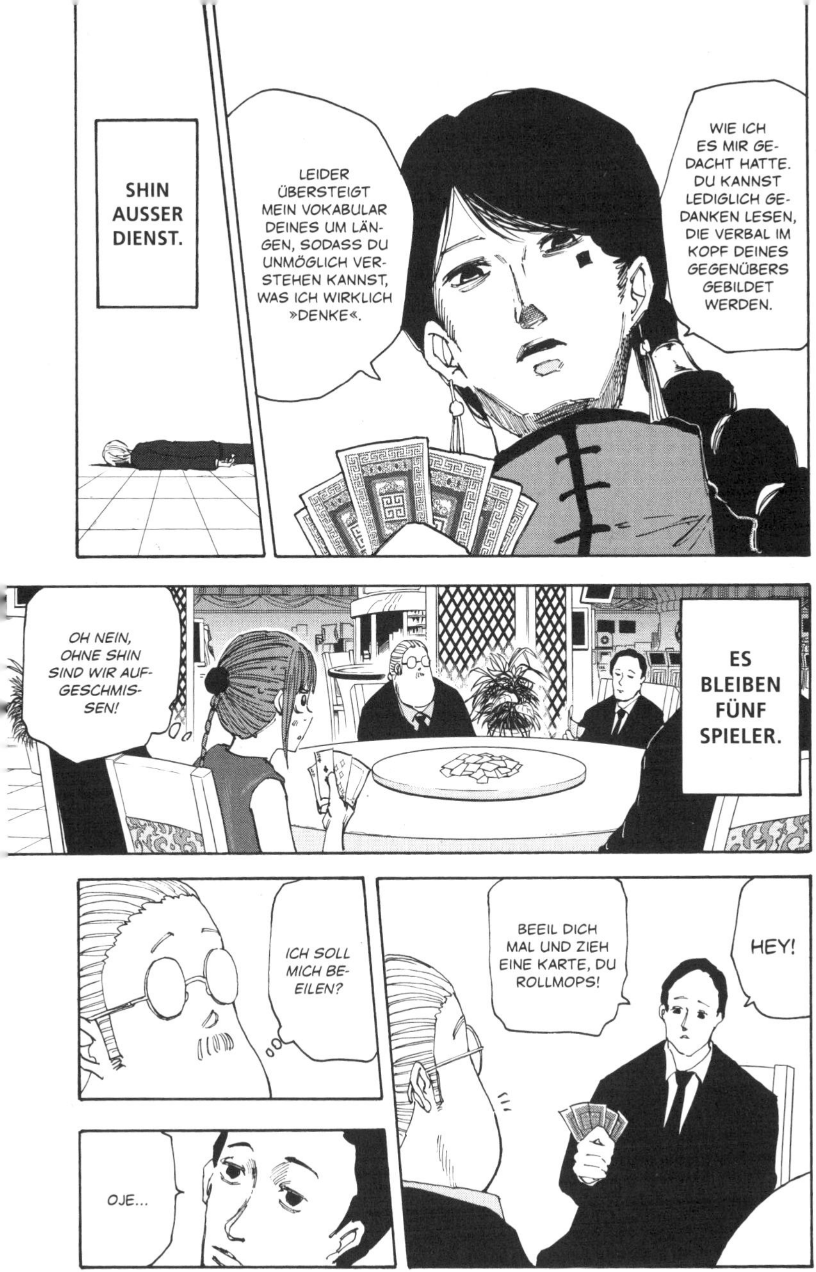
WIE ICH ES MIR GEDACHT HATTE. DU KANNST LEDIGLICH GEDANKEN LESEN, DIE VERBAL IM KOPF DEINES GEGENÜBERS GEBILDET WERDEN.
LEIDER ÜBERSTEIGT MEIN VOKABULAR DEINES UM LÄNGEN, SODASS DU UNMÖGLICH VERSTEHEN KANNST, WAS ICH WIRKLICH »DENKE«.
SHIN AUSSER DIENST.
ES BLEIBEN FÜNF SPIELER.
OH NEIN, OHNE SHIN SIND WIR AUFGESCHMISSEN!
HEY!
BEEIL DICH MAL UND ZIEH EINE KARTE, DU ROLLMOPS!
ICH SOLL MICH BEEILEN?
OJE...

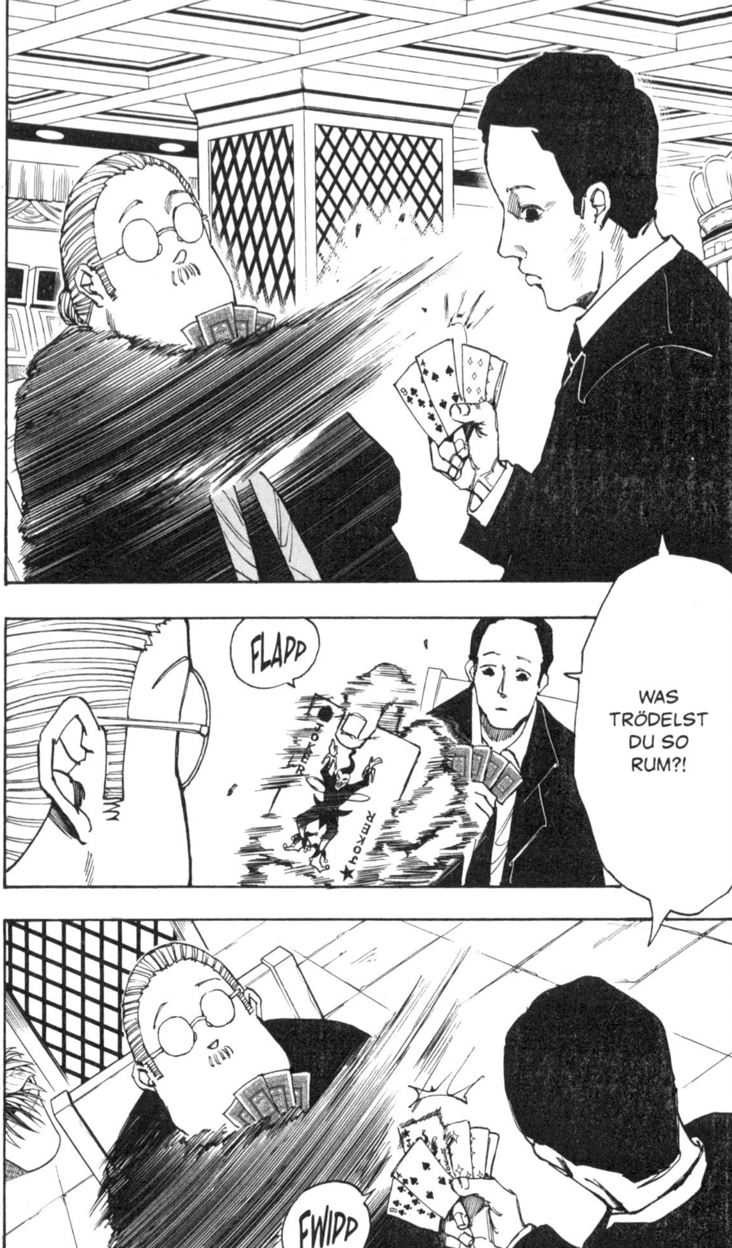
FLAPP
WAS TRÖDELST DU SO RUM?!
JOKER
FWIPP

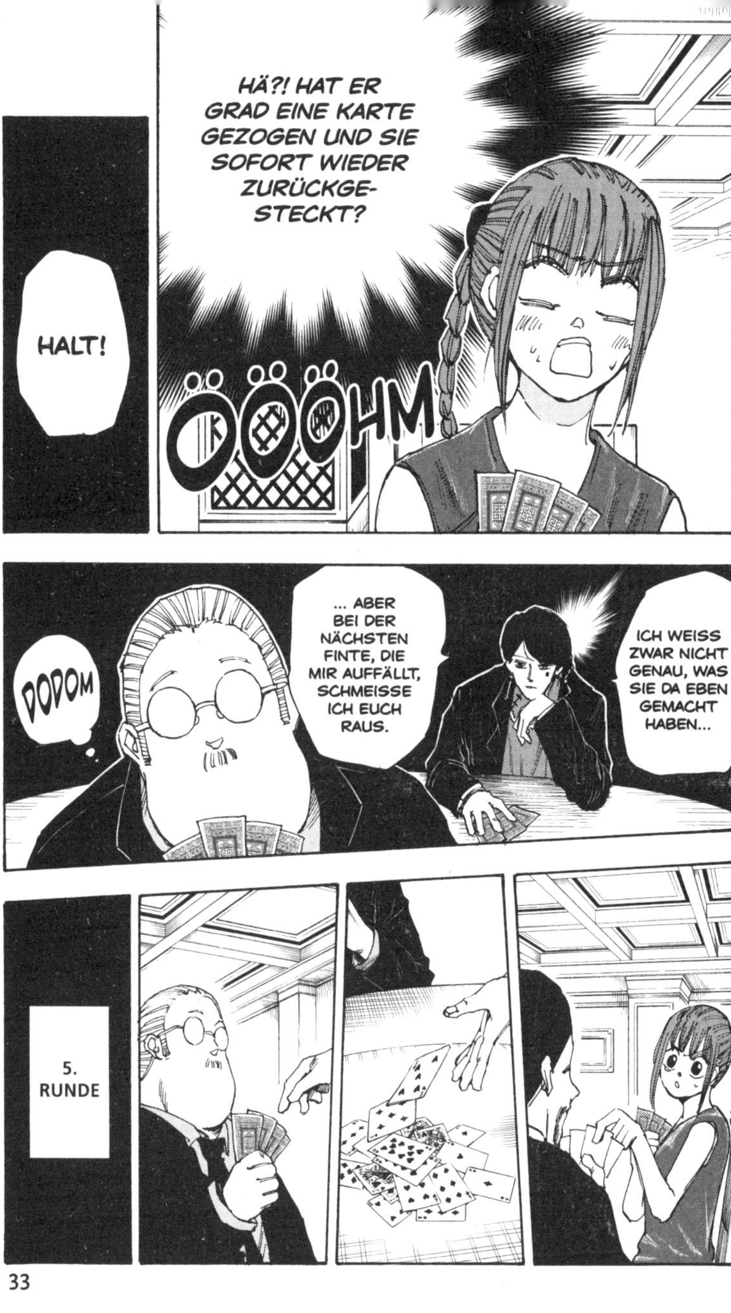
HÄ?! HAT ER GRAD EINE KARTE GEZOGEN UND SIE SOFORT WIEDER ZURÜCKGE-STECKT?
ÖÖÖHM
HALT!
ICH WEISS ZWAR NICHT GENAU, WAS SIE DA EBEN GEMACHT HABEN...
... ABER BEI DER NÄCHSTEN FINTE, DIE MIR AUFFÄLLT, SCHMEISSE ICH EUCH RAUS.
DODOM
5. RUNDE

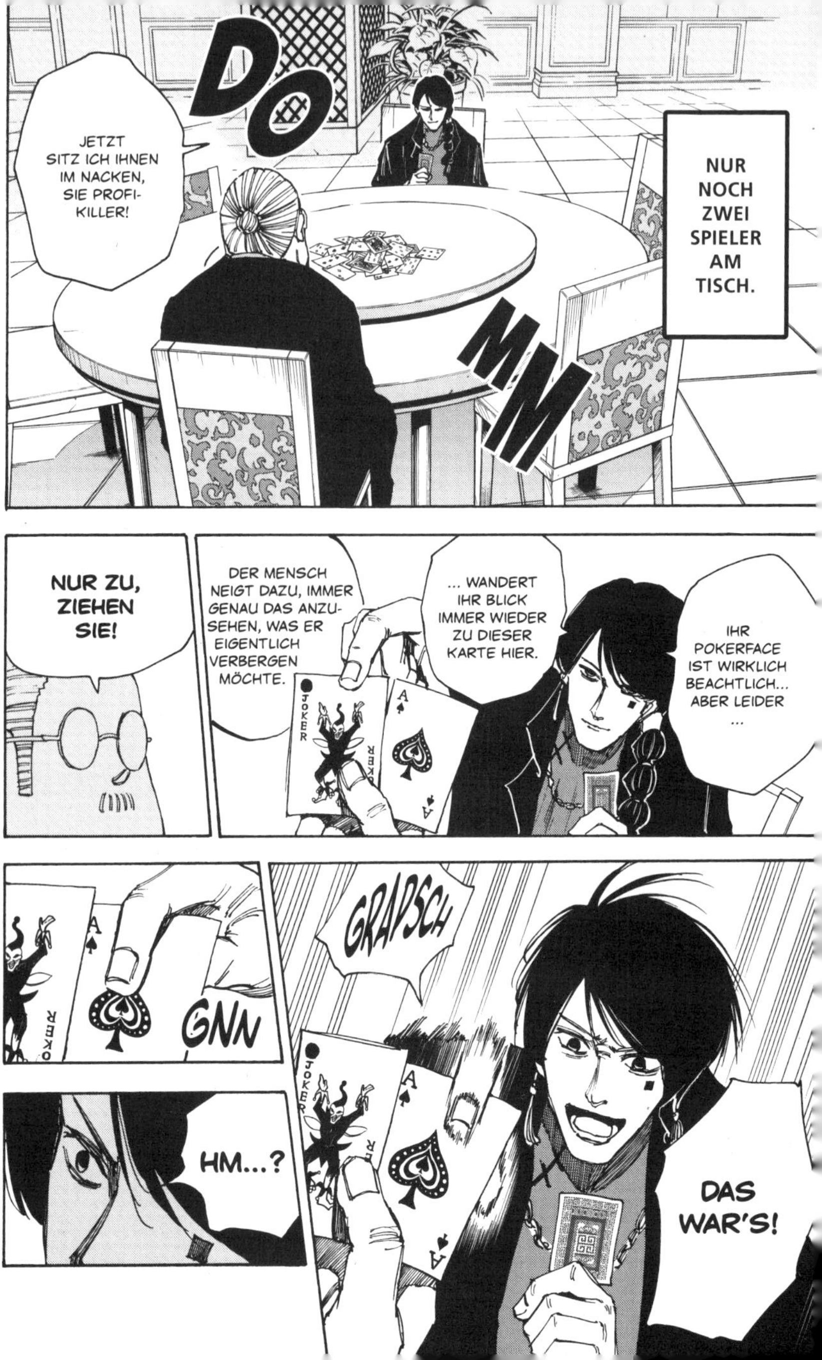
NUR NOCH ZWEI SPIELER AM TISCH.
DOMM
JETZT SITZ ICH IHNEN IM NACKEN, SIE PROFI-KILLER!
IHR POKERFACE IST WIRKLICH BEACHTLICH... ABER LEIDER ...
... WANDERT IHR BLICK IMMER WIEDER ZU DIESER KARTE HIER.
DER MENSCH NEIGT DAZU, IMMER GENAU DAS ANZUSEHEN, WAS ER EIGENTLICH VERBERGEN MÖCHTE.
NUR ZU, ZIEHEN SIE!
GRAPSCH
GNN
DAS WAR'S!
HM...?

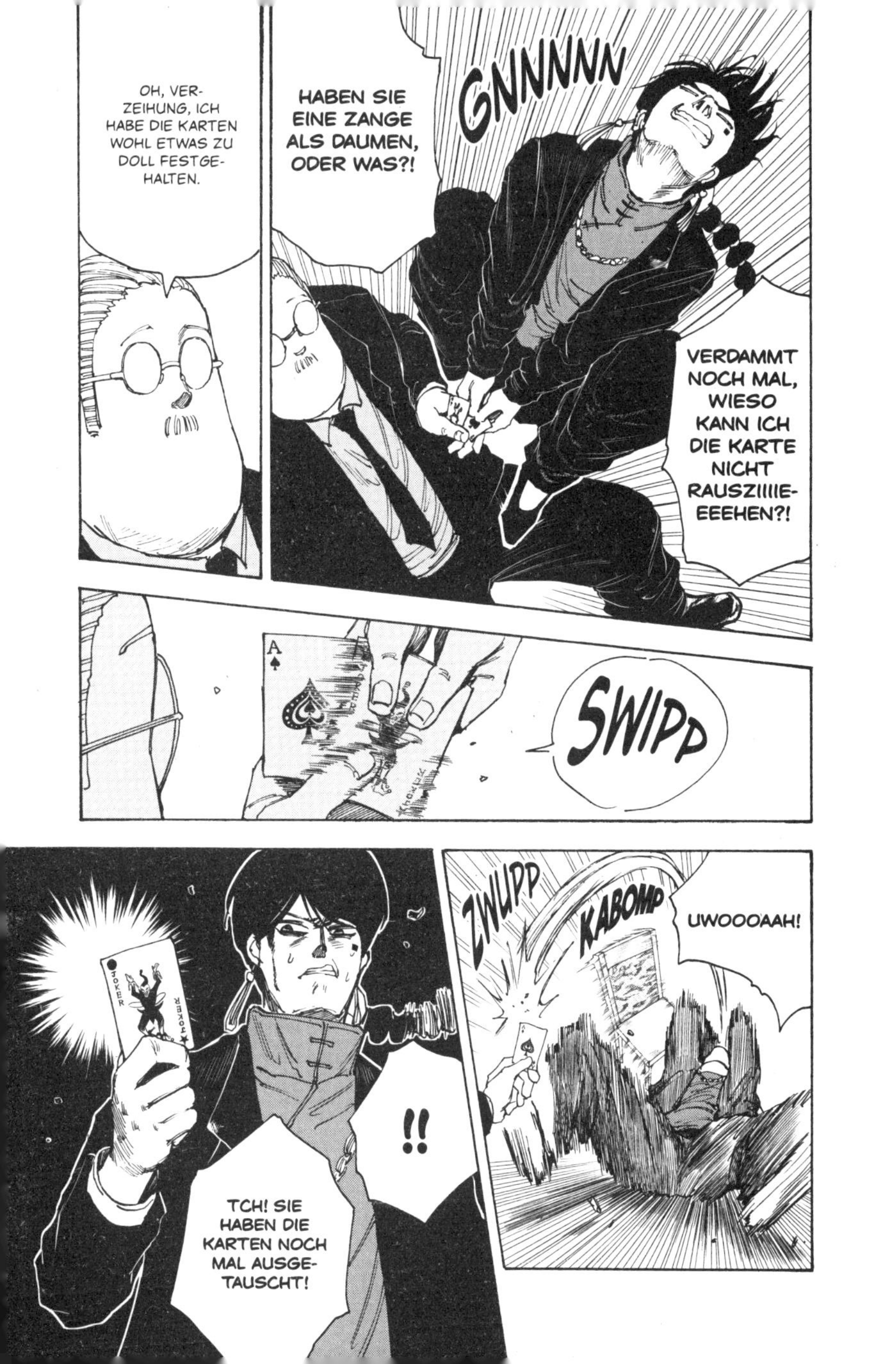
GNNNNN
HABEN SIE EINE ZANGE ALS DAUMEN, ODER WAS?!
VERDAMMT NOCH MAL, WIESO KANN ICH DIE KARTE NICHT RAUSZIIIIE-EEEHEN?!
OH, VER-ZEIHUNG, ICH HABE DIE KARTEN WOHL ETWAS ZU DOLL FESTGE-HALTEN.
SWIPP
ZWUPP
KABOMP
UWOOOAAH!
!!
TCH! SIE HABEN DIE KARTEN NOCH MAL AUSGE-TAUSCHT!

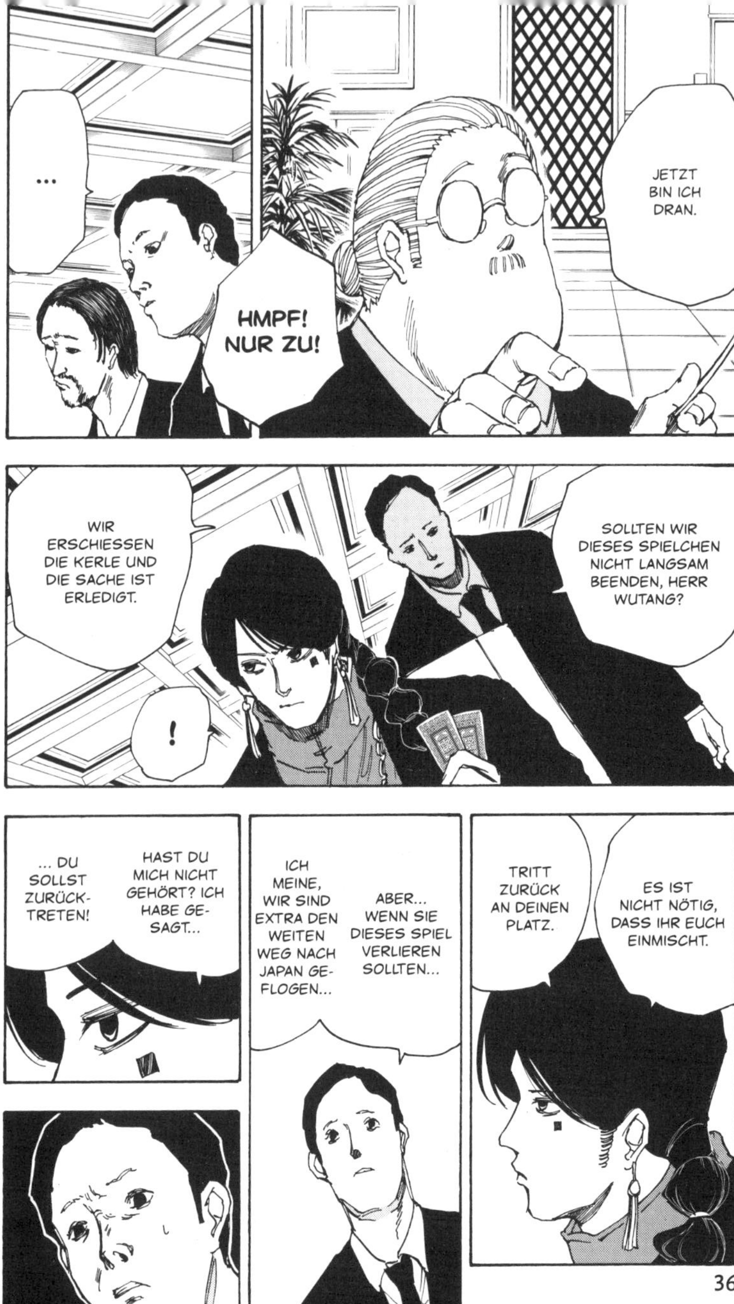
JETZT BIN ICH DRAN.
HMPF! NUR ZU!
...
SOLLTEN WIR DIESES SPIELCHEN NICHT LANGSAM BEENDEN, HERR WUTANG?
WIR ERSCHIESSEN DIE KERLE UND DIE SACHE IST ERLEDIGT.
!
ES IST NICHT NÖTIG, DASS IHR EUCH EINMISCHT.
TRITT ZURÜCK AN DEINEN PLATZ.
ABER... WENN SIE DIESES SPIEL VERLIEREN SOLLTEN...
ICH MEINE, WIR SIND EXTRA DEN WEITEN WEG NACH JAPAN GEFLOGEN...
HAST DU MICH NICHT GEHÖRT? ICH HABE GESAGT...
... DU SOLLST ZURÜCKTRETEN!

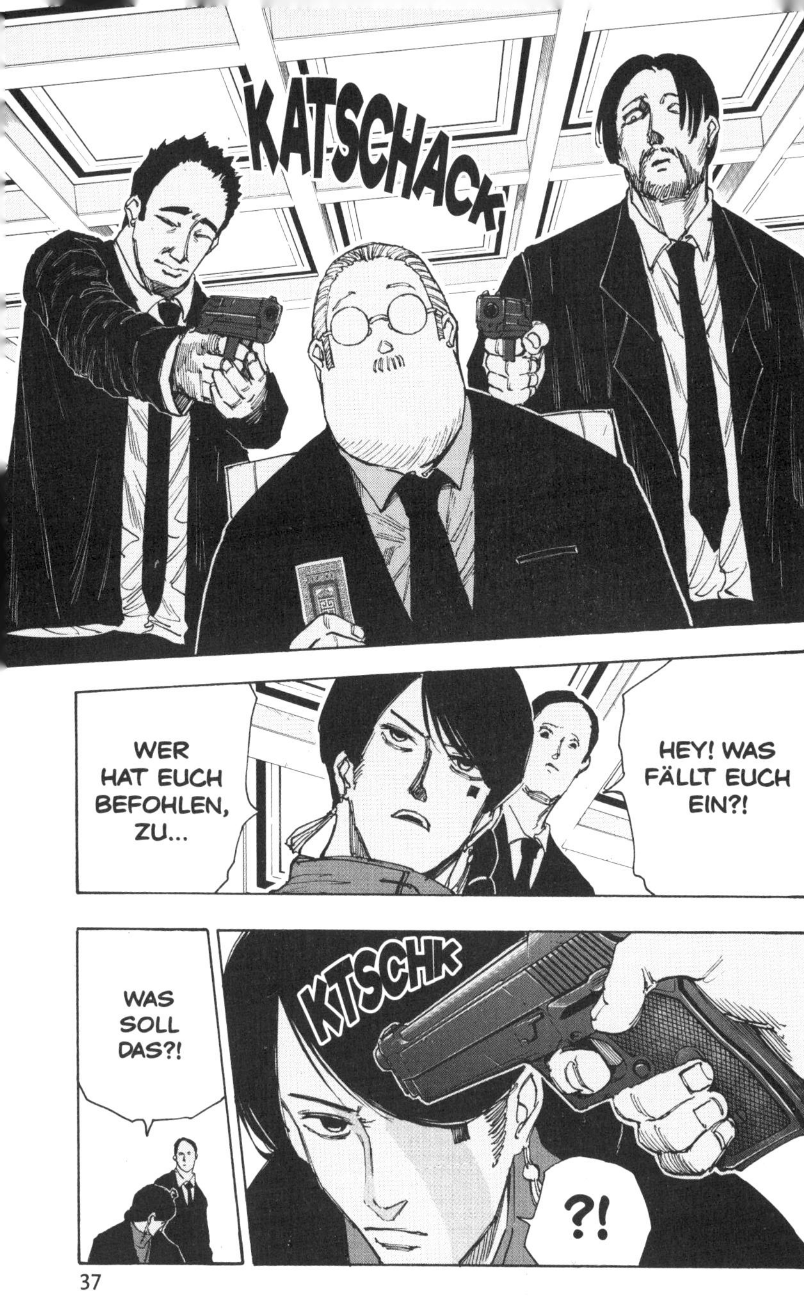
KÄTSCHACK
HEY! WAS FÄLLT EUCH EIN?!
WER HAT EUCH BEFOHLEN, ZU...
KTSCHK
?!
WAS SOLL DAS?!

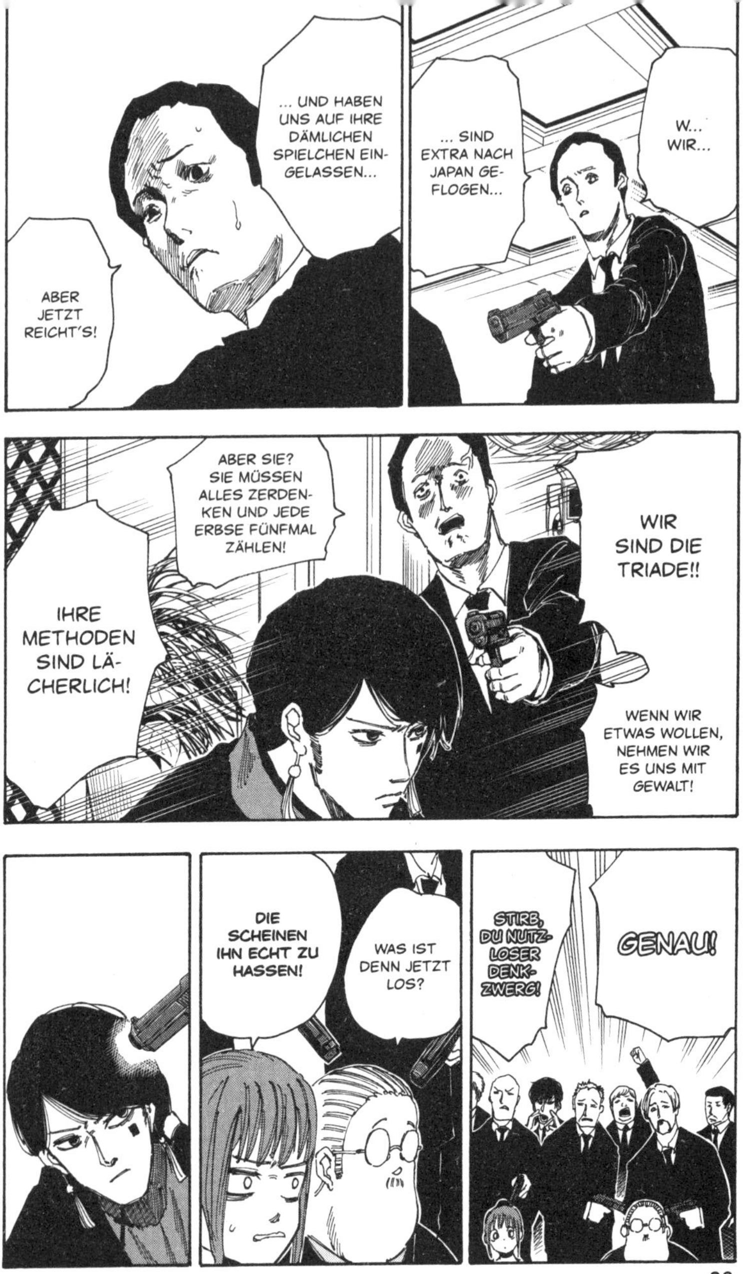
W... WIR...
... SIND EXTRA NACH JAPAN GEFLOGEN...
... UND HABEN UNS AUF IHRE DÄMLICHEN SPIELCHEN EINGELASSEN...
ABER JETZT REICHT'S!
WIR SIND DIE TRIADE!!
WENN WIR ETWAS WOLLEN, NEHMEN WIR ES UNS MIT GEWALT!
ABER SIE? SIE MÜSSEN ALLES ZERDENKEN UND JEDE ERBSE FÜNFMAL ZÄHLEN!
IHRE METHODEN SIND LÄCHERLICH!
GENAU!
STIRB, DU NUTZLOSER DENKZWERG!
WAS IST DENN JETZT LOS?
DIE SCHEINEN IHN ECHT ZU HASSEN!

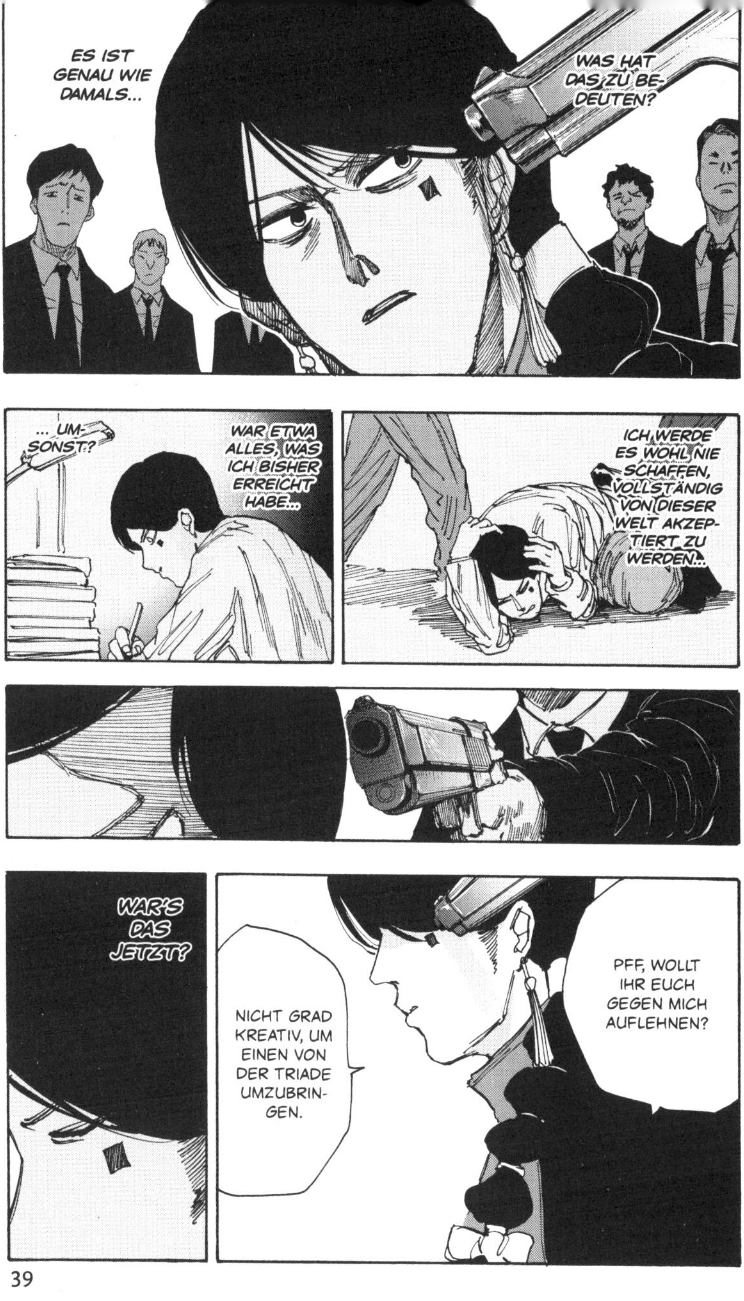
WAS HAT DAS ZU BE-DEUTEN?
ES IST GENAU WIE DAMALS...
ICH WERDE ES WOHL NIE SCHAFFEN, VOLLSTÄNDIG VON DIESER WELT AKZEP-TIERT ZU WERDEN...
WAR ETWA ALLES, WAS ICH BISHER ERREICHT HABE...
... UM-SONST?
PFF, WOLLT IHR EUCH GEGEN MICH AUFLEHNEN?
NICHT GRAD KREATIV, UM EINEN VON DER TRIADE UMZUBRIN-GEN.
WAR'S DAS JETZT?

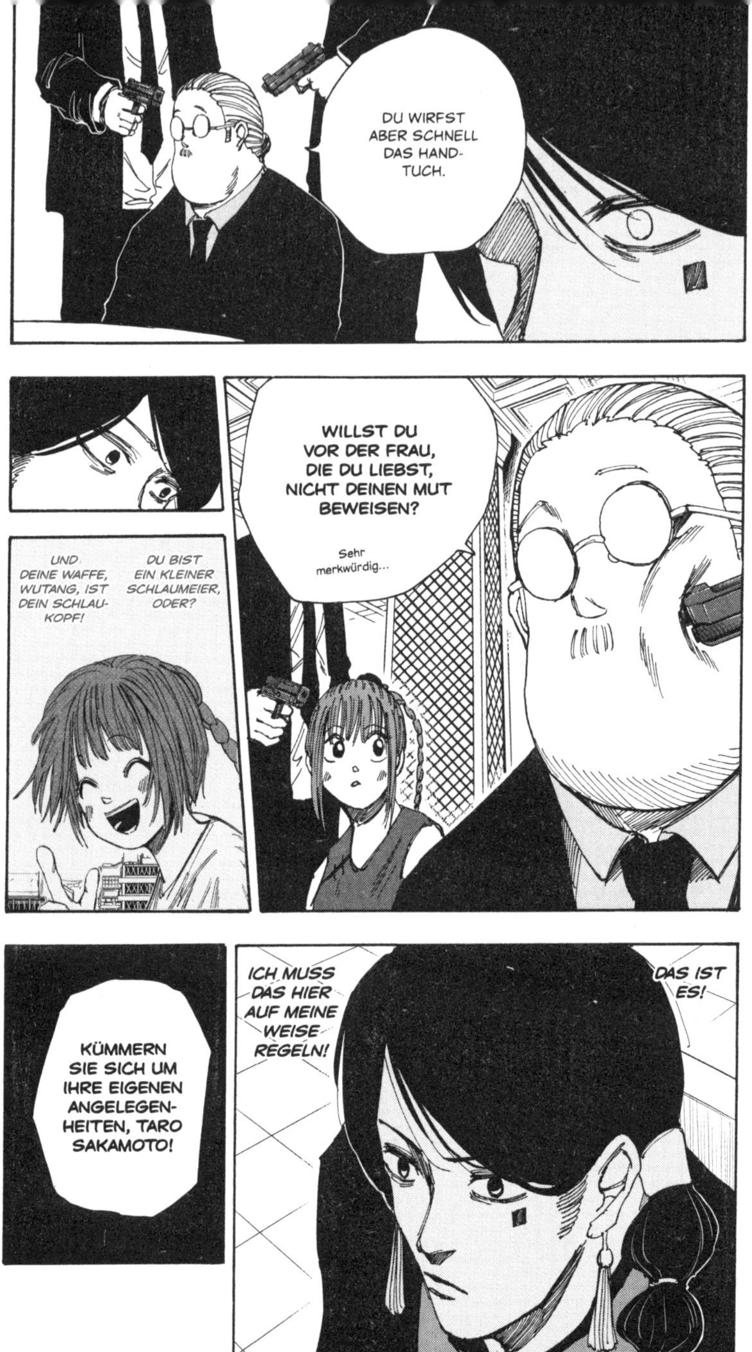
DU WIRFST ABER SCHNELL DAS HANDTUCH.
WILLST DU VOR DER FRAU, DIE DU LIEBST, NICHT DEINEN MUT BEWEISEN?
Sehr merkwürdig...
DU BIST EIN KLEINER SCHLAUMEIER, ODER?
UND DEINE WAFFE, WUTANG, IST DEIN SCHLAUKOPF!
DAS IST ES!
ICH MUSS DAS HIER AUF MEINE WEISE REGELN!
KÜMMERN SIE SICH UM IHRE EIGENEN ANGELEGENHEITEN, TARO SAKAMOTO!

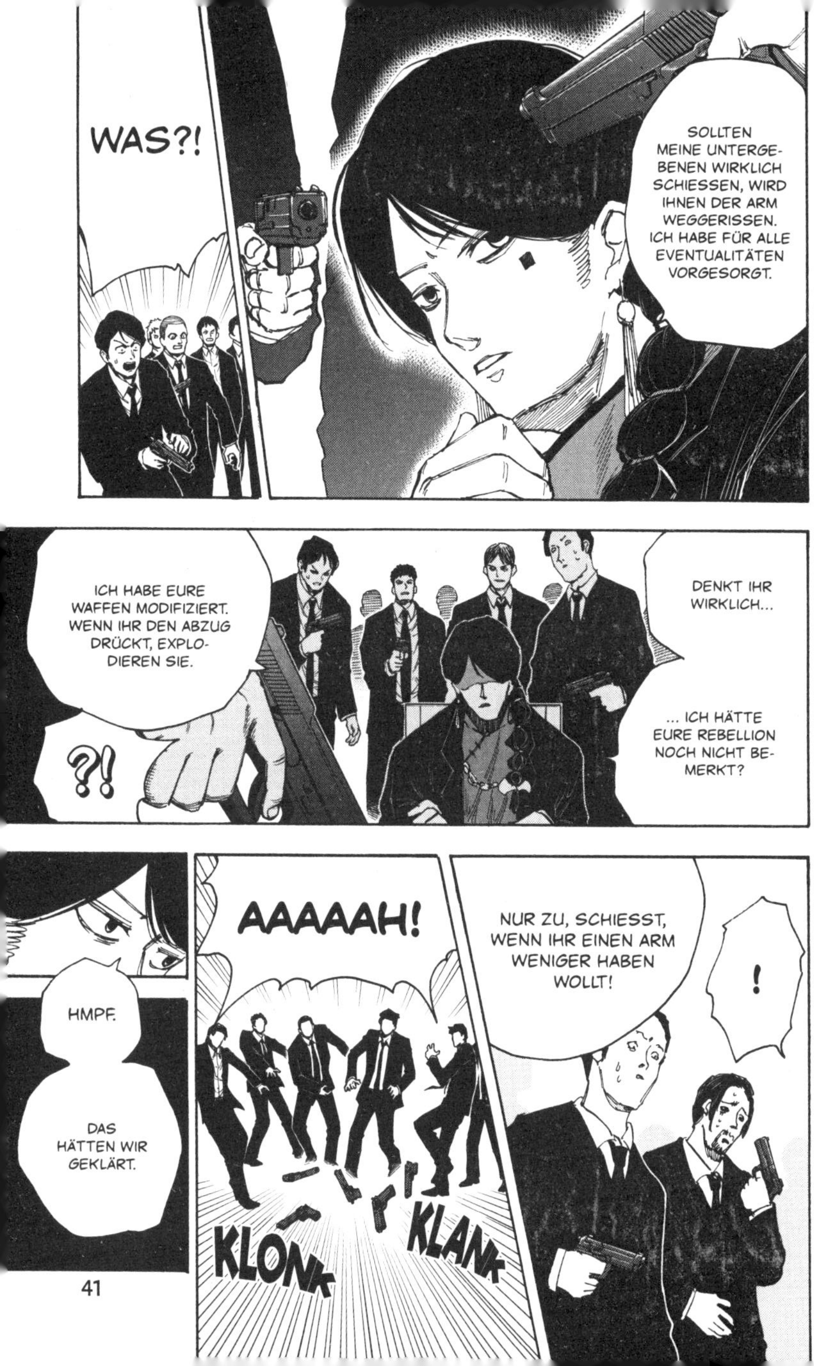
SOLLTEN MEINE UNTERGEBENEN WIRKLICH SCHIESSEN, WIRD IHNEN DER ARM WEGGERISSEN. ICH HABE FÜR ALLE EVENTUALITÄTEN VORGESORGT.
WAS?!
DENKT IHR WIRKLICH...
... ICH HÄTTE EURE REBELLION NOCH NICHT BEMERKT?
ICH HABE EURE WAFFEN MODIFIZIERT. WENN IHR DEN ABZUG DRÜCKT, EXPLODIEREN SIE.
?!
!
NUR ZU, SCHIESST, WENN IHR EINEN ARM WENIGER HABEN WOLLT!
AAAAAH!
KLONK
KLANK
HMPF.
DAS HÄTTEN WIR GEKLÄRT.

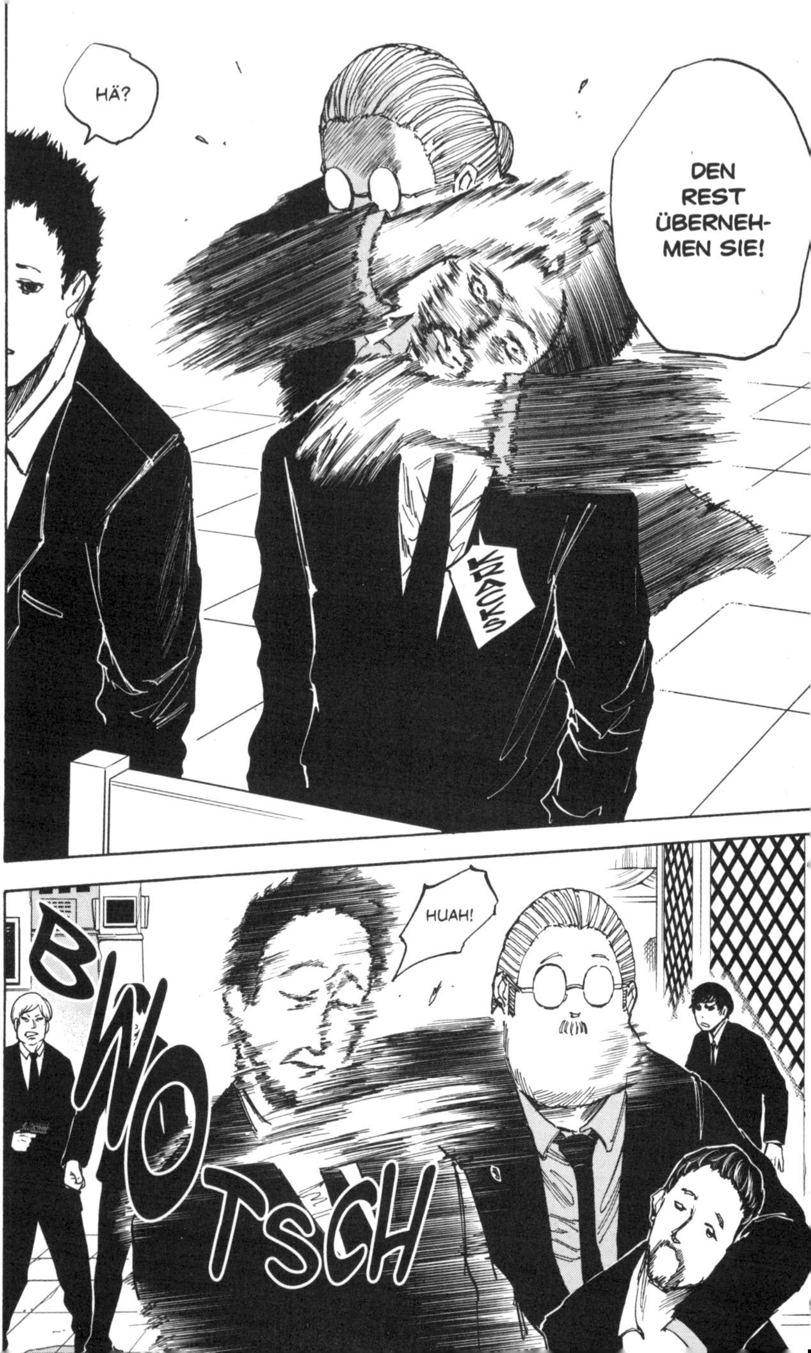
DEN REST ÜBERNEHMEN SIE!
HÄ?
HUAH!
BWOTSCH

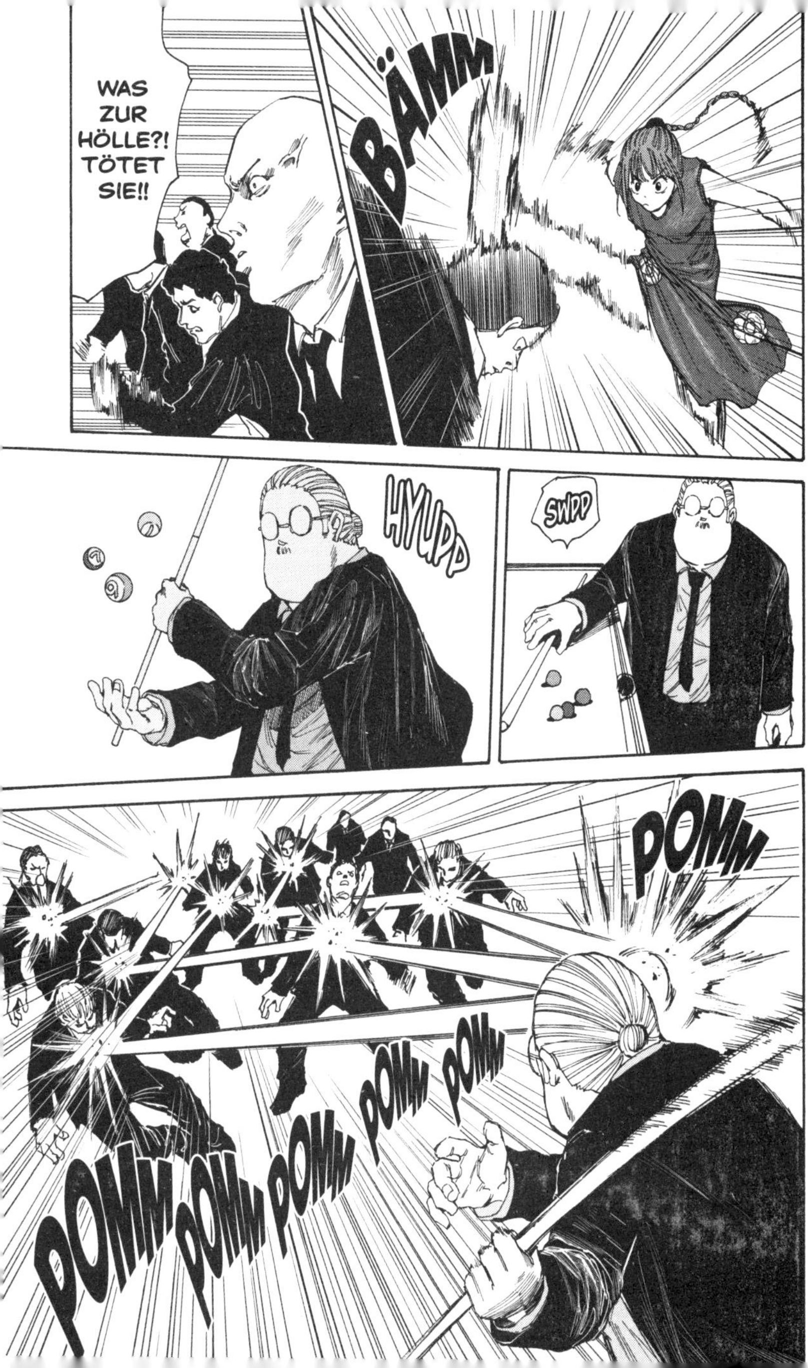
BÄMM
WAS ZUR HÖLLE?! TÖTET SIE!!
SWPP
HYUPP
POMM
POMM POMM POMM POMM POMM

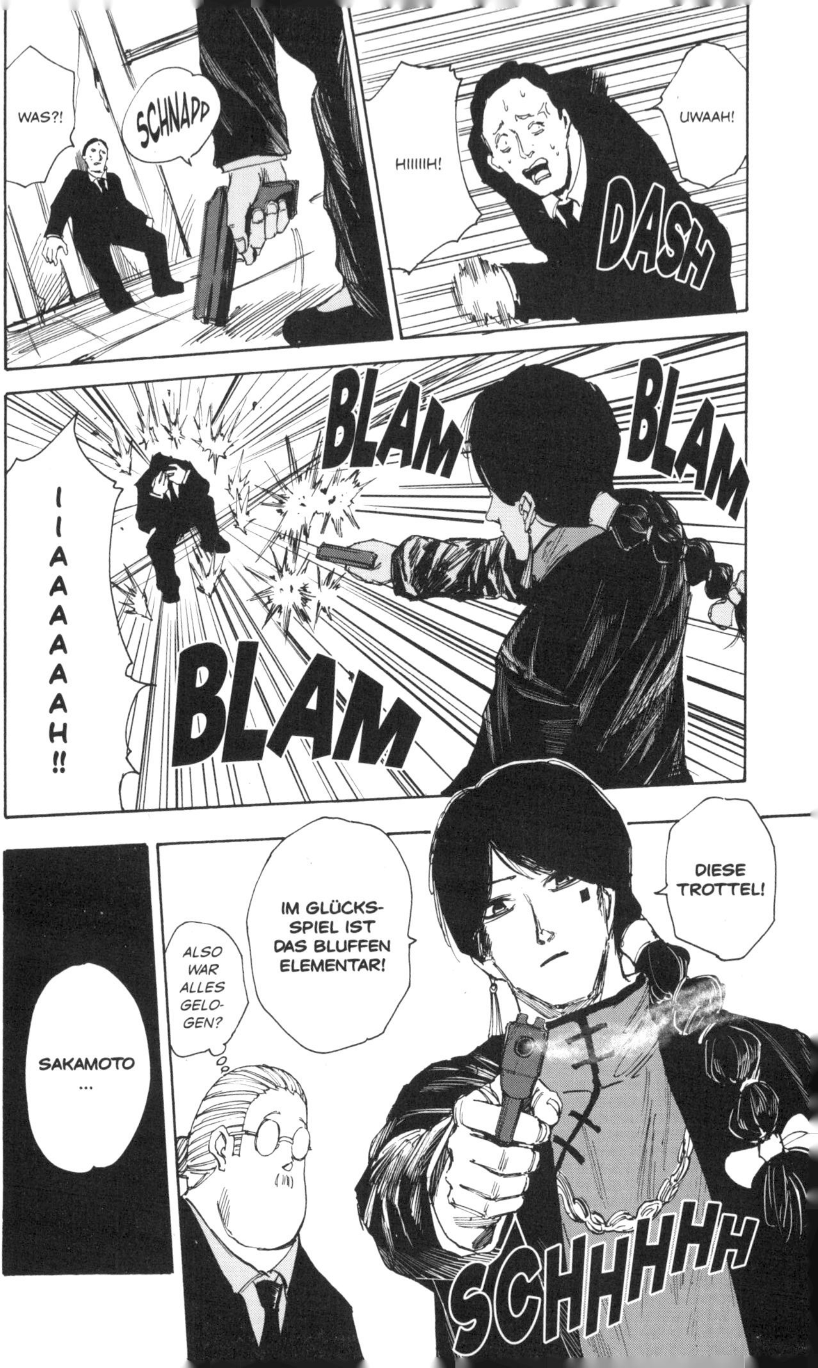
UWAAH!
HIIIIIH!
DASH
WAS?!
SCHNAPP
BLAM
BLAM
BLAM
IIAAAAAAAAH!!
DIESE TROTTEL!
IM GLÜCKS-SPIEL IST DAS BLUFFEN ELEMENTAR!
ALSO WAR ALLES GELO-GEN?
SCHHHHH
SAKAMOTO ...

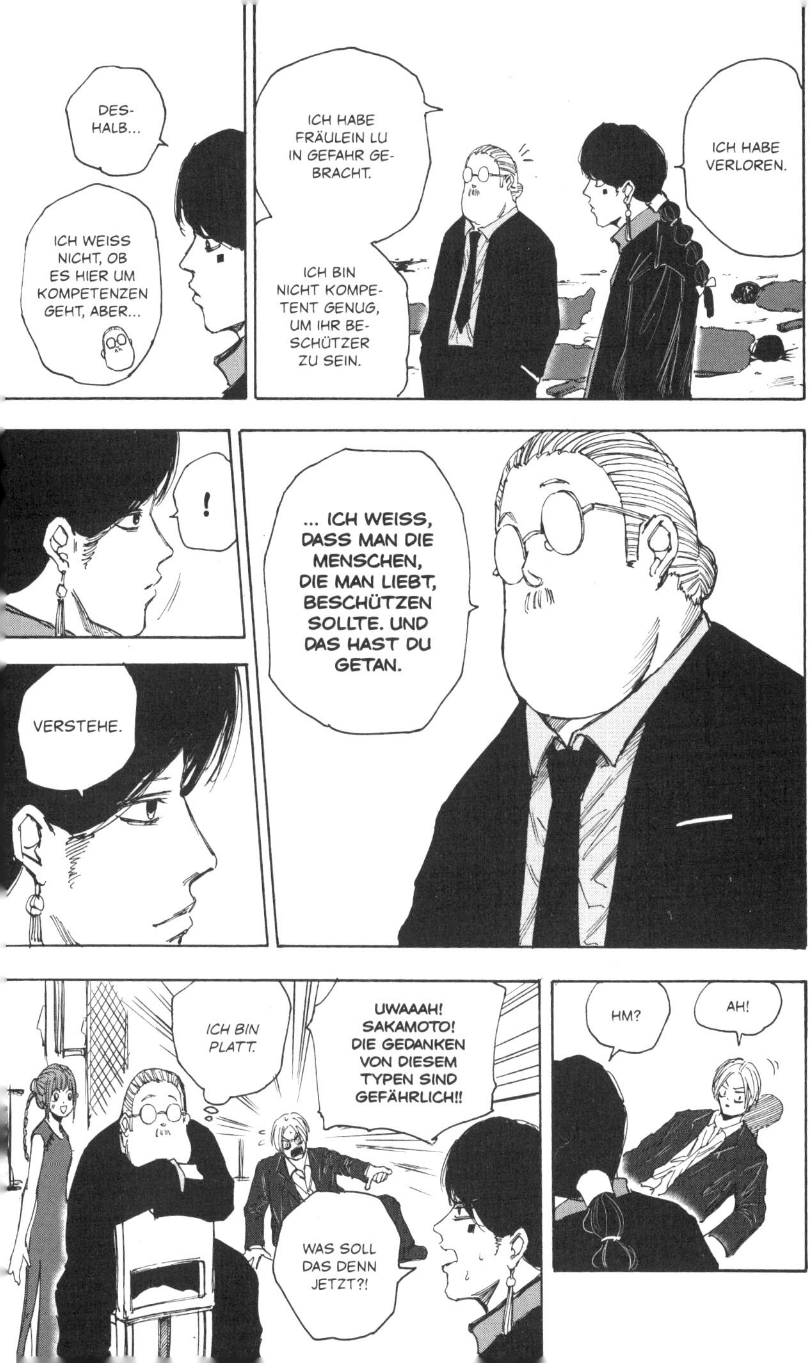
ICH HABE VERLOREN.
ICH HABE FRÄULEIN LU IN GEFAHR GEBRACHT.
ICH BIN NICHT KOMPETENT GENUG, UM IHR BESCHÜTZER ZU SEIN.
DESHALB...
ICH WEISS NICHT, OB ES HIER UM KOMPETENZEN GEHT, ABER...
... ICH WEISS, DASS MAN DIE MENSCHEN, DIE MAN LIEBT, BESCHÜTZEN SOLLTE. UND DAS HAST DU GETAN.
!
VERSTEHE.
AH!
HM?
UWAAAH! SAKAMOTO! DIE GEDANKEN VON DIESEM TYPEN SIND GEFÄHRLICH!!
ICH BIN PLATT.
WAS SOLL DAS DENN JETZT?!

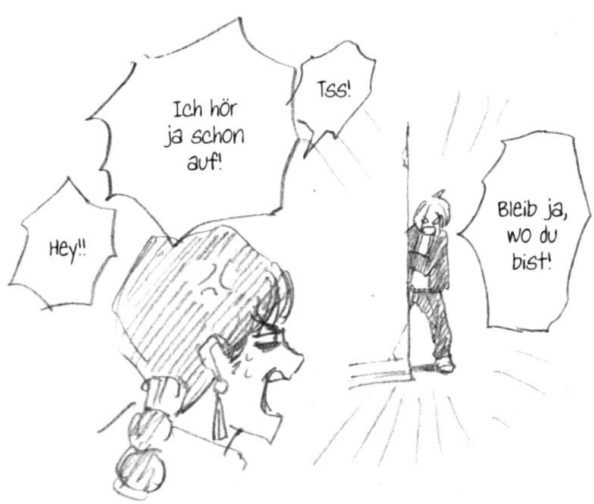
Bleib ja, wo du bist!
Tss!
Ich hör ja schon auf!
Hey!!

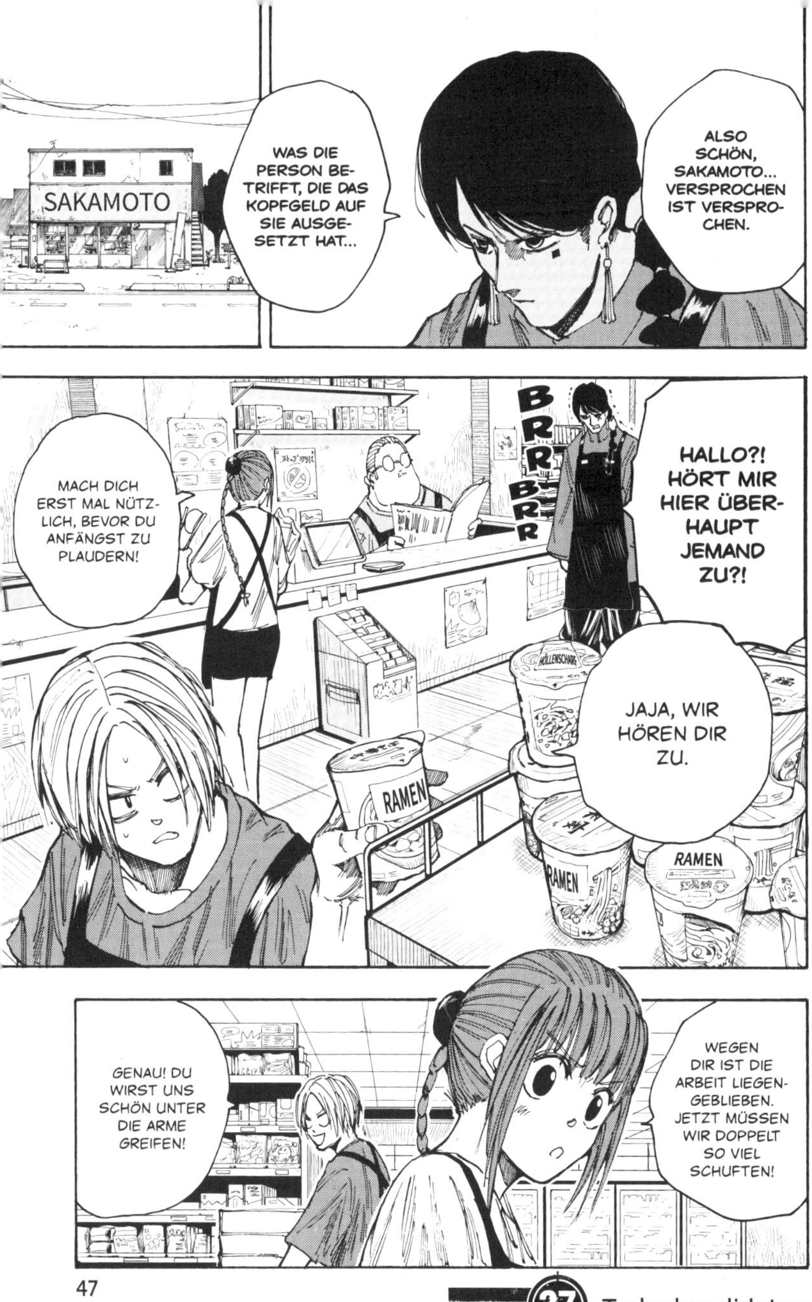
ALSO SCHÖN, SAKAMOTO... VERSPROCHEN IST VERSPRO-CHEN.
WAS DIE PERSON BE-TRIFFT, DIE DAS KOPFGELD AUF SIE AUSGE-SETZT HAT...
SAKAMOTO
HALLO?! HÖRT MIR HIER ÜBER-HAUPT JEMAND ZU?!
BRRR BRRR
MACH DICH ERST MAL NÜTZ-LICH, BEVOR DU ANFÄNGST ZU PLAUDERN!
JAJA, WIR HÖREN DIR ZU.
HÖLLENSCHARF
RAMEN
RAMEN
RAMEN
WEGEN DIR IST DIE ARBEIT LIEGEN-GEBLIEBEN. JETZT MÜSSEN WIR DOPPELT SO VIEL SCHUFTEN!
GENAU! DU WIRST UNS SCHÖN UNTER DIE ARME GREIFEN!

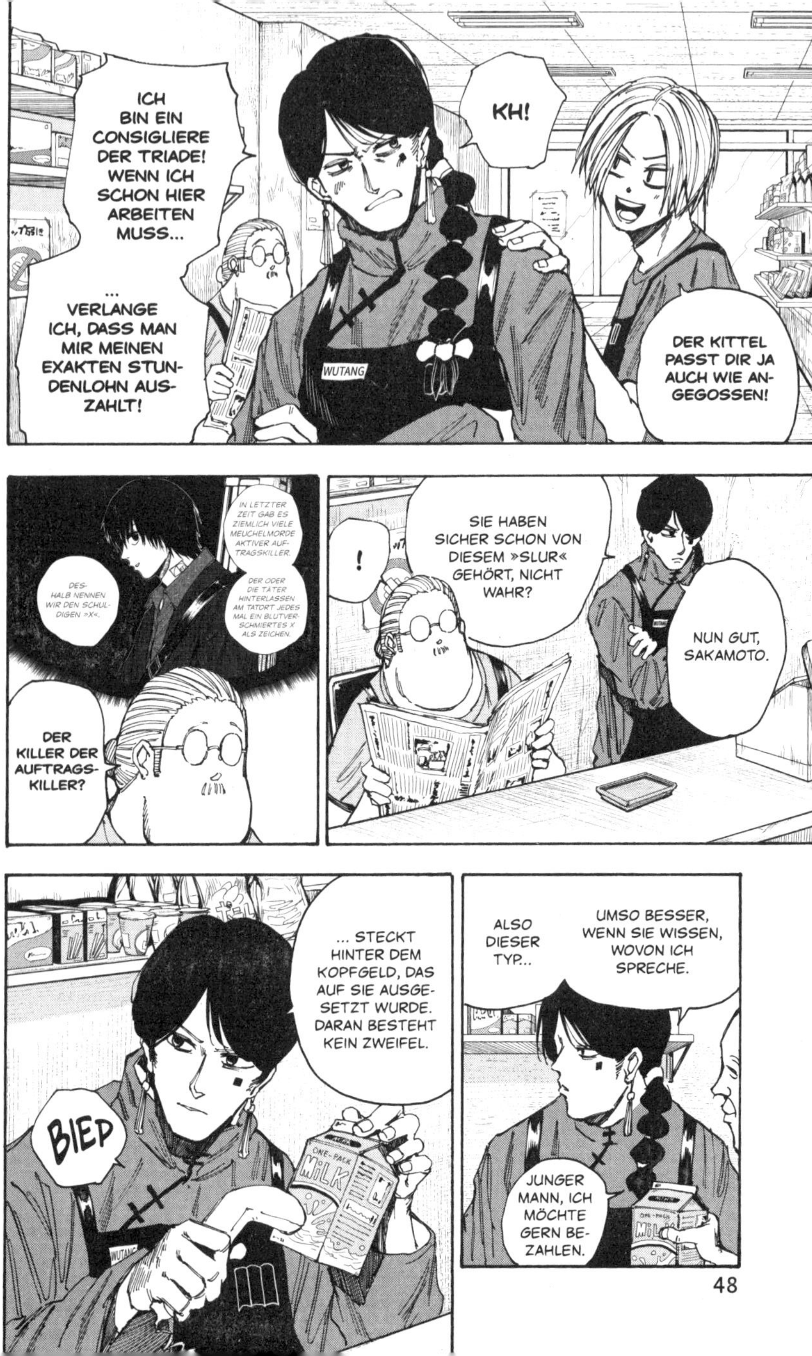

DER KITTEL PASST DIR JA AUCH WIE ANGEGOSSEN!
KH!
ICH BIN EIN CONSIGLIERE DER TRIADE! WENN ICH SCHON HIER ARBEITEN MUSS...
... VERLANGE ICH, DASS MAN MIR MEINEN EXAKTEN STUNDENLOHN AUSZAHLT!
WUTANG
NUN GUT, SAKAMOTO.
!
SIE HABEN SICHER SCHON VON DIESEM »SLUR« GEHÖRT, NICHT WAHR?
IN LETZTER ZEIT GAB ES ZIEMLICH VIELE MEUCHELMORDE AKTIVER AUFTRAGSKILLER.
DER ODER DIE TÄTER HINTERLASSEN AM TATORT JEDES MAL EIN BLUTVERSCHMIERTES X ALS ZEICHEN.
DESHALB NENNEN WIR DEN SCHULDIGEN »X«.
DER KILLER DER AUFTRAGSKILLER?
JUNGER MANN, ICH MÖCHTE GERN BEZAHLEN.
UMSO BESSER, WENN SIE WISSEN, WOVON ICH SPRECHE.
ALSO DIESER TYP...
... STECKT HINTER DEM KOPFGELD, DAS AUF SIE AUSGESETZT WURDE. DARAN BESTEHT KEIN ZWEIFEL.
BIEP
ONE-PACK MILK
WUTANG

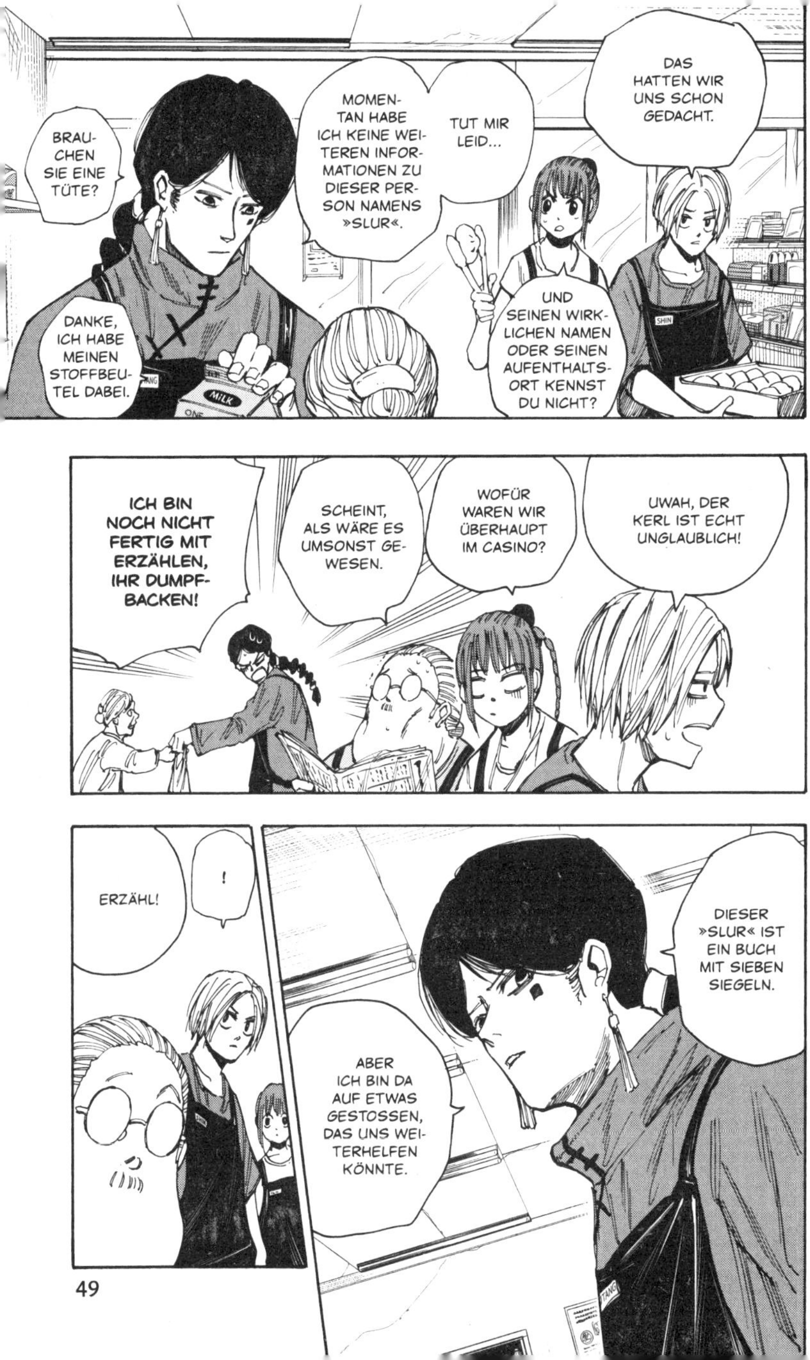
TUT MIR LEID...
MOMENTAN HABE ICH KEINE WEITEREN INFORMATIONEN ZU DIESER PERSON NAMENS »SLUR«.
DAS HATTEN WIR UNS SCHON GEDACHT.
UND SEINEN WIRKLICHEN NAMEN ODER SEINEN AUFENTHALTSORT KENNST DU NICHT?
BRAUCHEN SIE EINE TÜTE?
DANKE, ICH HABE MEINEN STOFFBEUTEL DABEI.
UWAH, DER KERL IST ECHT UNGLAUBLICH!
WOFÜR WAREN WIR ÜBERHAUPT IM CASINO?
SCHEINT, ALS WÄRE ES UMSONST GEWESEN.
ICH BIN NOCH NICHT FERTIG MIT ERZÄHLEN, IHR DUMPFBACKEN!
DIESER »SLUR« IST EIN BUCH MIT SIEBEN SIEGELN.
ABER ICH BIN DA AUF ETWAS GESTOSSEN, DAS UNS WEITERHELFEN KÖNNTE.
!
ERZÄHL!

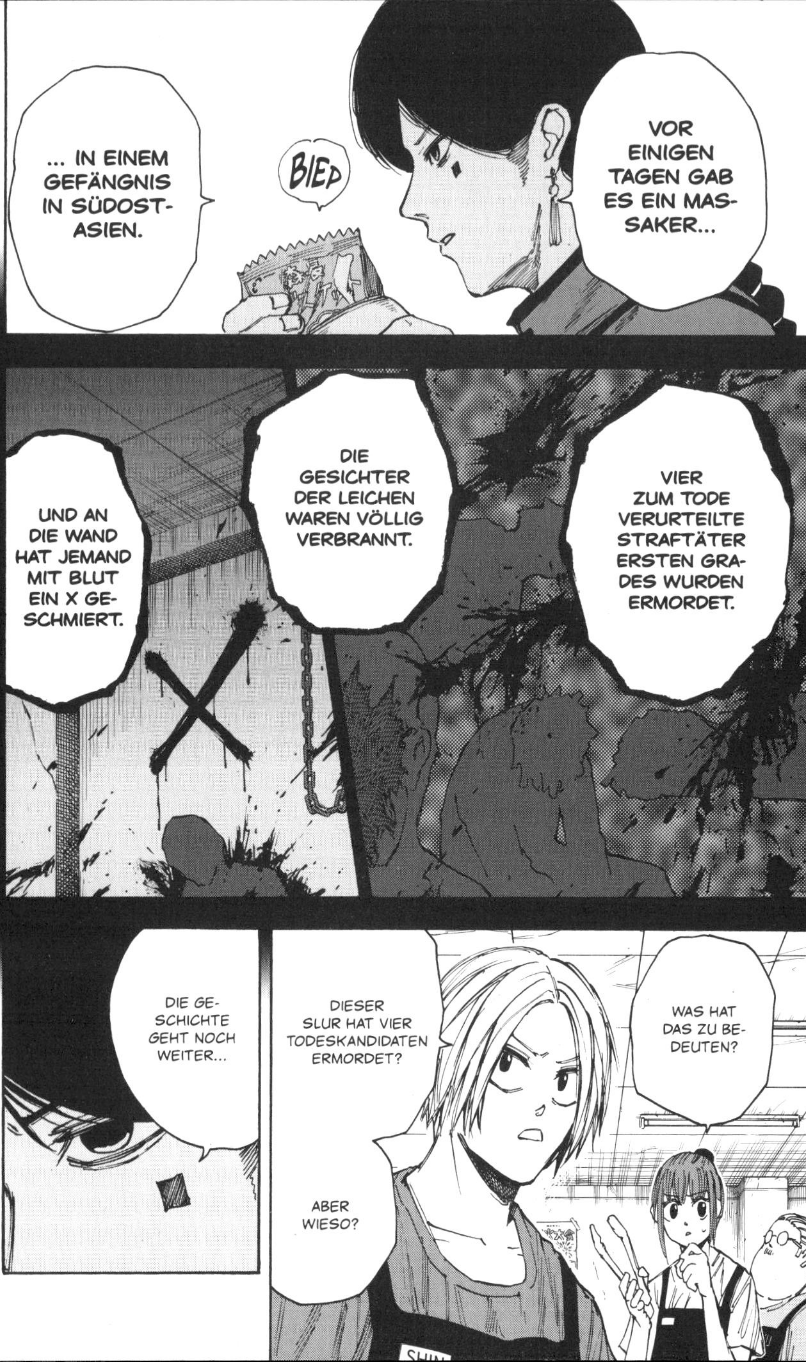
VOR EINIGEN TAGEN GAB ES EIN MASSAKER...
BIEP
... IN EINEM GEFÄNGNIS IN SÜDOSTASIEN.
VIER ZUM TODE VERURTEILTE STRAFTÄTER ERSTEN GRADES WURDEN ERMORDET.
DIE GESICHTER DER LEICHEN WAREN VÖLLIG VERBRANNT.
UND AN DIE WAND HAT JEMAND MIT BLUT EIN X GESCHMIERT.
WAS HAT DAS ZU BEDEUTEN?
DIESER SLUR HAT VIER TODESKANDIDATEN ERMORDET?
ABER WIESO?
DIE GESCHICHTE GEHT NOCH WEITER...

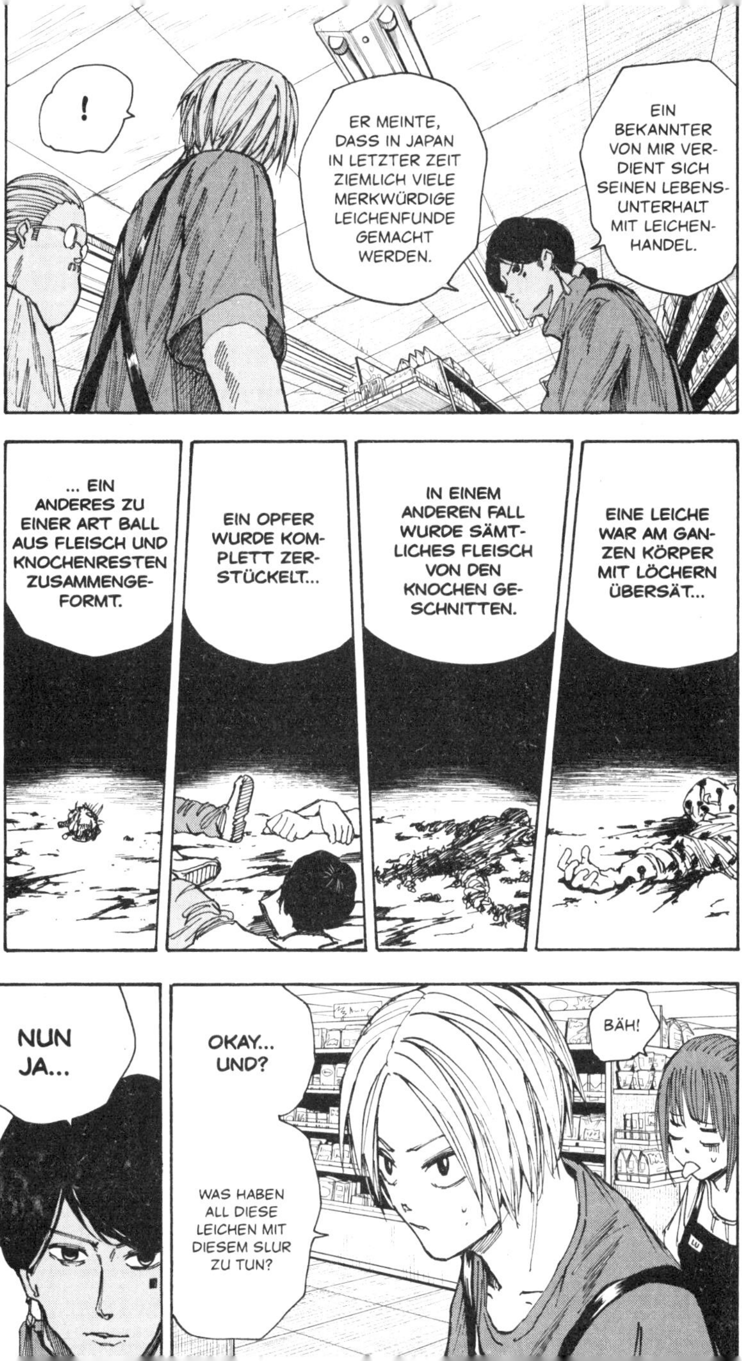

EIN BEKANNTER VON MIR VERDIENT SICH SEINEN LEBENSUNTERHALT MIT LEICHENHANDEL.
ER MEINTE, DASS IN JAPAN IN LETZTER ZEIT ZIEMLICH VIELE MERKWÜRDIGE LEICHENFUNDE GEMACHT WERDEN.
!
EINE LEICHE WAR AM GANZEN KÖRPER MIT LÖCHERN ÜBERSÄT...
IN EINEM ANDEREN FALL WURDE SÄMTLICHES FLEISCH VON DEN KNOCHEN GESCHNITTEN.
EIN OPFER WURDE KOMPLETT ZERSTÜCKELT...
... EIN ANDERES ZU EINER ART BALL AUS FLEISCH UND KNOCHENRESTEN ZUSAMMENGEFORMT.
BÄH!
OKAY... UND?
WAS HABEN ALL DIESE LEICHEN MIT DIESEM SLUR ZU TUN?
NUN JA...

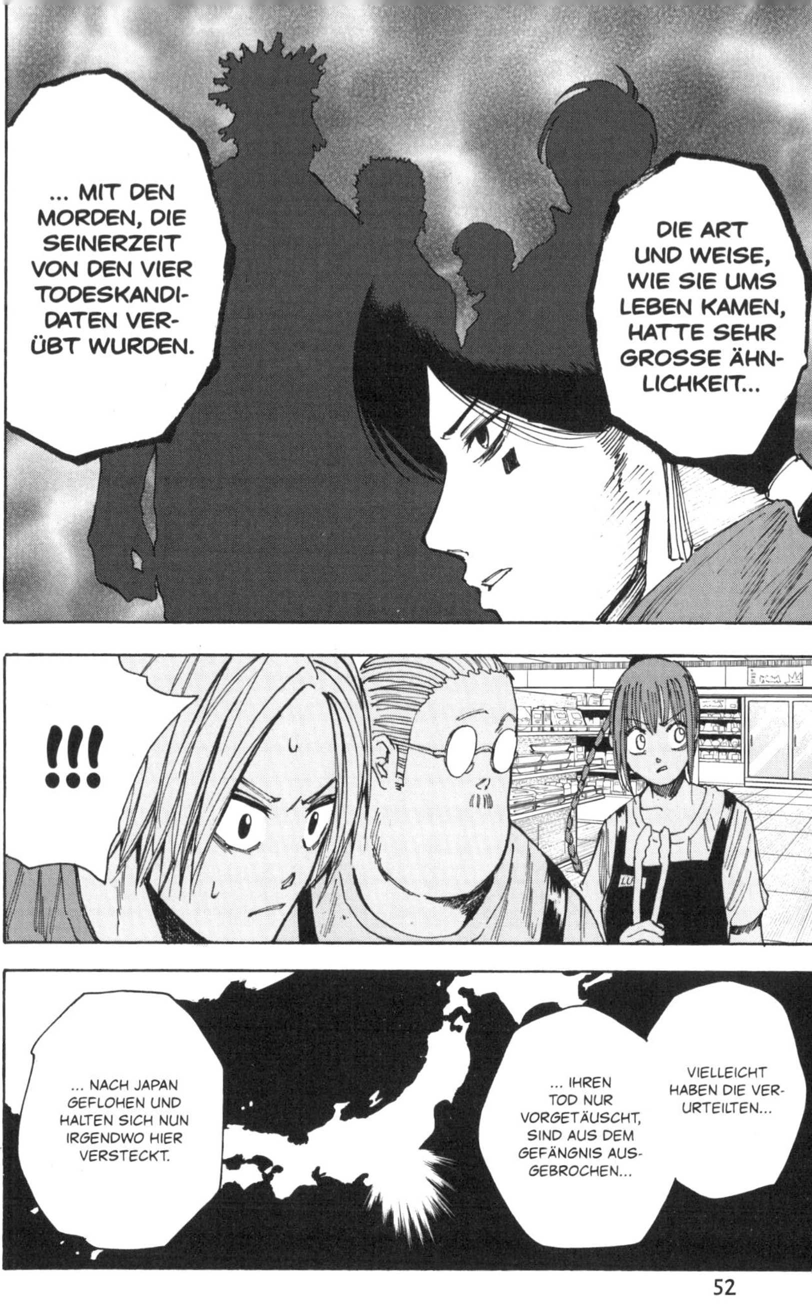
DIE ART UND WEISE, WIE SIE UMS LEBEN KAMEN, HATTE SEHR GROSSE ÄHNLICHKEIT...
... MIT DEN MORDEN, DIE SEINERZEIT VON DEN VIER TODESKANDIDATEN VERÜBT WURDEN.
!!!
VIELLEICHT HABEN DIE VERURTEILTEN...
... IHREN TOD NUR VORGETÄUSCHT, SIND AUS DEM GEFÄNGNIS AUSGEBROCHEN...
... NACH JAPAN GEFLOHEN UND HALTEN SICH NUN IRGENDWO HIER VERSTECKT.

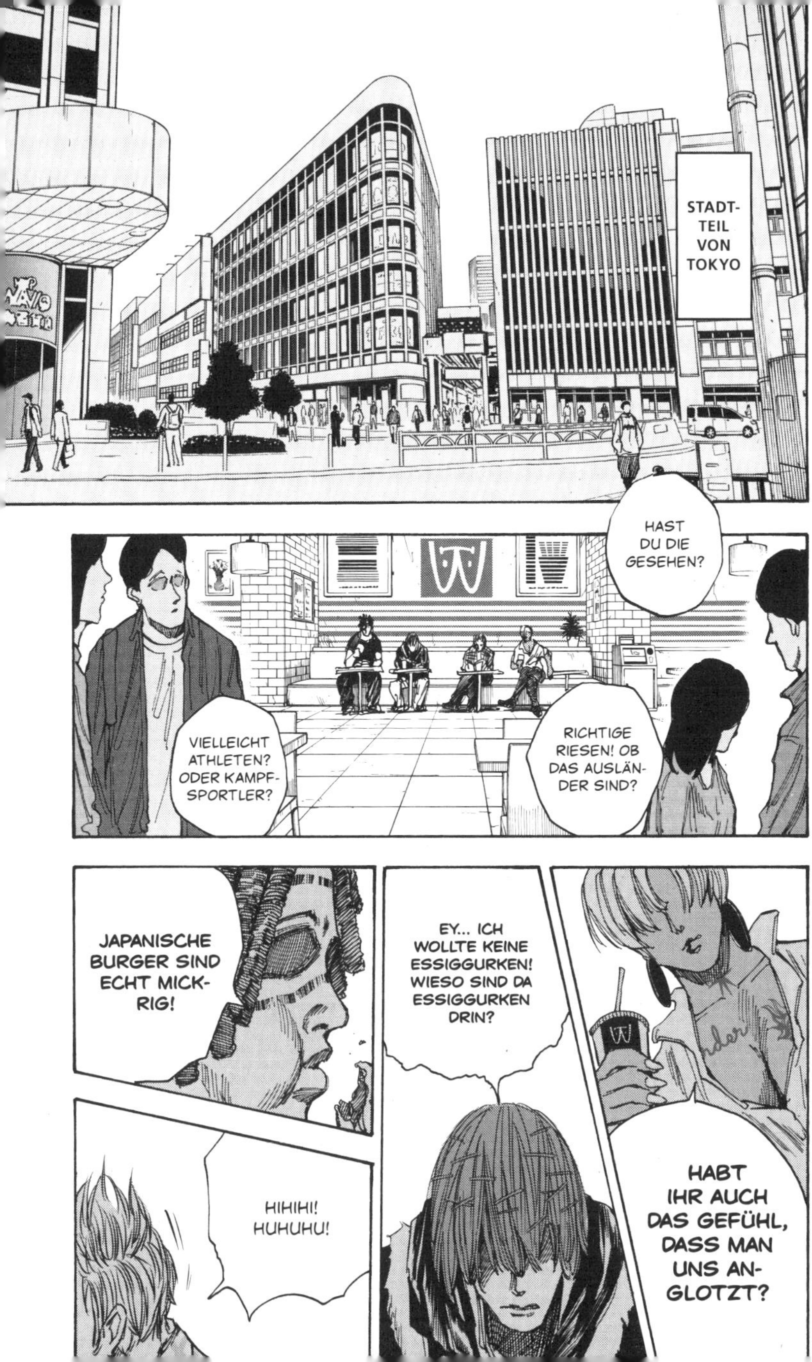
STADT-TEIL VON TOKYO
HAST DU DIE GESEHEN?
RICHTIGE RIESEN! OB DAS AUSLÄNDER SIND?
VIELLEICHT ATHLETEN? ODER KAMPF-SPORTLER?
HABT IHR AUCH DAS GEFÜHL, DASS MAN UNS AN-GLOTZT?
EY... ICH WOLLTE KEINE ESSIGGURKEN! WIESO SIND DA ESSIGGURKEN DRIN?
JAPANISCHE BURGER SIND ECHT MICK-RIG!
HIHIHI! HUHUHU!

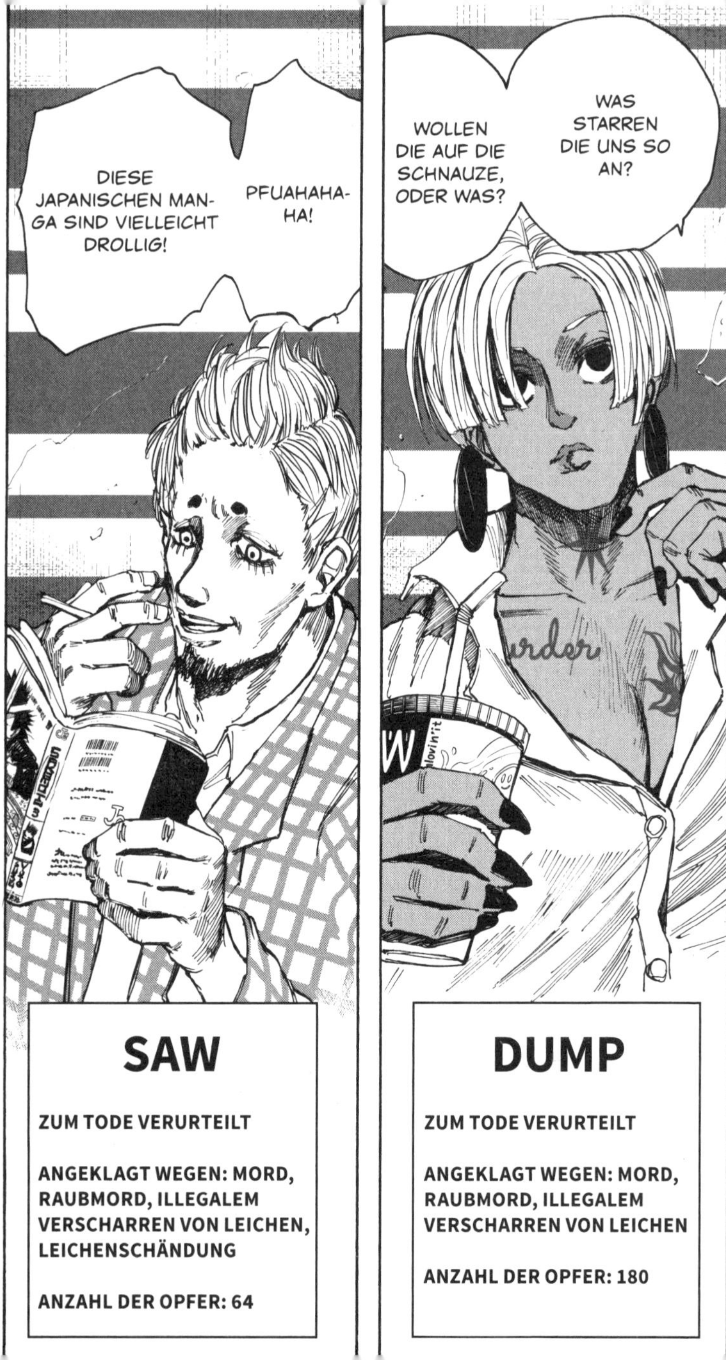
WAS STARREN DIE UNS SO AN?
WOLLEN DIE AUF DIE SCHNAUZE, ODER WAS?
DUMP
ZUM TODE VERURTEILT
ANGEKLAGT WEGEN: MORD, RAUBMORD, ILLEGALEM VERSCHARREN VON LEICHEN
ANZAHL DER OPFER: 180
PFUAHAHAHA!
DIESE JAPANISCHEN MANGA SIND VIELLEICHT DROLLIG!
SAW
ZUM TODE VERURTEILT
ANGEKLAGT WEGEN: MORD, RAUBMORD, ILLEGALEM VERSCHARREN VON LEICHEN, LEICHENSCHÄNDUNG
ANZAHL DER OPFER: 64

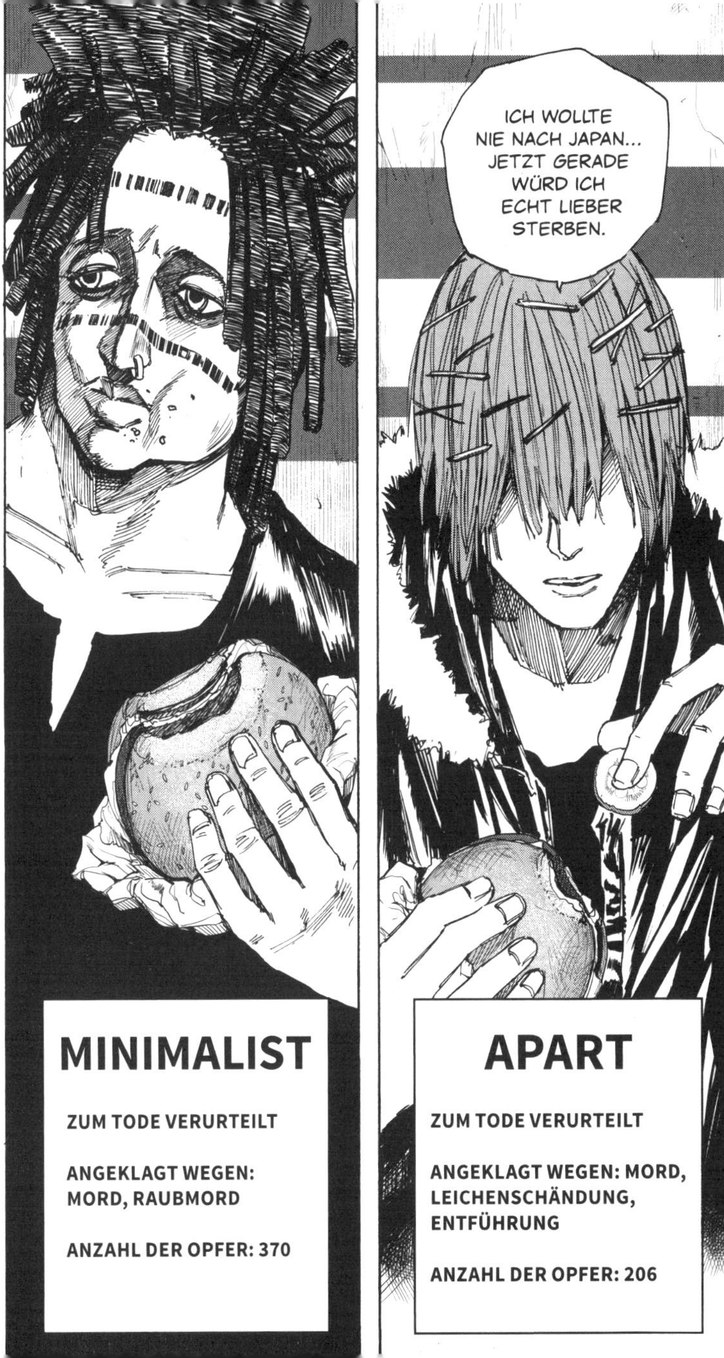
ICH WOLLTE NIE NACH JAPAN... JETZT GERADE WÜRD ICH ECHT LIEBER STERBEN.
APART
ZUM TODE VERURTEILT
ANGEKLAGT WEGEN: MORD, LEICHENSCHÄNDUNG, ENTFÜHRUNG
ANZAHL DER OPFER: 206
MINIMALIST
ZUM TODE VERURTEILT
ANGEKLAGT WEGEN: MORD, RAUBMORD
ANZAHL DER OPFER: 370

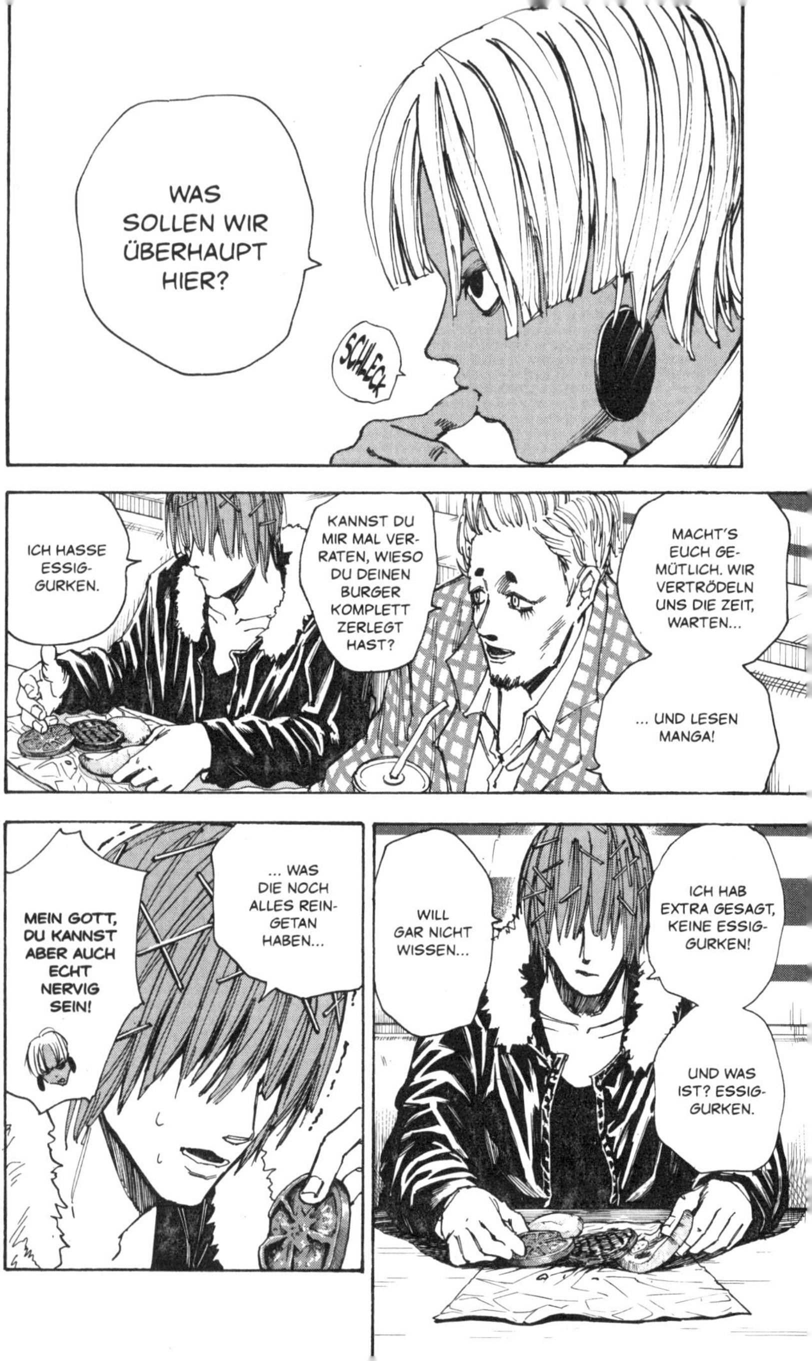
WAS SOLLEN WIR ÜBERHAUPT HIER?
SCHLECK
MACHT'S EUCH GEMÜTLICH. WIR VERTRÖDELN UNS DIE ZEIT, WARTEN...
... UND LESEN MANGA!
KANNST DU MIR MAL VERRATEN, WIESO DU DEINEN BURGER KOMPLETT ZERLEGT HAST?
ICH HASSE ESSIGGURKEN.
ICH HAB EXTRA GESAGT, KEINE ESSIGGURKEN!
UND WAS IST? ESSIGGURKEN.
WILL GAR NICHT WISSEN...
... WAS DIE NOCH ALLES REINGETAN HABEN...
MEIN GOTT, DU KANNST ABER AUCH ECHT NERVIG SEIN!

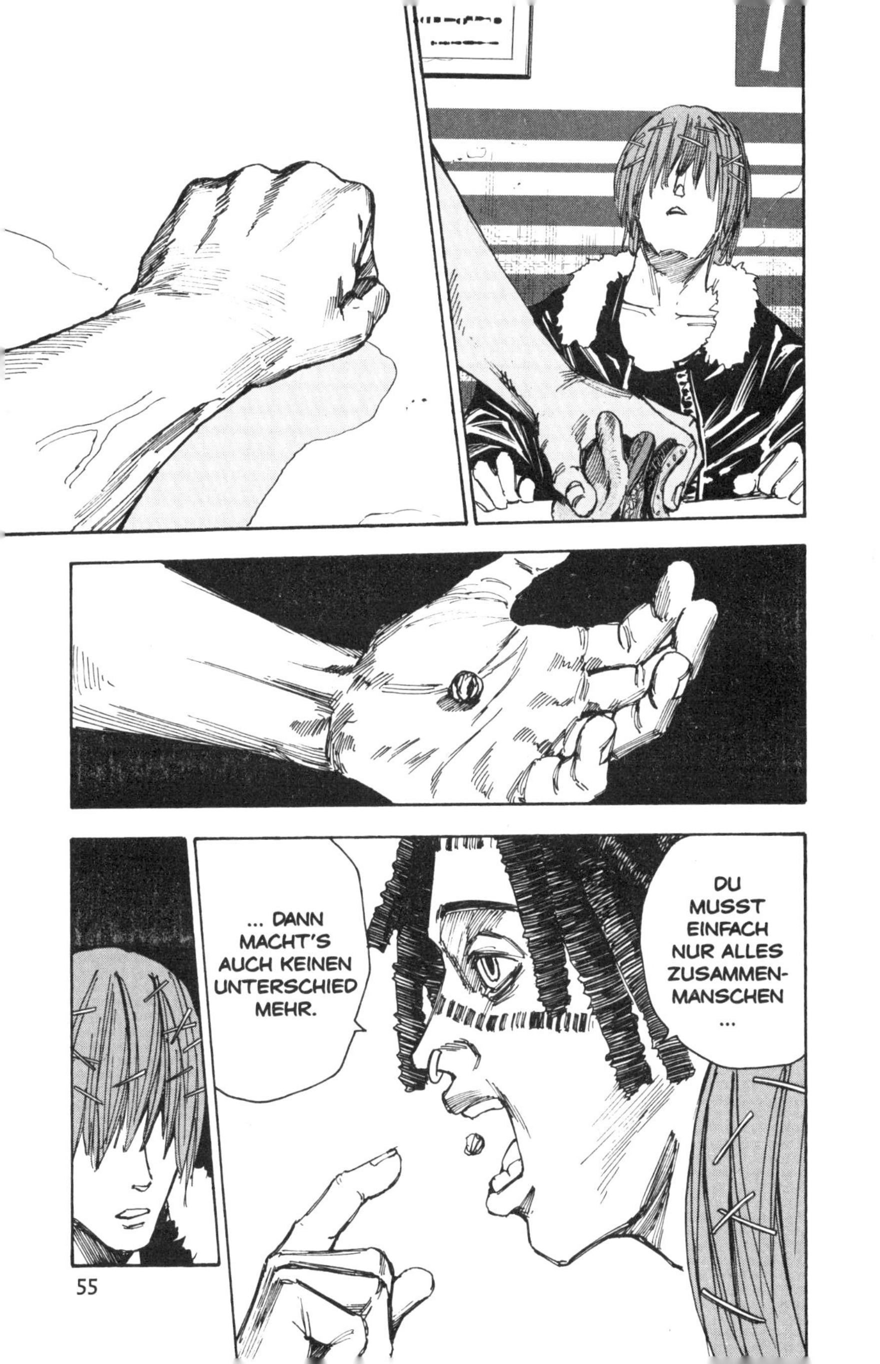
DU MUSST EINFACH NUR ALLES ZUSAMMEN-MANSCHEN ...
... DANN MACHT'S AUCH KEINEN UNTERSCHIED MEHR.

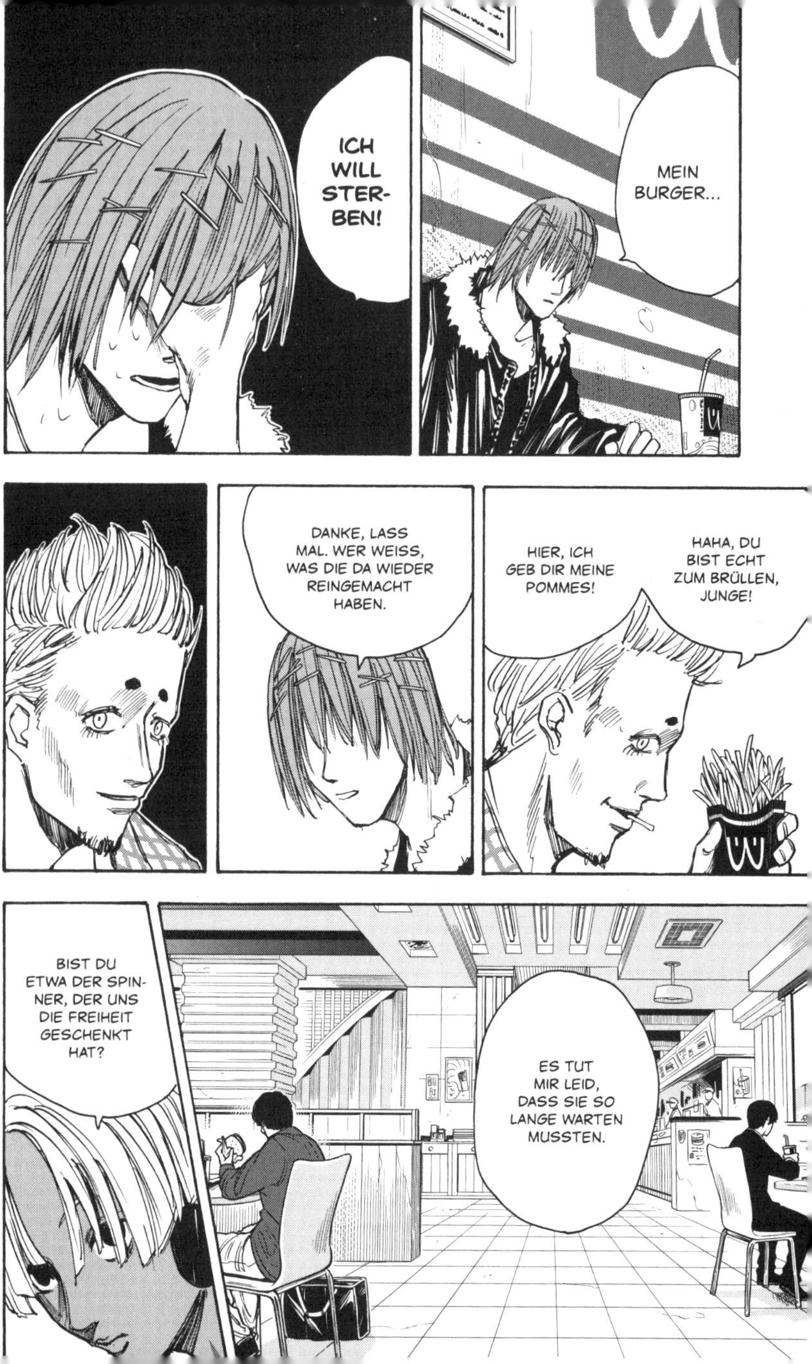
MEIN BURGER...
ICH WILL STER-BEN!
HAHA, DU BIST ECHT ZUM BRÜLLEN, JUNGE!
HIER, ICH GEB DIR MEINE POMMES!
DANKE, LASS MAL. WER WEISS, WAS DIE DA WIEDER REINGEMACHT HABEN.
ES TUT MIR LEID, DASS SIE SO LANGE WARTEN MUSSTEN.
BIST DU ETWA DER SPIN-NER, DER UNS DIE FREIHEIT GESCHENKT HAT?

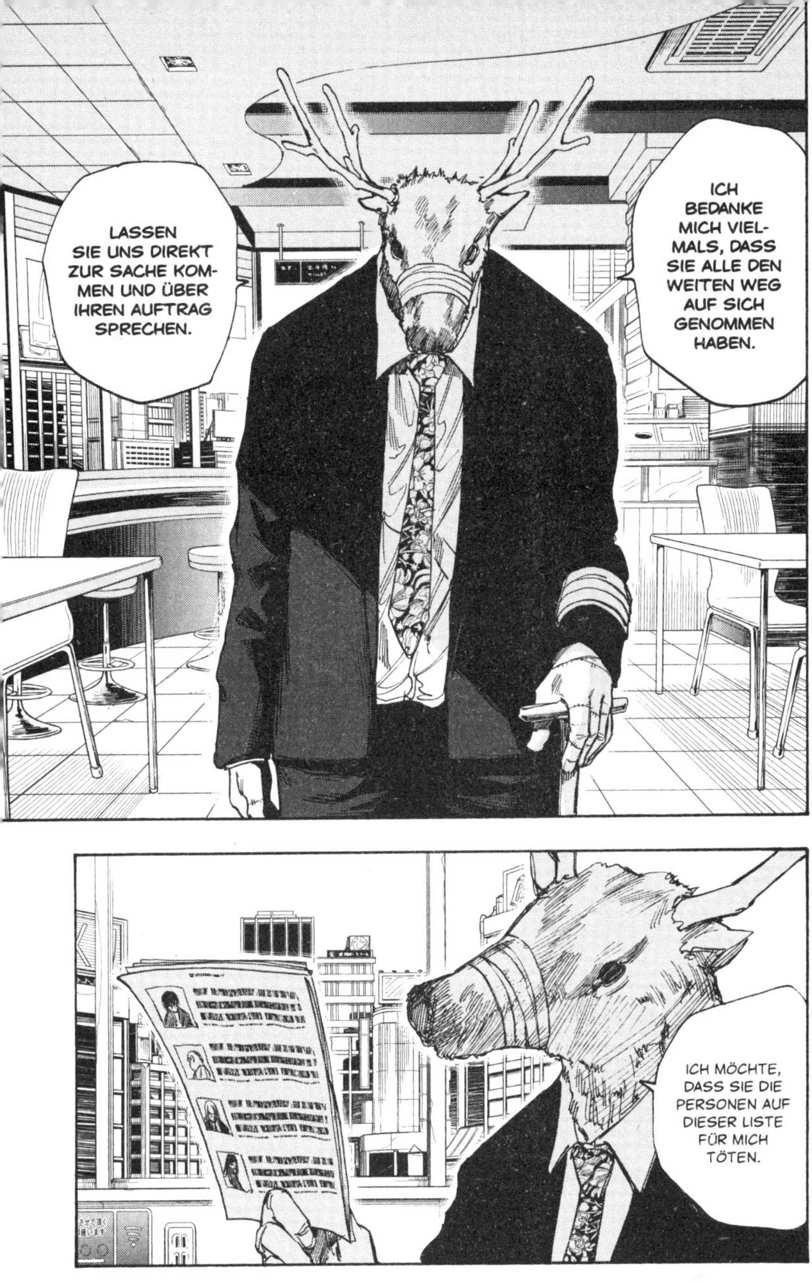
ICH BEDANKE MICH VIELMALS, DASS SIE ALLE DEN WEITEN WEG AUF SICH GENOMMEN HABEN.
LASSEN SIE UNS DIREKT ZUR SACHE KOMMEN UND ÜBER IHREN AUFTRAG SPRECHEN.
ICH MÖCHTE, DASS SIE DIE PERSONEN AUF DIESER LISTE FÜR MICH TÖTEN.

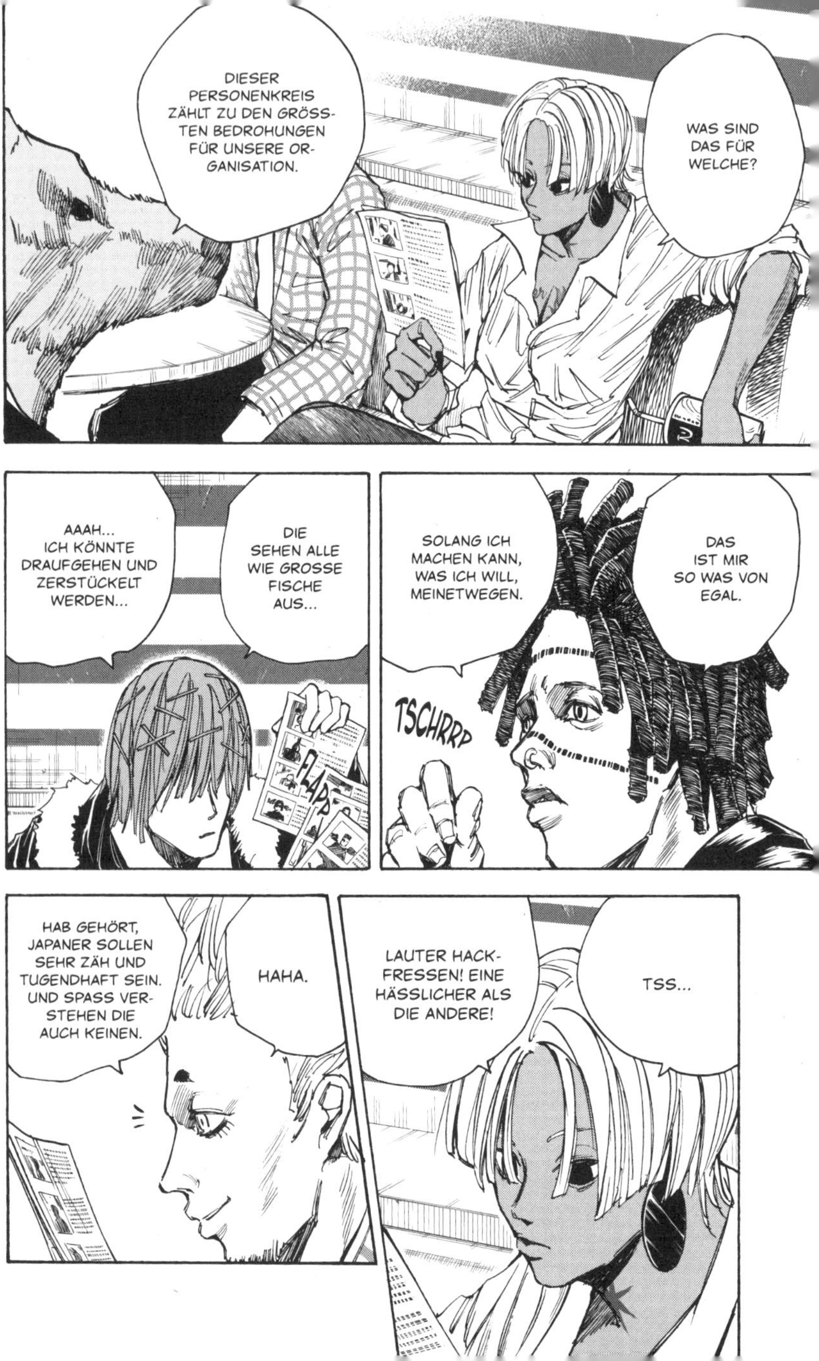
WAS SIND DAS FÜR WELCHE?
DIESER PERSONENKREIS ZÄHLT ZU DEN GRÖSS-TEN BEDROHUNGEN FÜR UNSERE OR-GANISATION.
DAS IST MIR SO WAS VON EGAL.
SOLANG ICH MACHEN KANN, WAS ICH WILL, MEINETWEGEN.
TSCHRRP
DIE SEHEN ALLE WIE GROSSE FISCHE AUS...
AAAH... ICH KÖNNTE DRAUFGEHEN UND ZERSTÜCKELT WERDEN...
FLAPP
TSS...
LAUTER HACK-FRESSEN! EINE HÄSSLICHER ALS DIE ANDERE!
HAHA.
HAB GEHÖRT, JAPANER SOLLEN SEHR ZÄH UND TUGENDHAFT SEIN. UND SPASS VER-STEHEN DIE AUCH KEINEN.

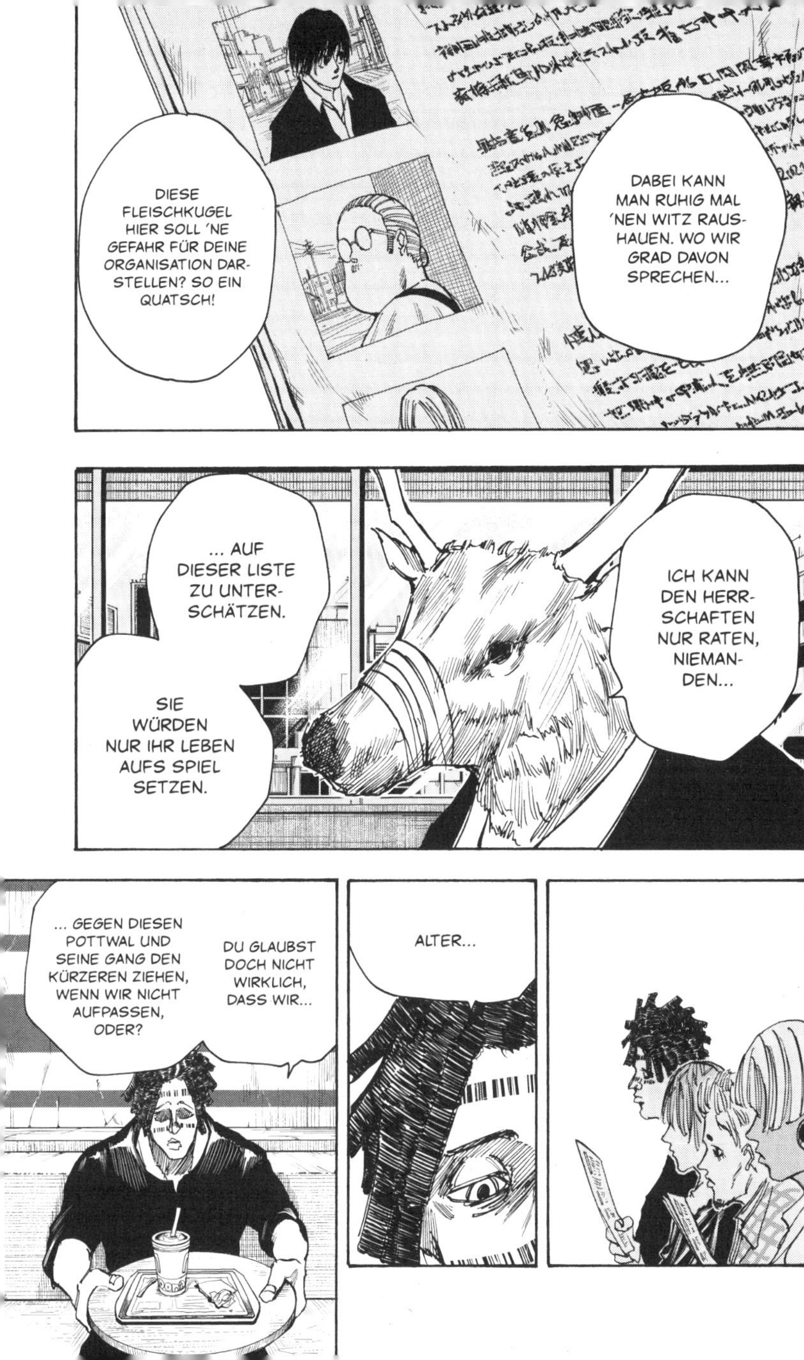
DABEI KANN MAN RUHIG MAL ´NEN WITZ RAUSHAUEN. WO WIR GRAD DAVON SPRECHEN...
DIESE FLEISCHKUGEL HIER SOLL ´NE GEFAHR FÜR DEINE ORGANISATION DARSTELLEN? SO EIN QUATSCH!
ICH KANN DEN HERRSCHAFTEN NUR RATEN, NIEMANDEN...
... AUF DIESER LISTE ZU UNTERSCHÄTZEN.
SIE WÜRDEN NUR IHR LEBEN AUFS SPIEL SETZEN.
ALTER...
DU GLAUBST DOCH NICHT WIRKLICH, DASS WIR...
... GEGEN DIESEN POTTWAL UND SEINE GANG DEN KÜRZEREN ZIEHEN, WENN WIR NICHT AUFPASSEN, ODER?

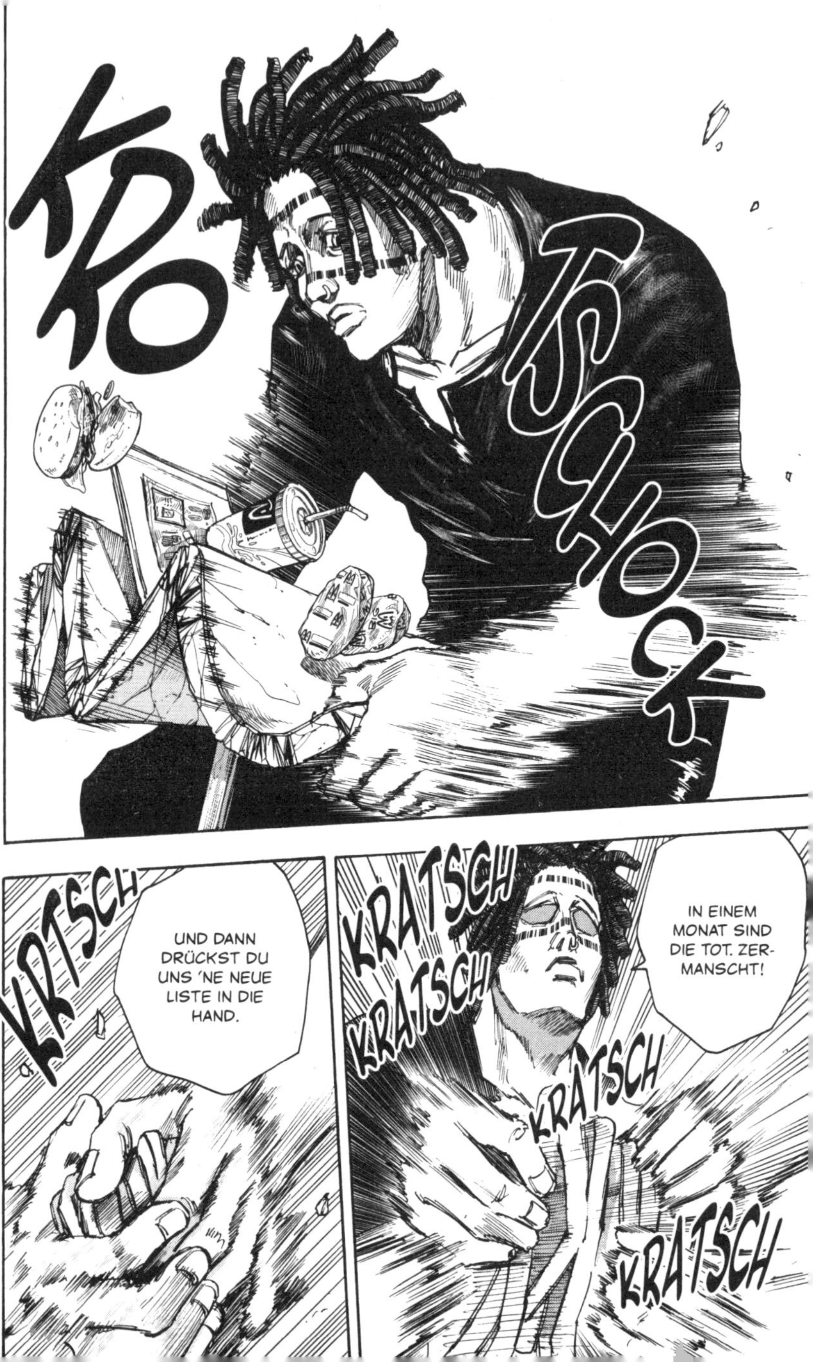

KRO
TSCHOCK
IN EINEM MONAT SIND DIE TOT. ZERMANSCHT!
KRATSCH
KRATSCH
KRATSCH
KRATSCH
UND DANN DRÜCKST DU UNS 'NE NEUE LISTE IN DIE HAND.
KRTSCH

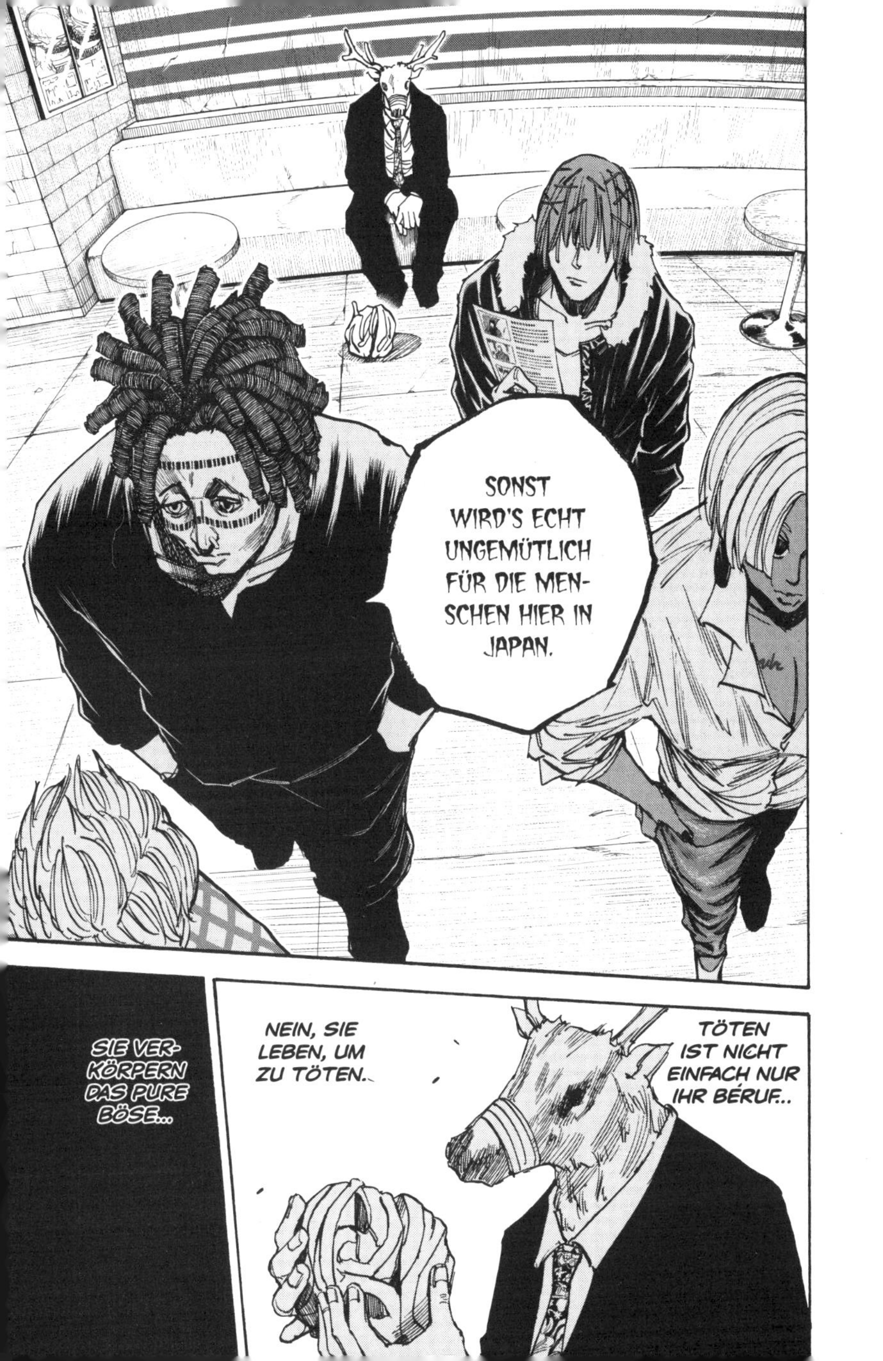

SONST WIRD'S ECHT UNGEMÜTLICH FÜR DIE MEN-SCHEN HIER IN JAPAN.
TÖTEN IST NICHT EINFACH NUR IHR BERUF...
NEIN, SIE LEBEN, UM ZU TÖTEN...
SIE VER-KÖRPERN DAS PURE BÖSE...

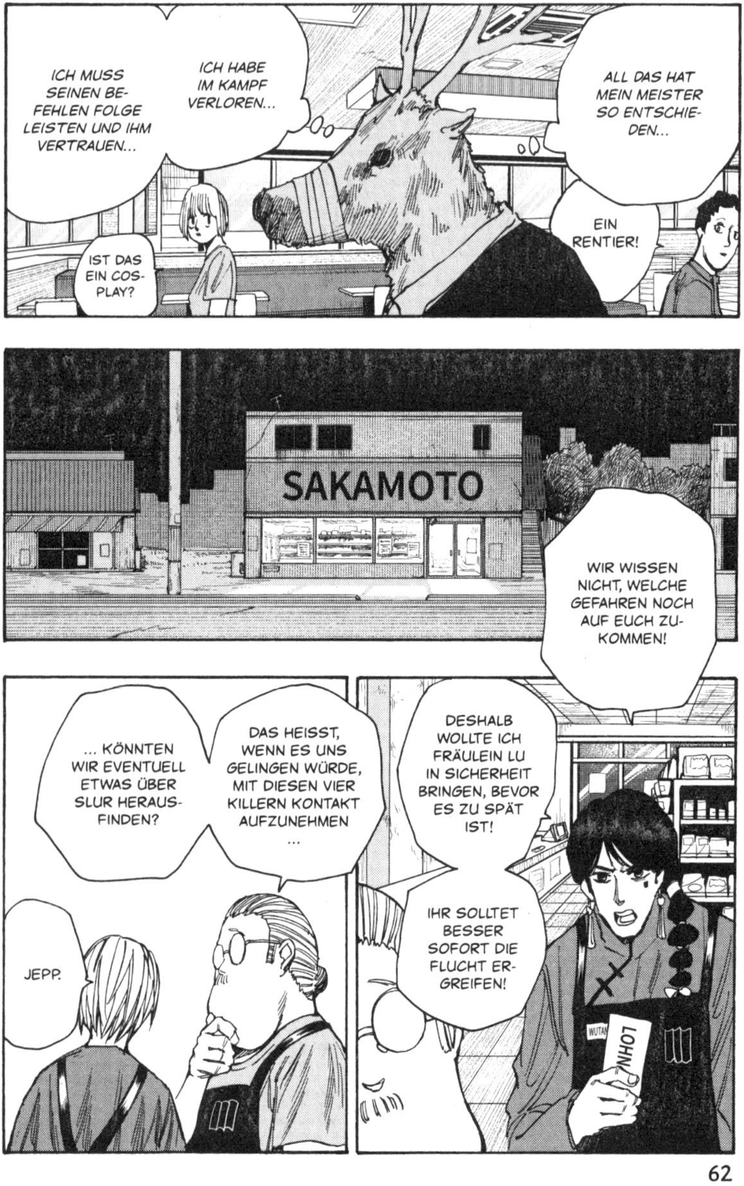
ALL DAS HAT MEIN MEISTER SO ENTSCHIEDEN...
ICH HABE IM KAMPF VERLOREN...
ICH MUSS SEINEN BEFEHLEN FOLGE LEISTEN UND IHM VERTRAUEN...
EIN RENTIER!
IST DAS EIN COSPLAY?
SAKAMOTO
WIR WISSEN NICHT, WELCHE GEFAHREN NOCH AUF EUCH ZUKOMMEN!
DESHALB WOLLTE ICH FRÄULEIN LU IN SICHERHEIT BRINGEN, BEVOR ES ZU SPÄT IST!
IHR SOLLTET BESSER SOFORT DIE FLUCHT ERGREIFEN!
LOHN
DAS HEISST, WENN ES UNS GELINGEN WÜRDE, MIT DIESEN VIER KILLERN KONTAKT AUFZUNEHMEN ...
... KÖNNTEN WIR EVENTUELL ETWAS ÜBER SLUR HERAUSFINDEN?
JEPP.

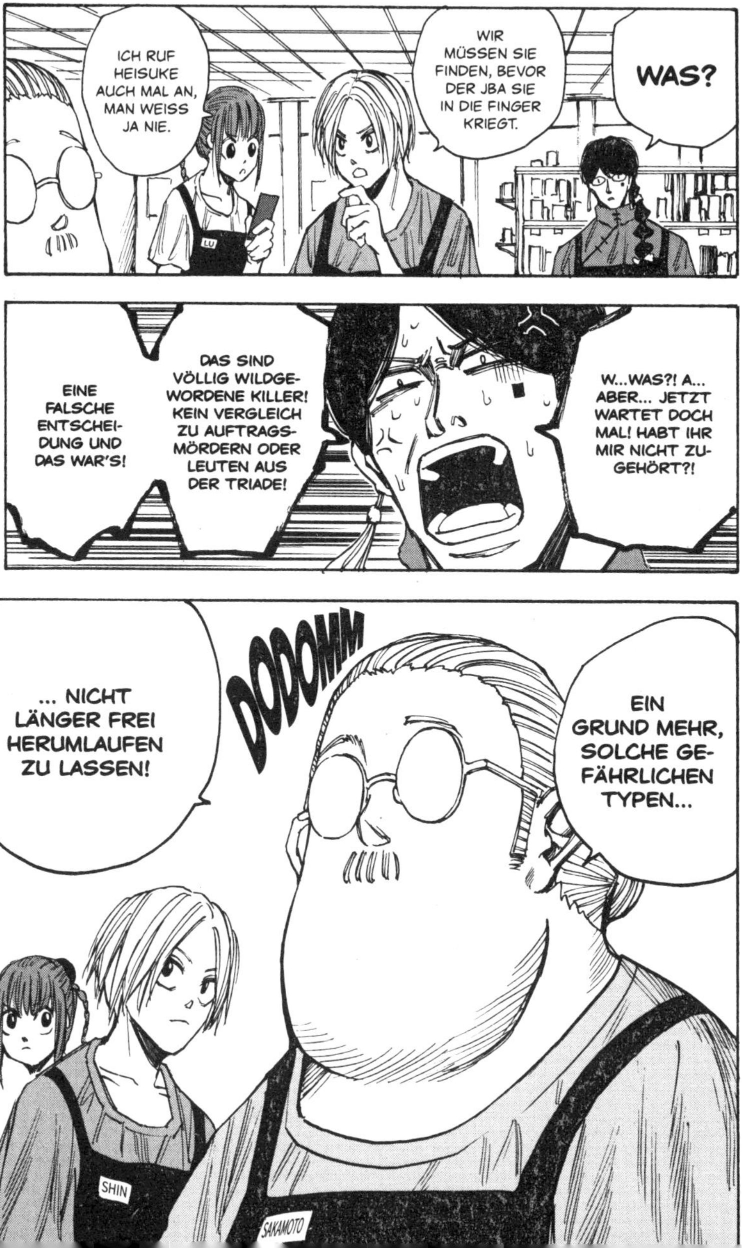
WAS?
WIR MÜSSEN SIE FINDEN, BEVOR DER JBA SIE IN DIE FINGER KRIEGT.
ICH RUF HEISUKE AUCH MAL AN, MAN WEISS JA NIE.
W...WAS?! A... ABER... JETZT WARTET DOCH MAL! HABT IHR MIR NICHT ZUGEHÖRT?!
DAS SIND VÖLLIG WILDGEWORDENE KILLER! KEIN VERGLEICH ZU AUFTRAGSMÖRDERN ODER LEUTEN AUS DER TRIADE!
EINE FALSCHE ENTSCHEIDUNG UND DAS WAR'S!
EIN GRUND MEHR, SOLCHE GEFÄHRLICHEN TYPEN...
DODOMM
... NICHT LÄNGER FREI HERUMLAUFEN ZU LASSEN!
LU
SHIN
SAKAMOTO

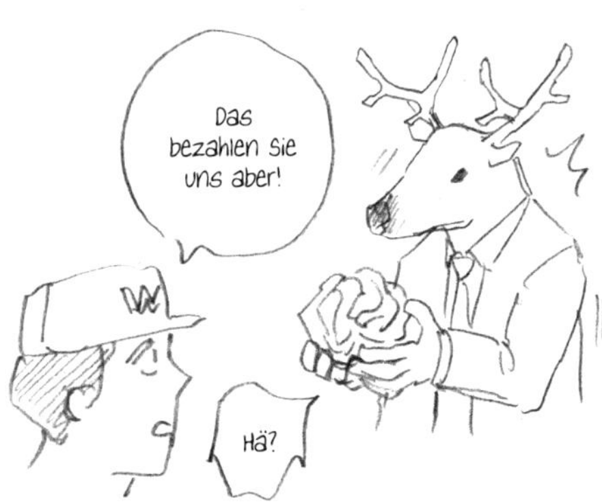
Das bezahlen sie uns aber!
Hä?

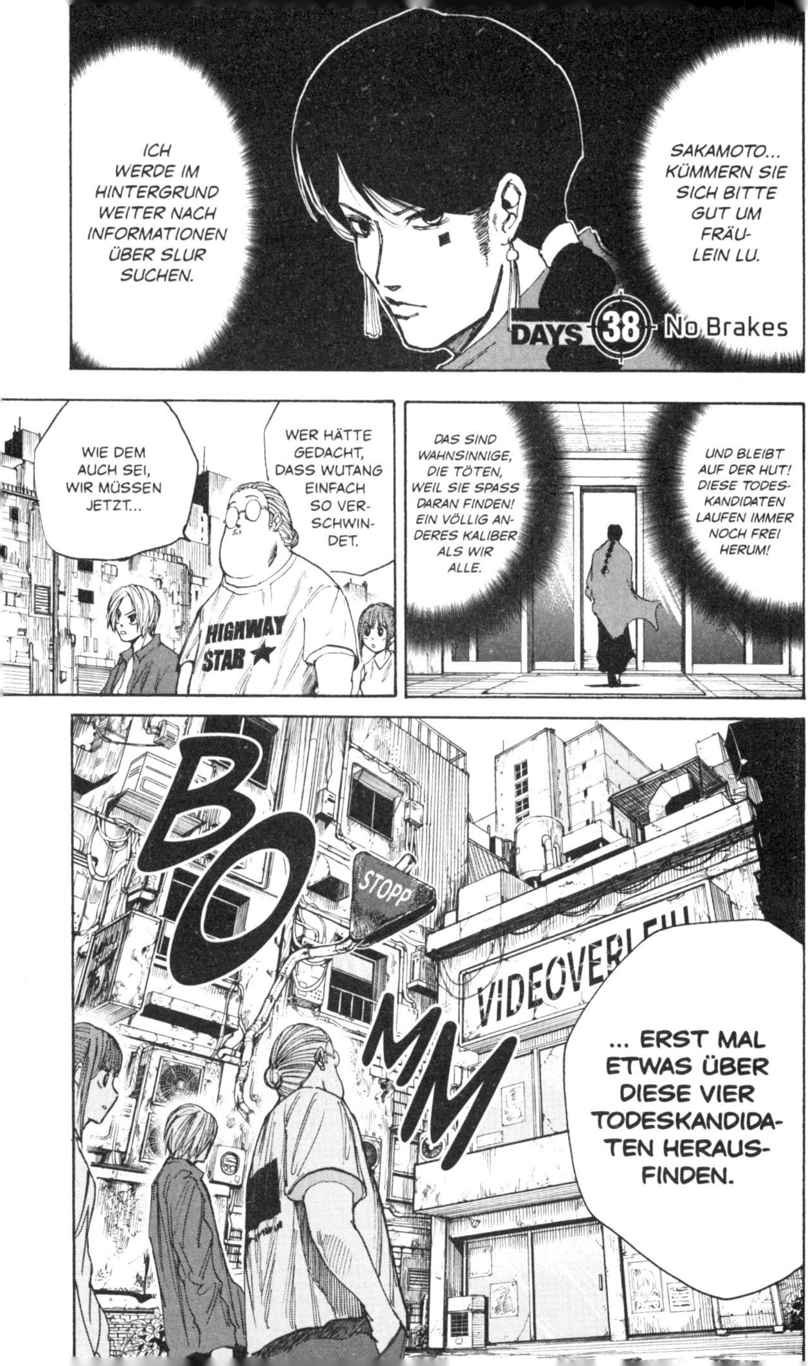
SAKAMOTO... KÜMMERN SIE SICH BITTE GUT UM FRÄULEIN LU.
ICH WERDE IM HINTERGRUND WEITER NACH INFORMATIONEN ÜBER SLUR SUCHEN.
DAYS 38 No Brakes
UND BLEIBT AUF DER HUT! DIESE TODESKANDIDATEN LAUFEN IMMER NOCH FREI HERUM!
DAS SIND WAHNSINNIGE, DIE TÖTEN, WEIL SIE SPASS DARAN FINDEN! EIN VÖLLIG ANDERES KALIBER ALS WIR ALLE.
WER HÄTTE GEDACHT, DASS WUTANG EINFACH SO VERSCHWINDET.
WIE DEM AUCH SEI, WIR MÜSSEN JETZT...
HIGHWAY STAR
BOOMM
STOPP
... ERST MAL ETWAS ÜBER DIESE VIER TODESKANDIDATEN HERAUSFINDEN.

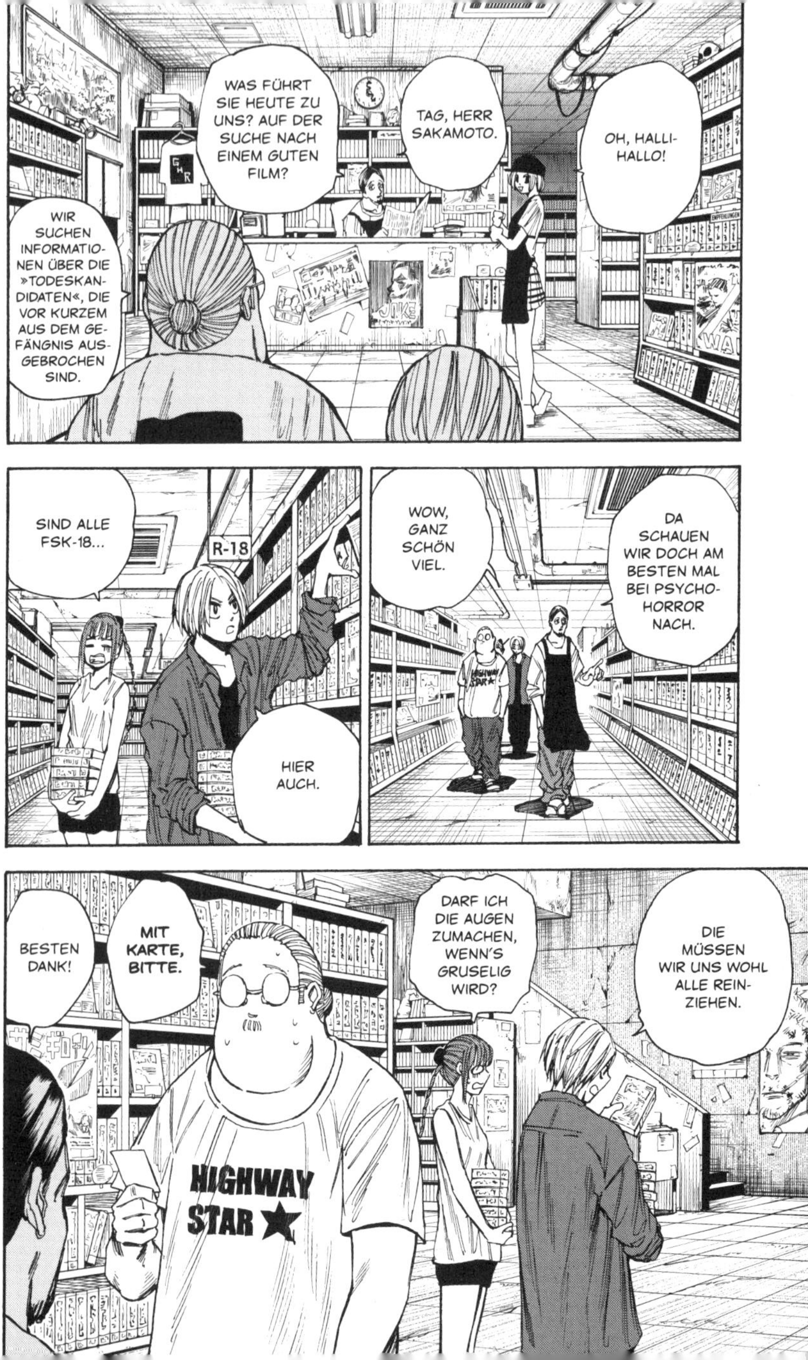
OH, HALLI-HALLO!
TAG, HERR SAKAMOTO.
WAS FÜHRT SIE HEUTE ZU UNS? AUF DER SUCHE NACH EINEM GUTEN FILM?
WIR SUCHEN INFORMATIONEN ÜBER DIE »TODESKANDIDATEN«, DIE VOR KURZEM AUS DEM GEFÄNGNIS AUSGEBROCHEN SIND.
DA SCHAUEN WIR DOCH AM BESTEN MAL BEI PSYCHO-HORROR NACH.
WOW, GANZ SCHÖN VIEL.
R-18
SIND ALLE FSK-18...
HIER AUCH.
DIE MÜSSEN WIR UNS WOHL ALLE REINZIEHEN.
DARF ICH DIE AUGEN ZUMACHEN, WENN'S GRUSELIG WIRD?
MIT KARTE, BITTE.
BESTEN DANK!
HIGHWAY STAR

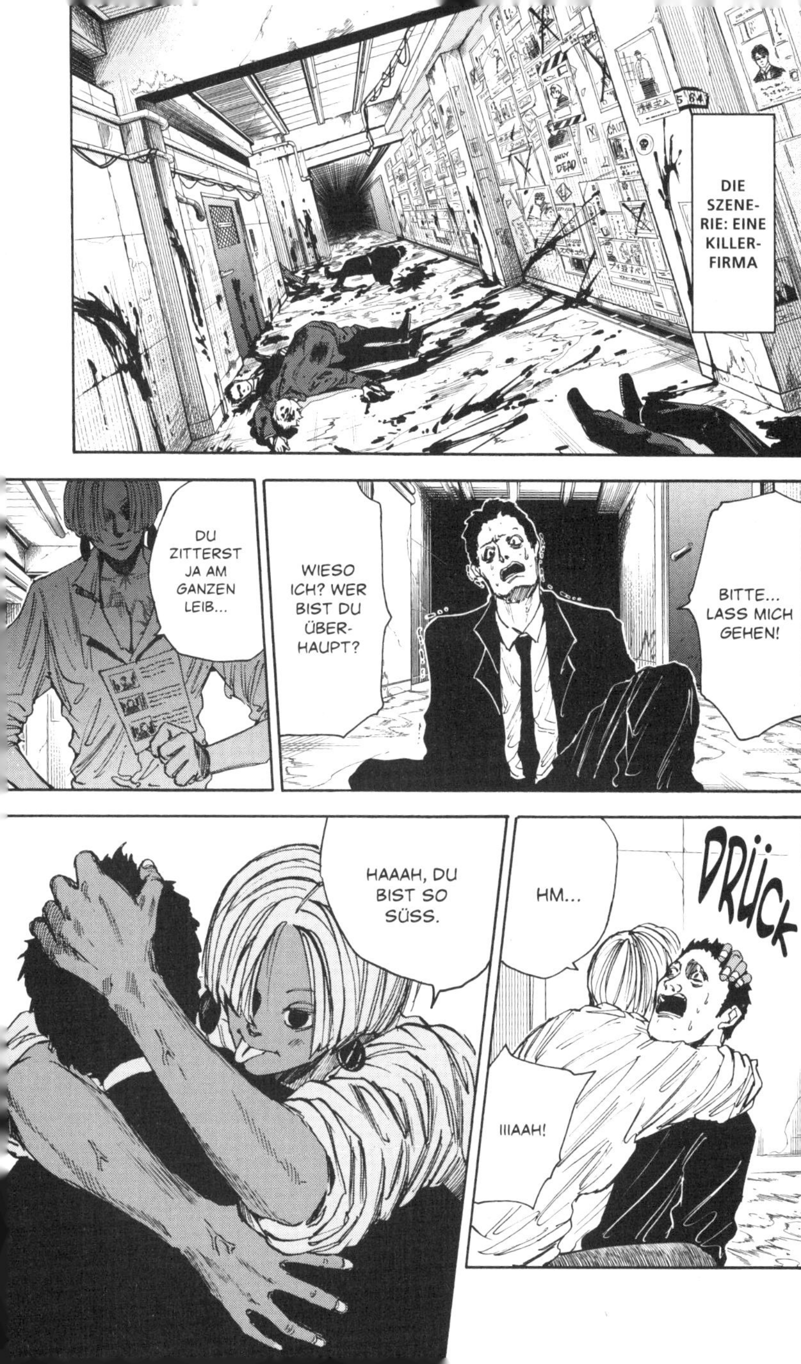
DIE SZENERIE: EINE KILLERFIRMA
BITTE... LASS MICH GEHEN!
WIESO ICH? WER BIST DU ÜBERHAUPT?
DU ZITTERST JA AM GANZEN LEIB...
DRÜCK
HM...
IIIAAH!
HAAAH, DU BIST SO SÜSS.

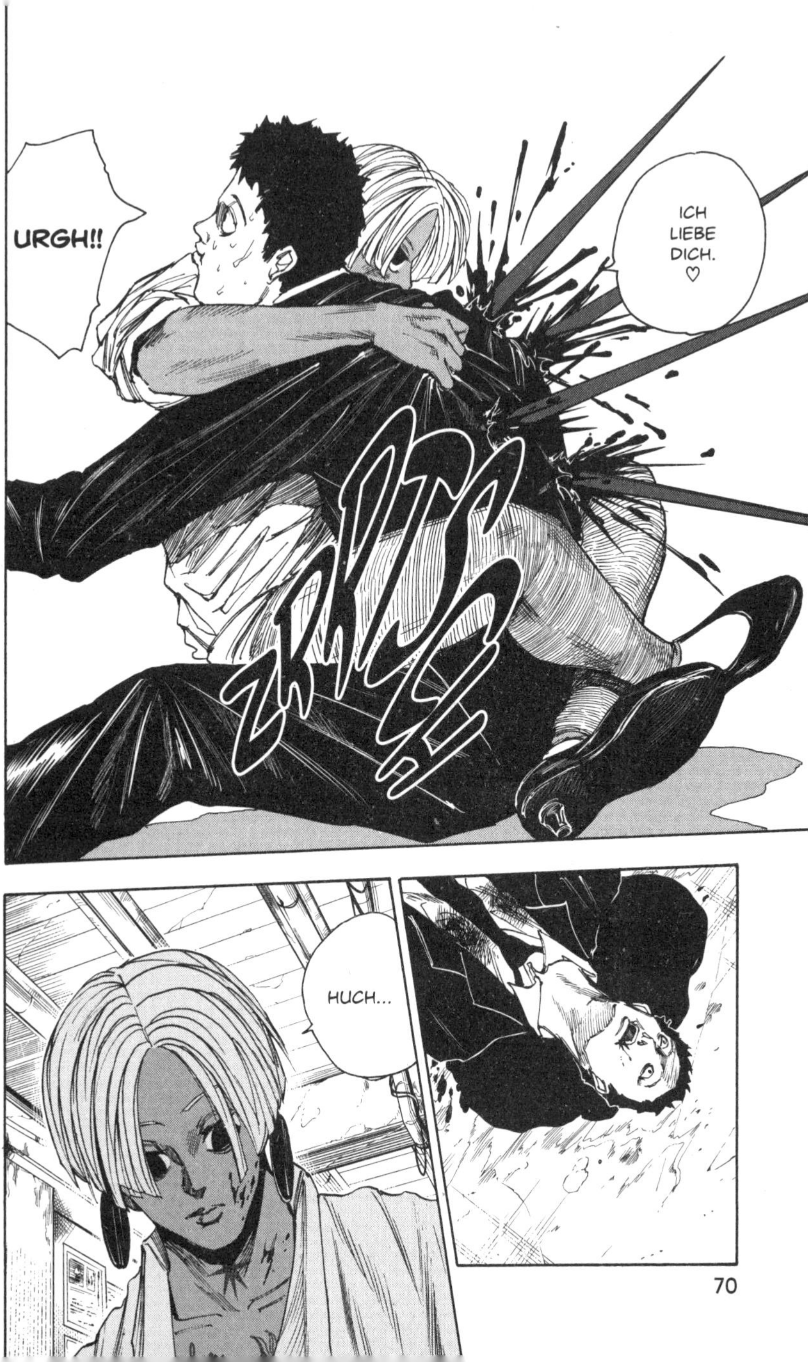
ICH LIEBE DICH. ♡
URGH!!
HUCH...

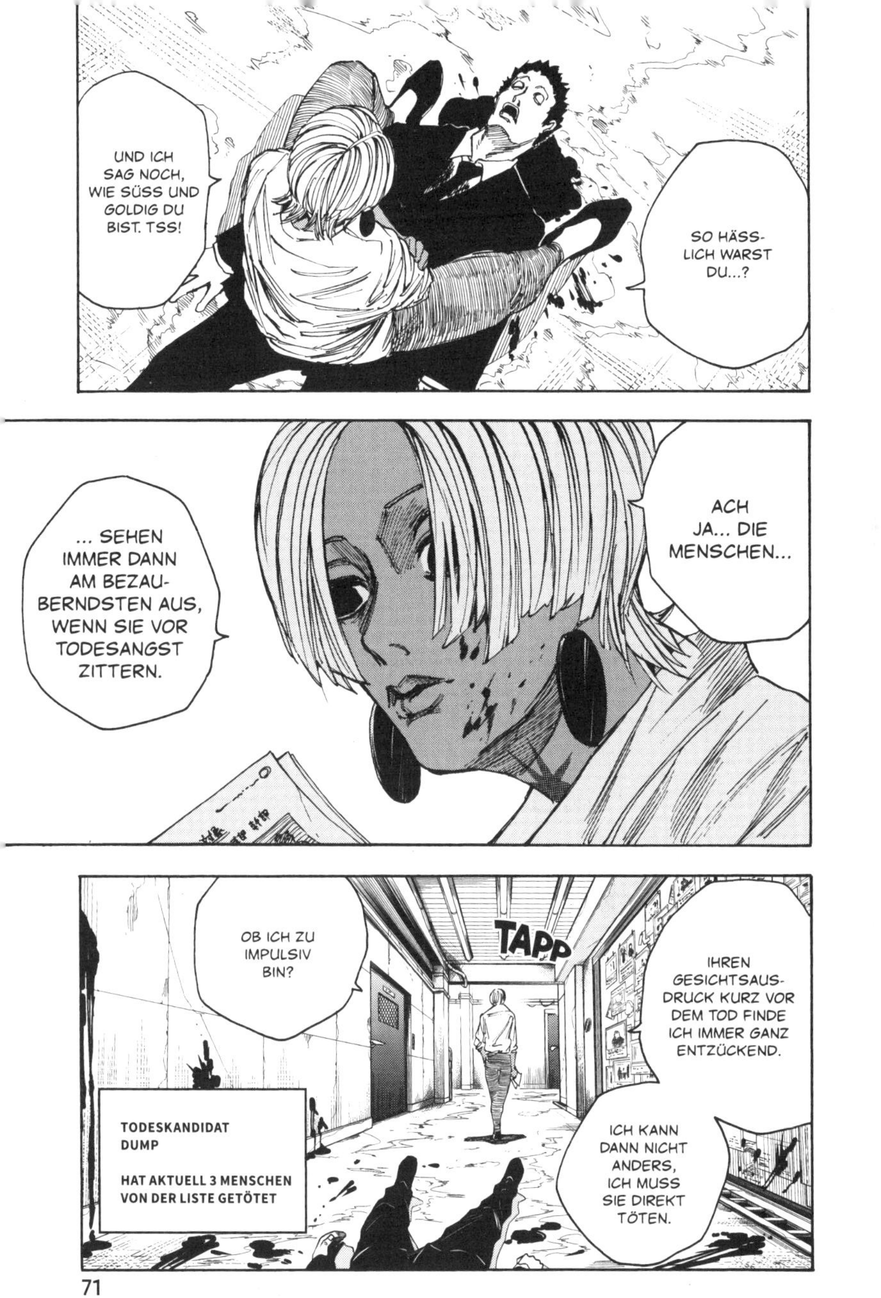
SO HÄSS-
LICH WARST
DU...?
UND ICH
SAG NOCH,
WIE SÜSS UND
GOLDIG DU
BIST. TSS!
ACH
JA... DIE
MENSCHEN...
... SEHEN
IMMER DANN
AM BEZAU-
BERNDSTEN AUS,
WENN SIE VOR
TODESANGST
ZITTERN.
IHREN
GESICHTSAUS-
DRUCK KURZ VOR
DEM TOD FINDE
ICH IMMER GANZ
ENTZÜCKEND.
ICH KANN
DANN NICHT
ANDERS,
ICH MUSS
SIE DIREKT
TÖTEN.
TAPP
OB ICH ZU
IMPULSIV
BIN?
TODESKANDIDAT
DUMP
HAT AKTUELL 3 MENSCHEN
VON DER LISTE GETÖTET

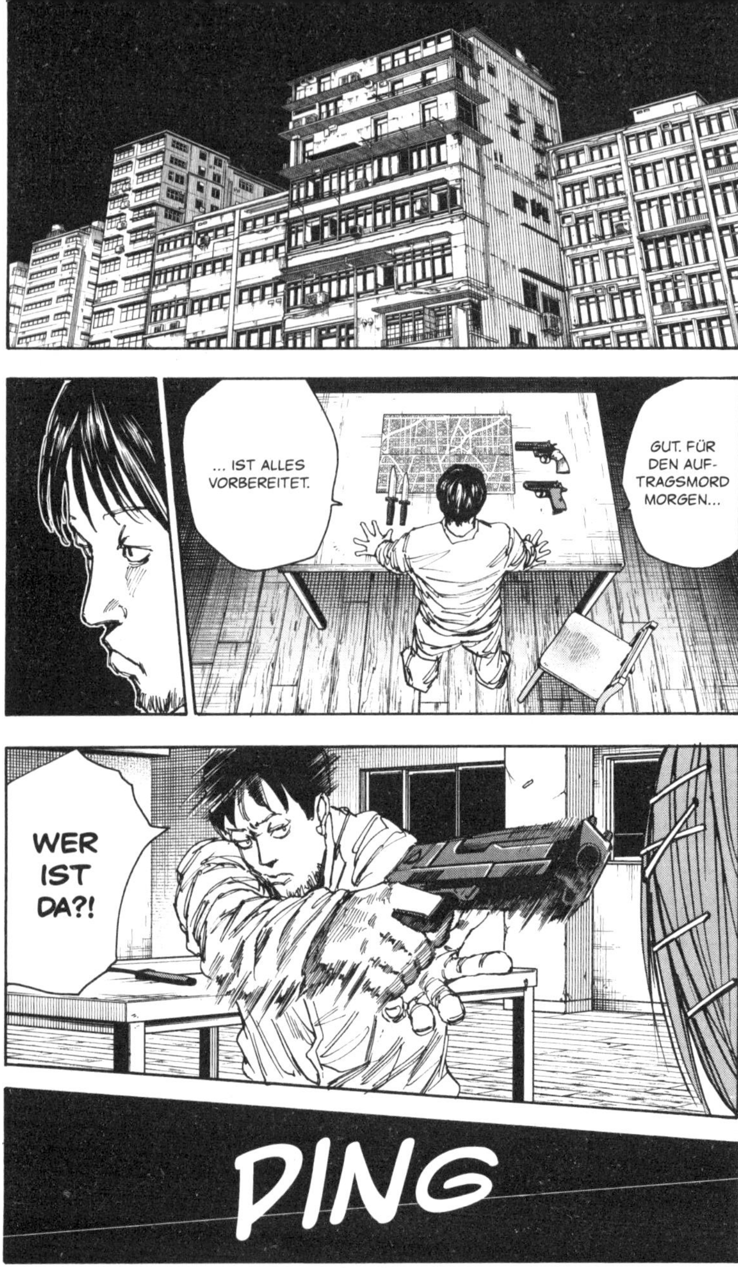
GUT. FÜR DEN AUF-TRAGSMORD MORGEN...
... IST ALLES VORBEREITET.
WER IST DA?!
DING

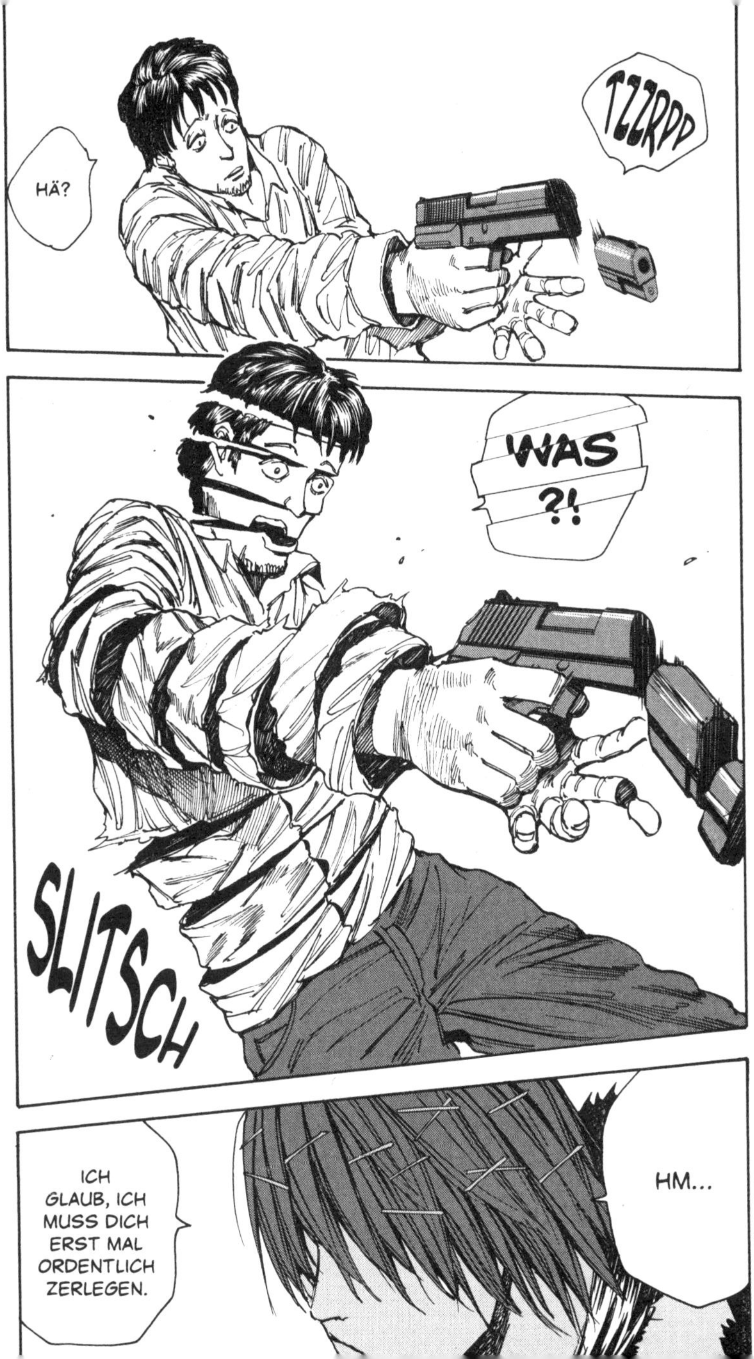
HÄ?
TZZRPP
WAS ?!
SLITSCH
ICH GLAUB, ICH MUSS DICH ERST MAL ORDENTLICH ZERLEGEN.
HM...

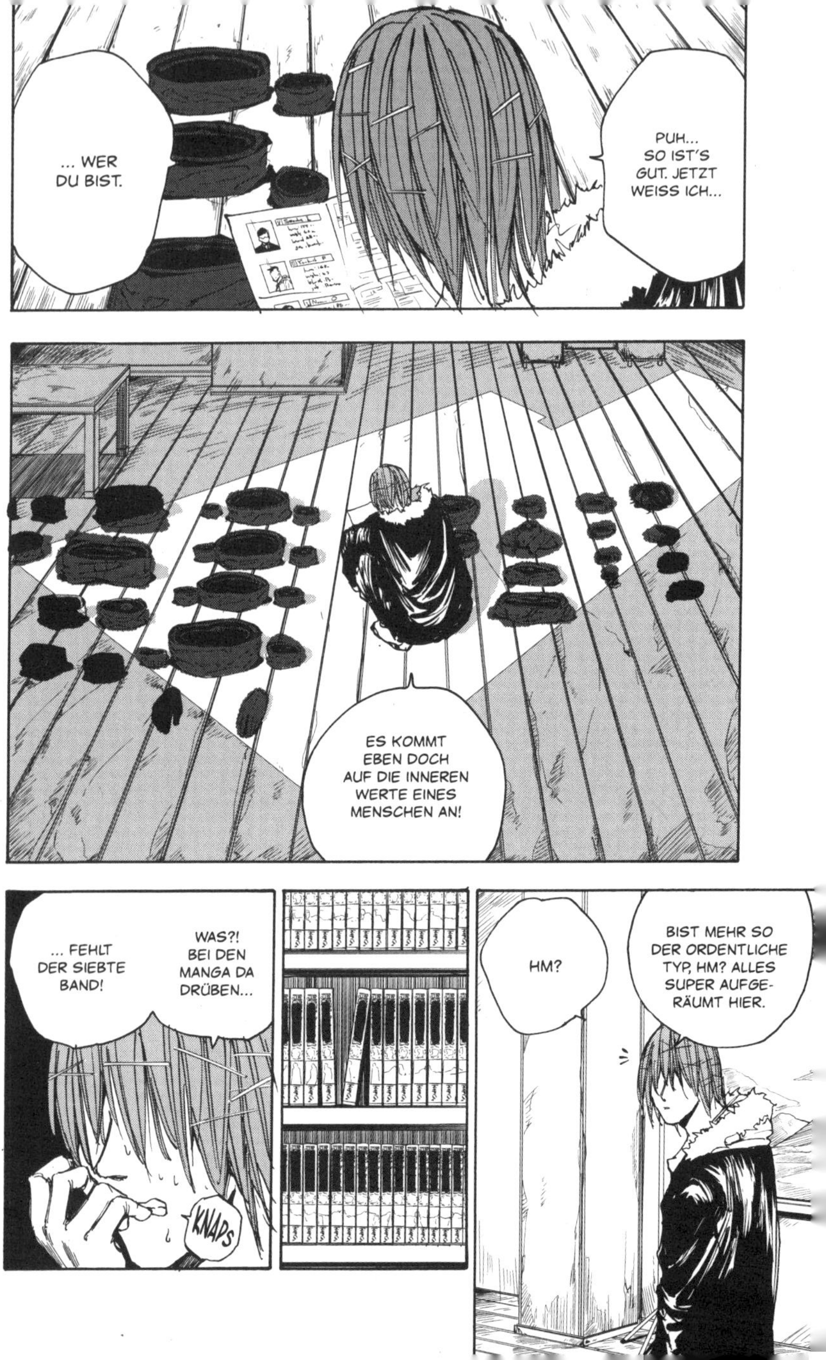
PUH... SO IST'S GUT. JETZT WEISS ICH...
... WER DU BIST.
ES KOMMT EBEN DOCH AUF DIE INNEREN WERTE EINES MENSCHEN AN!
BIST MEHR SO DER ORDENTLICHE TYP, HM? ALLES SUPER AUFGE-RÄUMT HIER.
HM?
WAS?! BEI DEN MANGA DA DRÜBEN...
... FEHLT DER SIEBTE BAND!
KNAPS

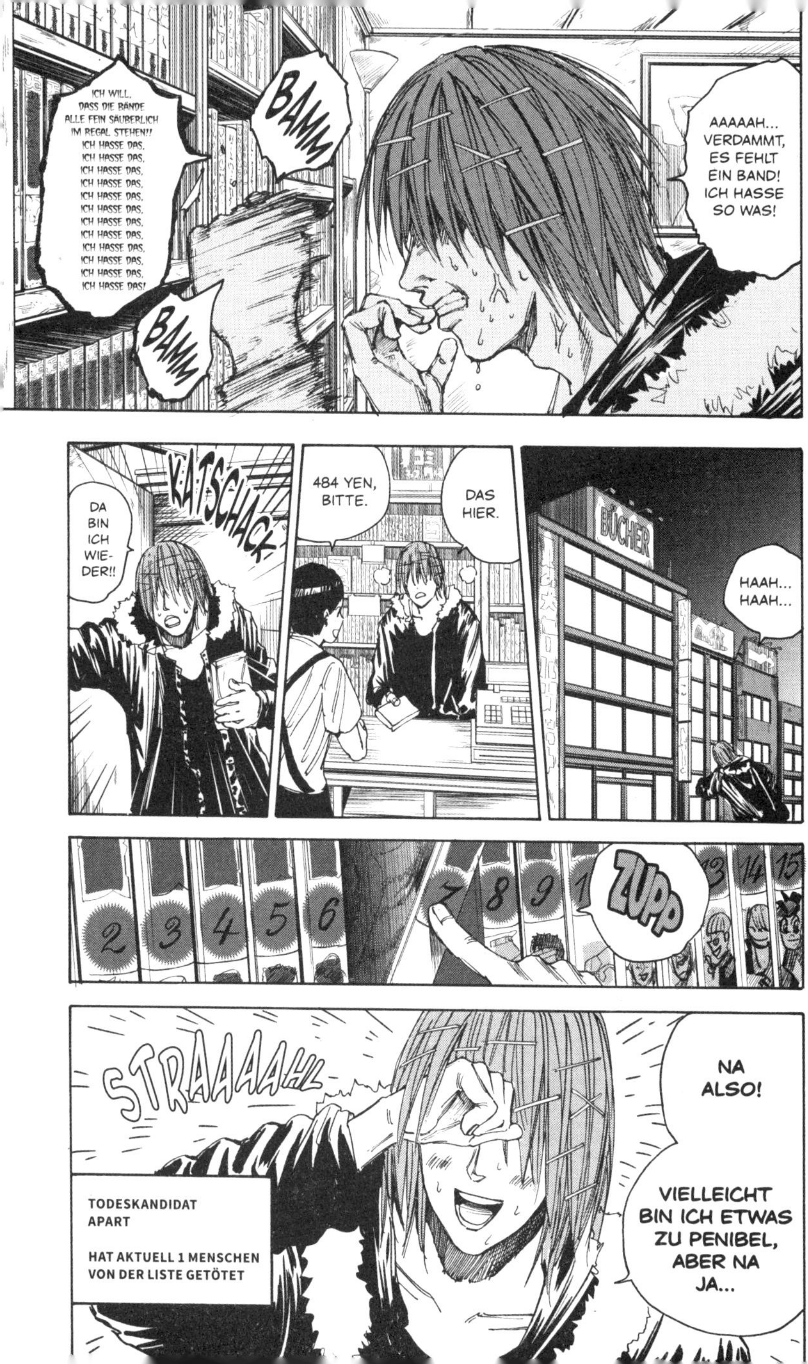
AAAAAH... VERDAMMT, ES FEHLT EIN BAND! ICH HASSE SO WAS!
BAMM
ICH WILL, DASS DIE BÄNDE ALLE FEIN SÄUBERLICH IM REGAL STEHEN!! ICH HASSE DAS, ICH HASSE DAS, ICH HASSE DAS, ICH HASSE DAS, ICH HASSE DAS, ICH HASSE DAS, ICH HASSE DAS, ICH HASSE DAS, ICH HASSE DAS, ICH HASSE DAS, ICH HASSE DAS, ICH HASSE DAS!
BAMM
HAAH... HAAH...
BÜCHER
DAS HIER.
484 YEN, BITTE.
KATSCHACK
DA BIN ICH WIE-DER!!
ZUPP
NA ALSO!
VIELLEICHT BIN ICH ETWAS ZU PENIBEL, ABER NA JA...
STRAAAAAHL
TODESKANDIDAT APART
HAT AKTUELL 1 MENSCHEN VON DER LISTE GETÖTET

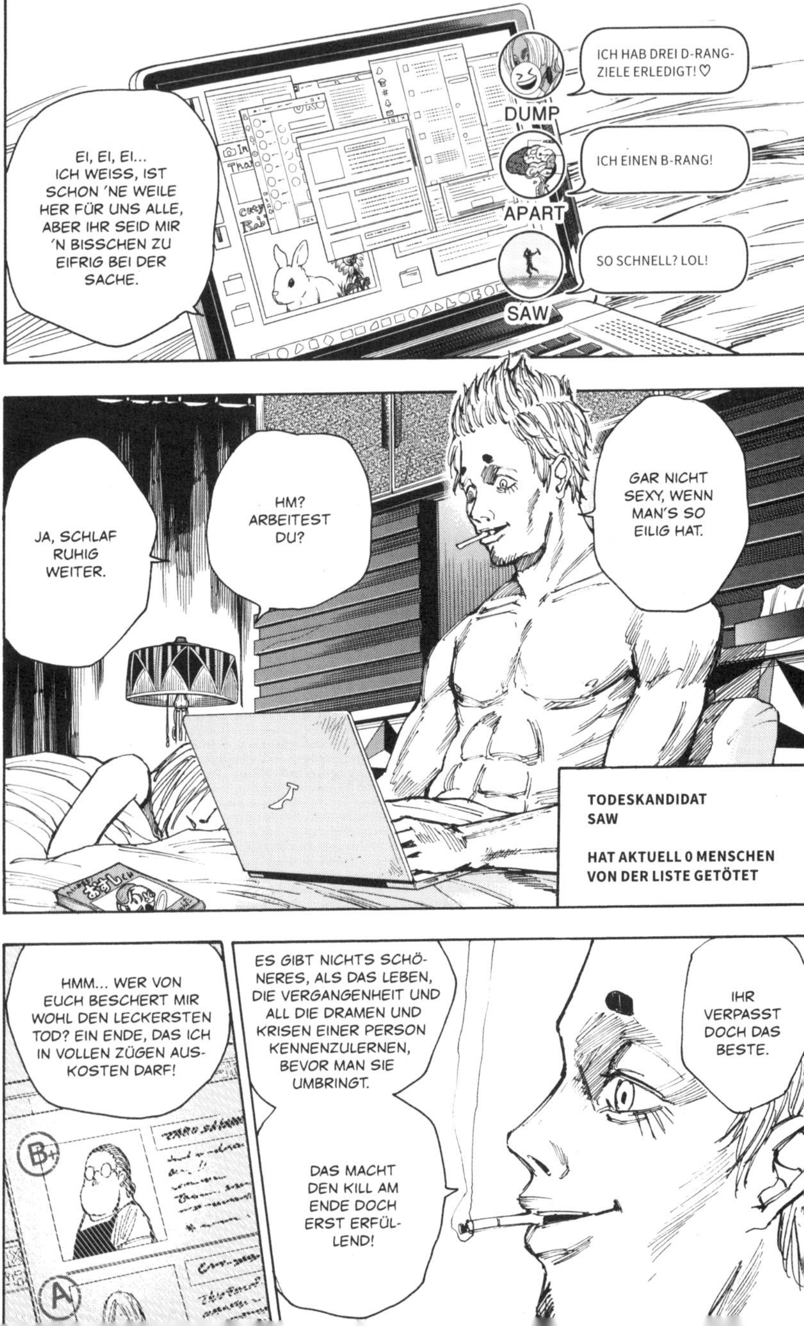

DUMP
ICH HAB DREI D-RANG-ZIELE ERLEDIGT! ♡
APART
ICH EINEN B-RANG!
SAW
SO SCHNELL? LOL!
EI, EI, EI... ICH WEISS, IST SCHON 'NE WEILE HER FÜR UNS ALLE, ABER IHR SEID MIR 'N BISSCHEN ZU EIFRIG BEI DER SACHE.
GAR NICHT SEXY, WENN MAN'S SO EILIG HAT.
HM? ARBEITEST DU?
JA, SCHLAF RUHIG WEITER.
TODESKANDIDAT SAW
HAT AKTUELL 0 MENSCHEN VON DER LISTE GETÖTET
IHR VERPASST DOCH DAS BESTE.
ES GIBT NICHTS SCHÖNERES, ALS DAS LEBEN, DIE VERGANGENHEIT UND ALL DIE DRAMEN UND KRISEN EINER PERSON KENNENZULERNEN, BEVOR MAN SIE UMBRINGT.
DAS MACHT DEN KILL AM ENDE DOCH ERST ERFÜLLEND!
HMM... WER VON EUCH BESCHERT MIR WOHL DEN LECKERSTEN TOD? EIN ENDE, DAS ICH IN VOLLEN ZÜGEN AUSKOSTEN DARF!

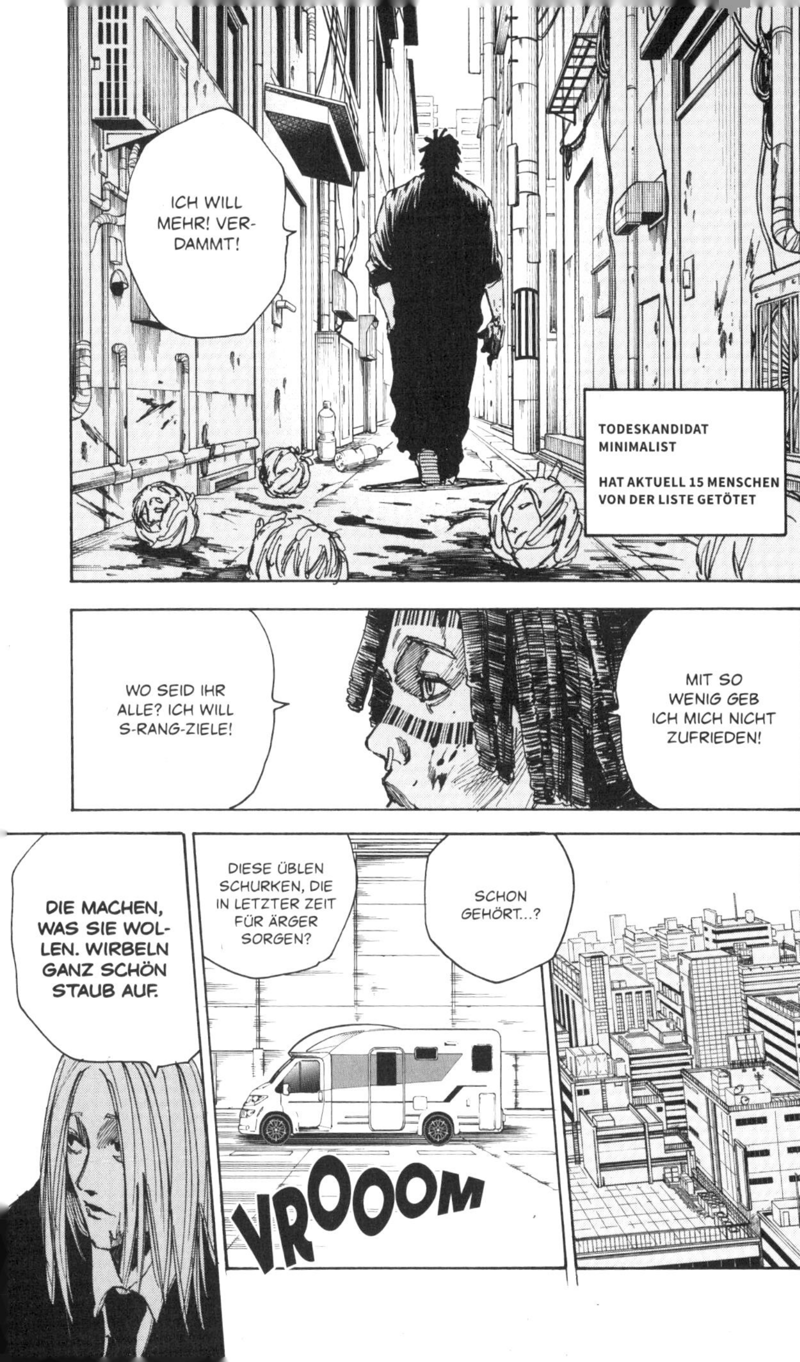
TODESKANDIDAT MINIMALIST
HAT AKTUELL 15 MENSCHEN VON DER LISTE GETÖTET
ICH WILL MEHR! VERDAMMT!
MIT SO WENIG GEB ICH MICH NICHT ZUFRIEDEN!
WO SEID IHR ALLE? ICH WILL S-RANG-ZIELE!
SCHON GEHÖRT...?
DIESE ÜBLEN SCHURKEN, DIE IN LETZTER ZEIT FÜR ÄRGER SORGEN?
VROOOM
DIE MACHEN, WAS SIE WOLLEN. WIRBELN GANZ SCHÖN STAUB AUF.

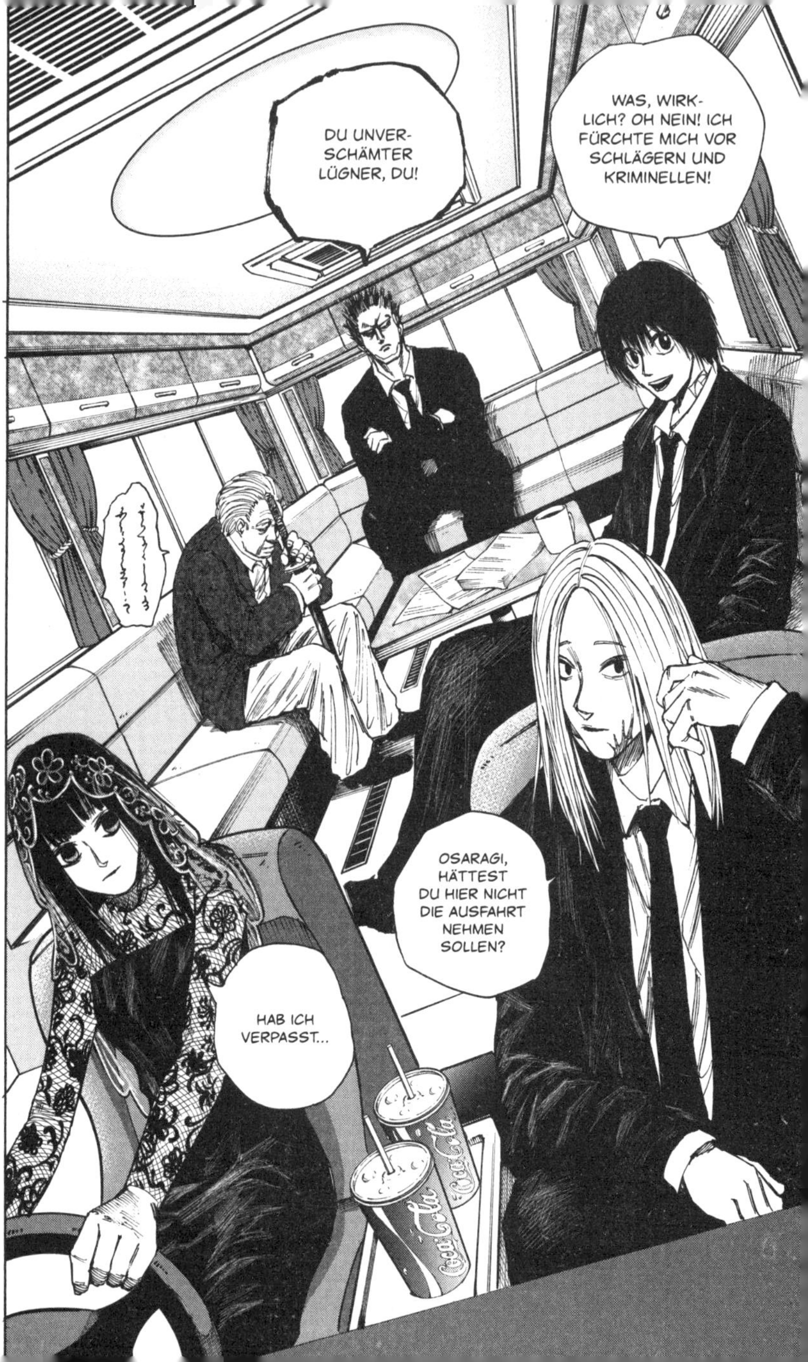
WAS, WIRK-LICH? OH NEIN! ICH FÜRCHTE MICH VOR SCHLÄGERN UND KRIMINELLEN!
DU UNVER-SCHÄMTER LÜGNER, DU!
OSARAGI, HÄTTEST DU HIER NICHT DIE AUSFAHRT NEHMEN SOLLEN?
HAB ICH VERPASST...

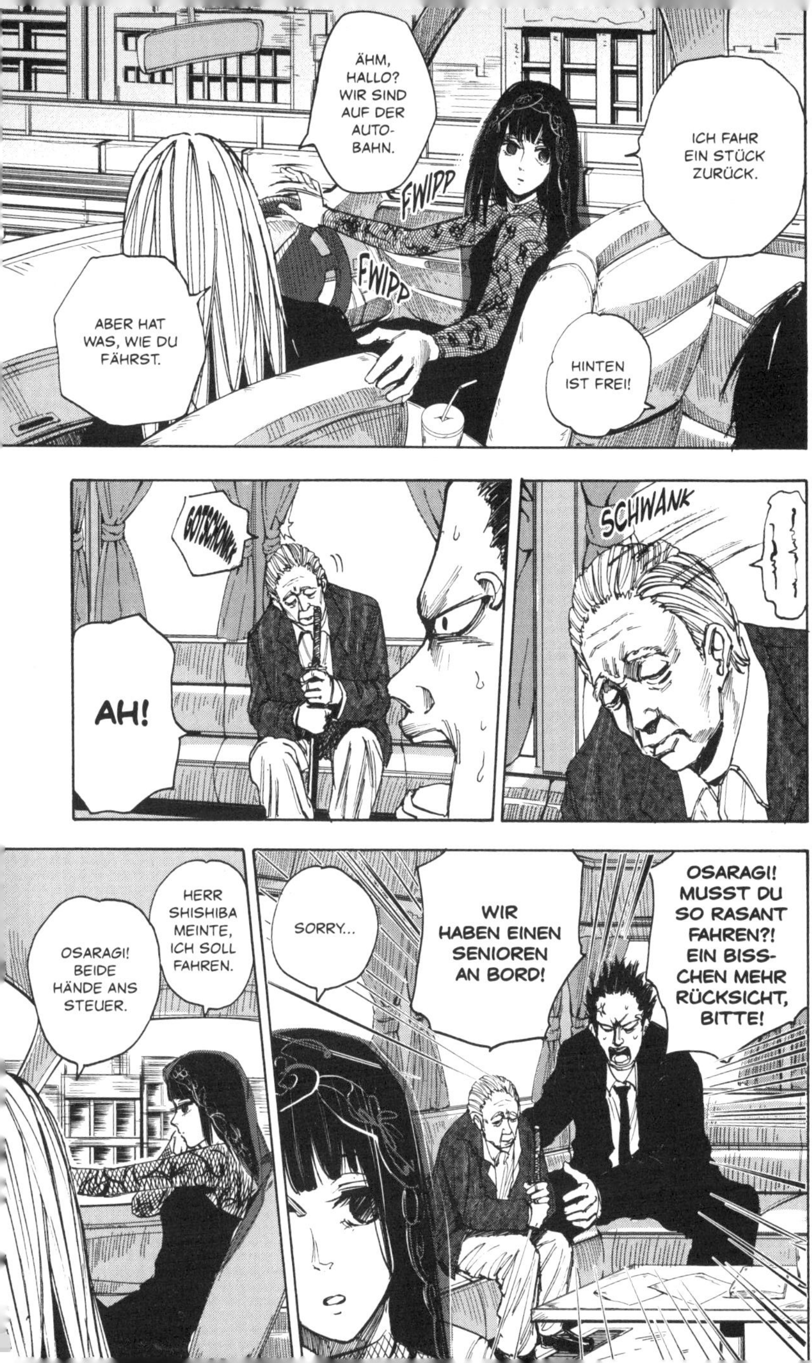
ICH FAHR EIN STÜCK ZURÜCK.
ÄHM, HALLO? WIR SIND AUF DER AUTO-BAHN.
FWIPP
FWIPP
HINTEN IST FREI!
ABER HAT WAS, WIE DU FÄHRST.
SCHWANK
GOTSCHONK
AH!
OSARAGI! MUSST DU SO RASANT FAHREN?! EIN BISS-CHEN MEHR RÜCKSICHT, BITTE!
WIR HABEN EINEN SENIOREN AN BORD!
SORRY...
HERR SHISHIBA MEINTE, ICH SOLL FAHREN.
OSARAGI! BEIDE HÄNDE ANS STEUER.

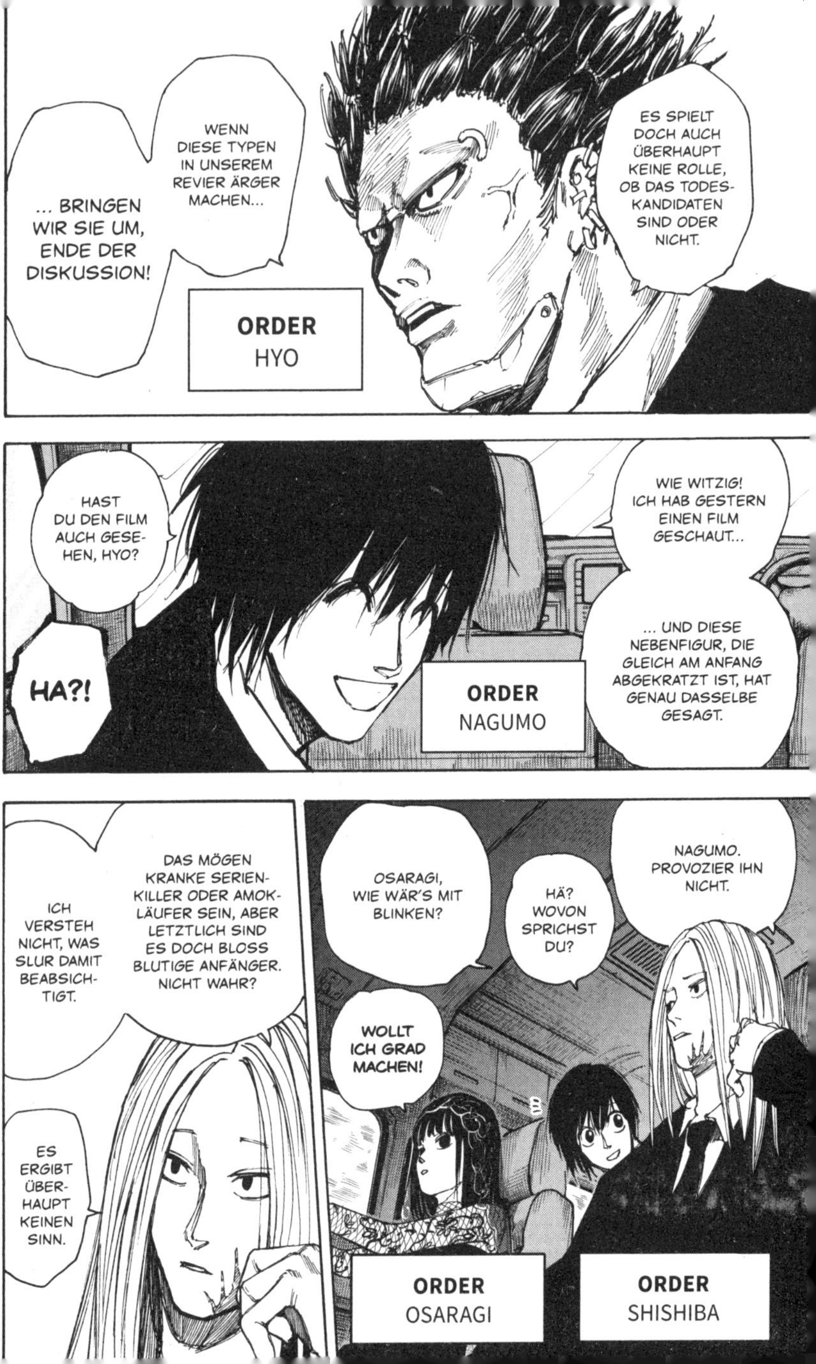
ES SPIELT DOCH AUCH ÜBERHAUPT KEINE ROLLE, OB DAS TODESKANDIDATEN SIND ODER NICHT.
WENN DIESE TYPEN IN UNSEREM REVIER ÄRGER MACHEN...
... BRINGEN WIR SIE UM, ENDE DER DISKUSSION!
ORDER HYO
WIE WITZIG! ICH HAB GESTERN EINEN FILM GESCHAUT...
... UND DIESE NEBENFIGUR, DIE GLEICH AM ANFANG ABGEKRATZT IST, HAT GENAU DASSELBE GESAGT.
ORDER NAGUMO
HAST DU DEN FILM AUCH GESEHEN, HYO?
HA?!
NAGUMO. PROVOZIER IHN NICHT.
HÄ? WOVON SPRICHST DU?
OSARAGI, WIE WÄR'S MIT BLINKEN?
WOLLT ICH GRAD MACHEN!
ORDER SHISHIBA
ORDER OSARAGI
DAS MÖGEN KRANKE SERIENKILLER ODER AMOKLÄUFER SEIN, ABER LETZTLICH SIND ES DOCH BLOSS BLUTIGE ANFÄNGER. NICHT WAHR?
ICH VERSTEH NICHT, WAS SLUR DAMIT BEABSICHTIGT.
ES ERGIBT ÜBERHAUPT KEINEN SINN.

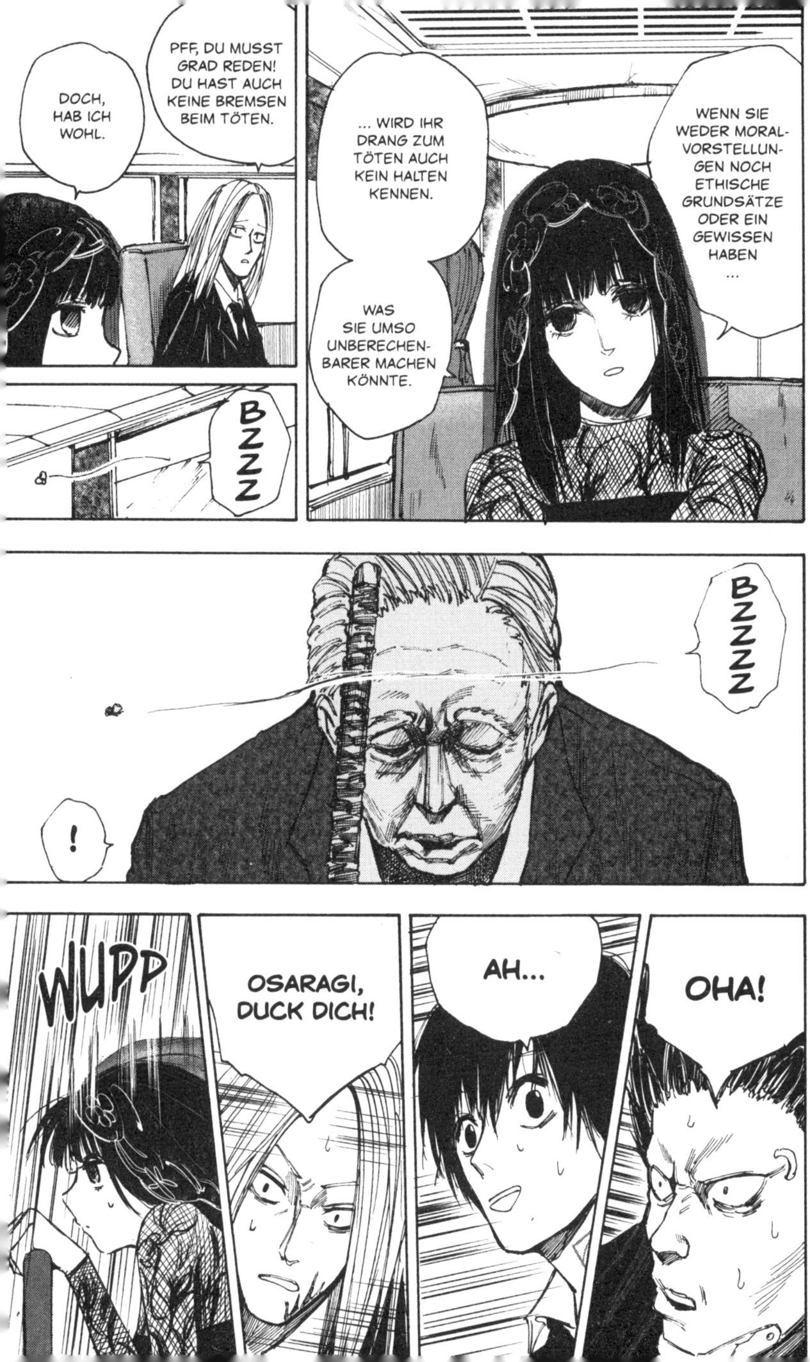
WENN SIE WEDER MORALVORSTELLUNGEN NOCH ETHISCHE GRUNDSÄTZE ODER EIN GEWISSEN HABEN …
… WIRD IHR DRANG ZUM TÖTEN AUCH KEIN HALTEN KENNEN.
WAS SIE UMSO UNBERECHENBARER MACHEN KÖNNTE.
PFF, DU MUSST GRAD REDEN! DU HAST AUCH KEINE BREMSEN BEIM TÖTEN.
DOCH, HAB ICH WOHL.
BZZZ
BZZZZ
!
OHA!
AH…
OSARAGI, DUCK DICH!
WUPP

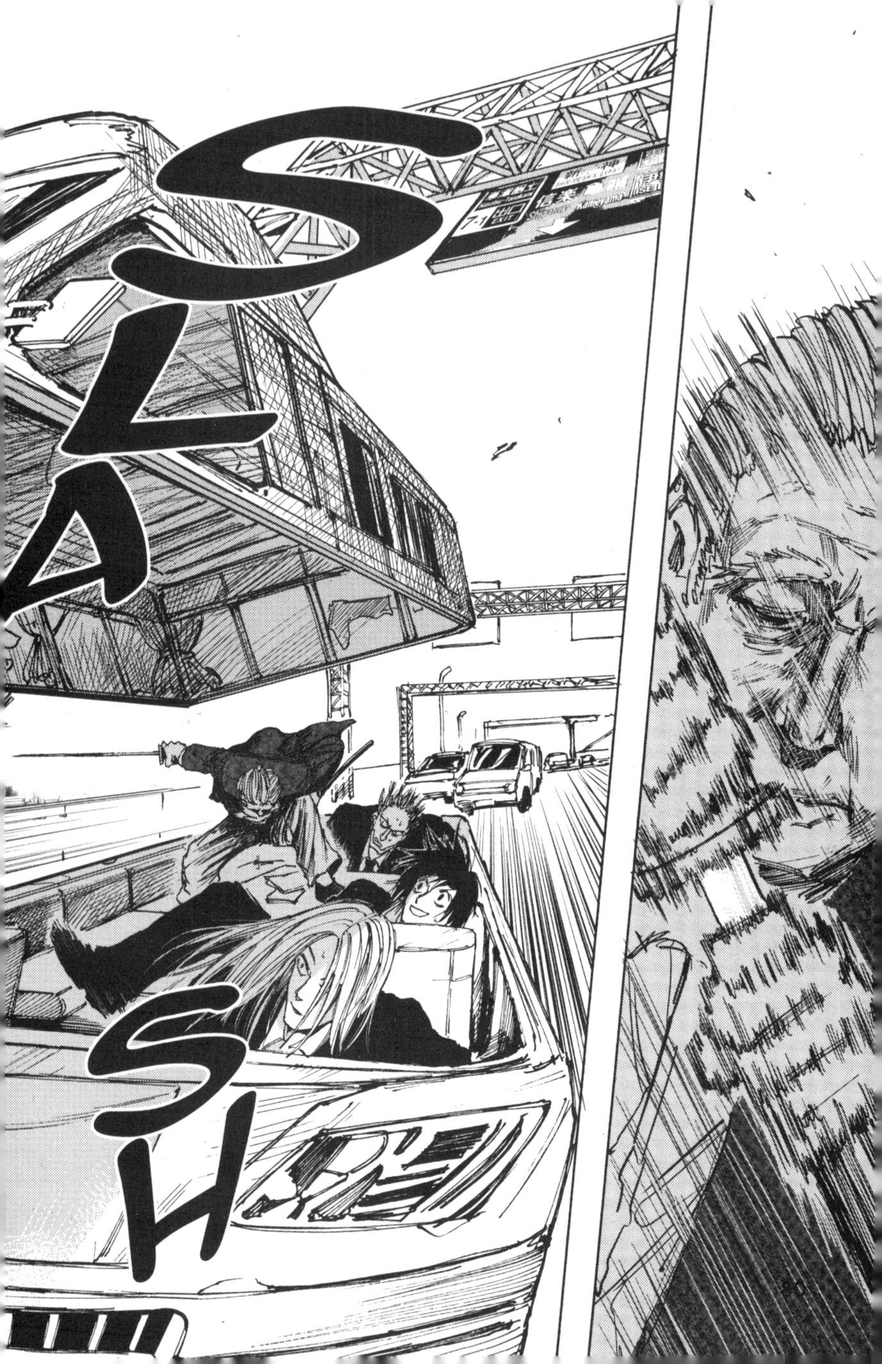
SLASH

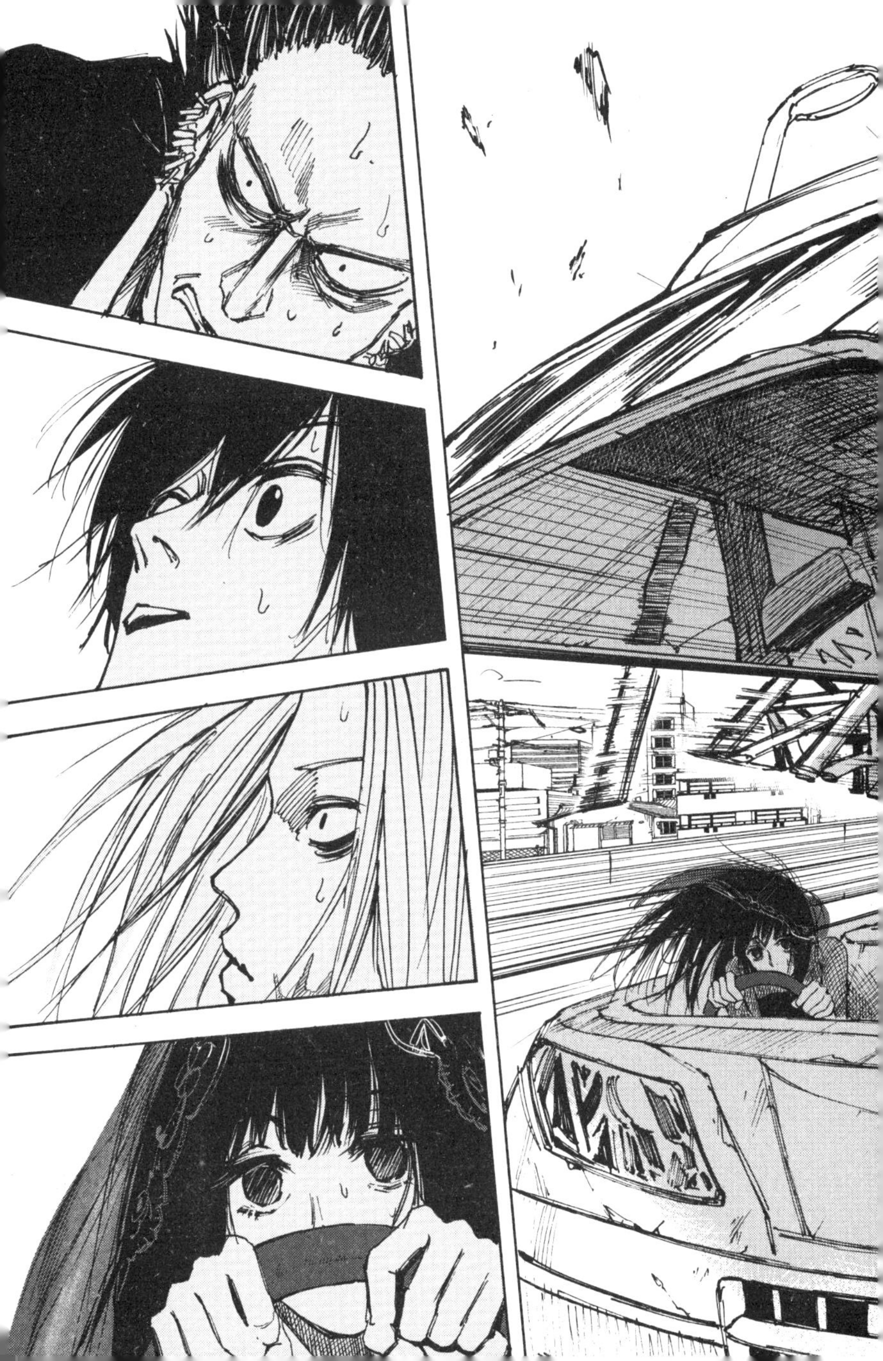

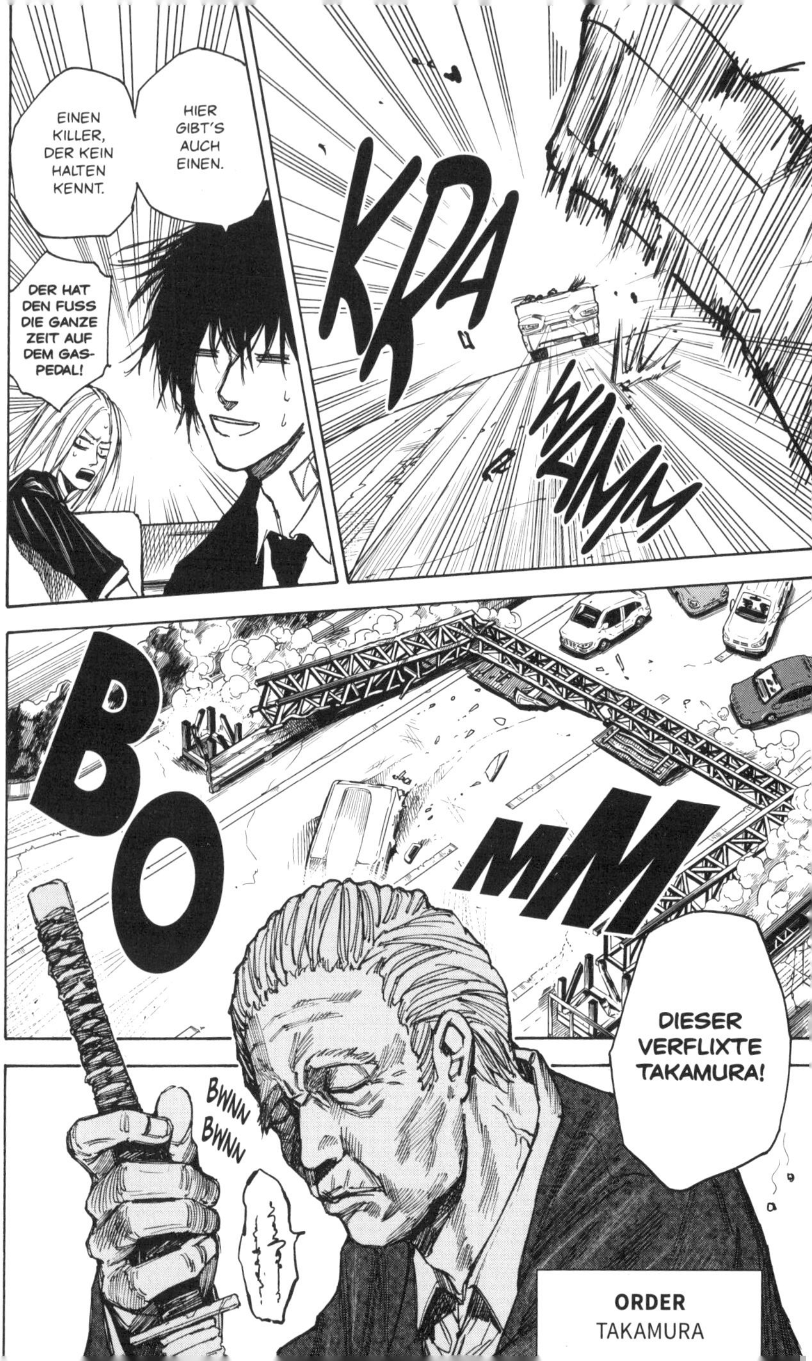
KRA
WAMM
HIER GIBT'S AUCH EINEN.
EINEN KILLER, DER KEIN HALTEN KENNT.
DER HAT DEN FUSS DIE GANZE ZEIT AUF DEM GAS-PEDAL!
BOMM
DIESER VERFLIXTE TAKAMURA!
BWNN BWNN
ORDER
TAKAMURA

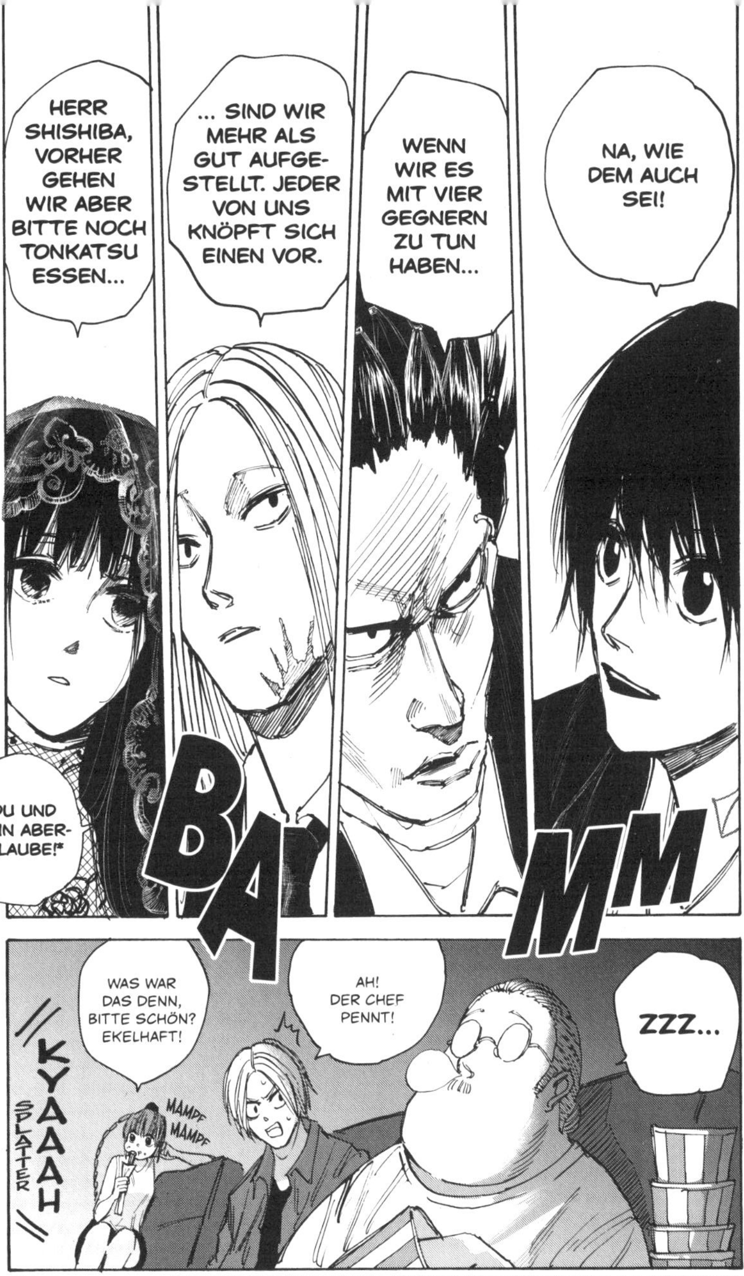

* ISST MAN VOR EINEM TEST ODER EINEM WETTKAMPF TONKATSU, SOLL DAS GLÜCK BRINGEN.

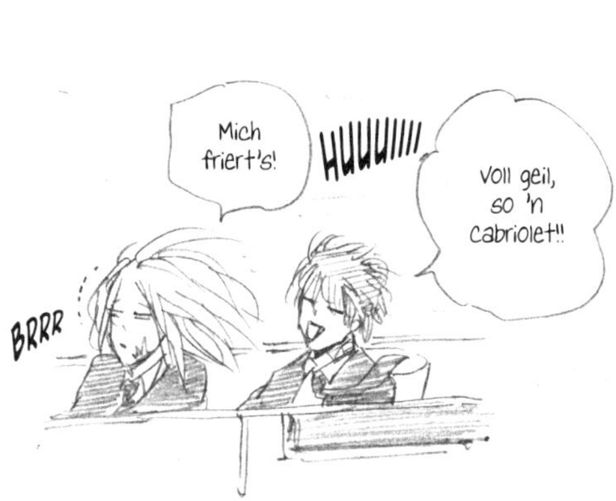
Voll geil, so 'n Cabriolet!!
HUUUIIII
Mich friert's!
BRRR

DAYS 39 Encounter

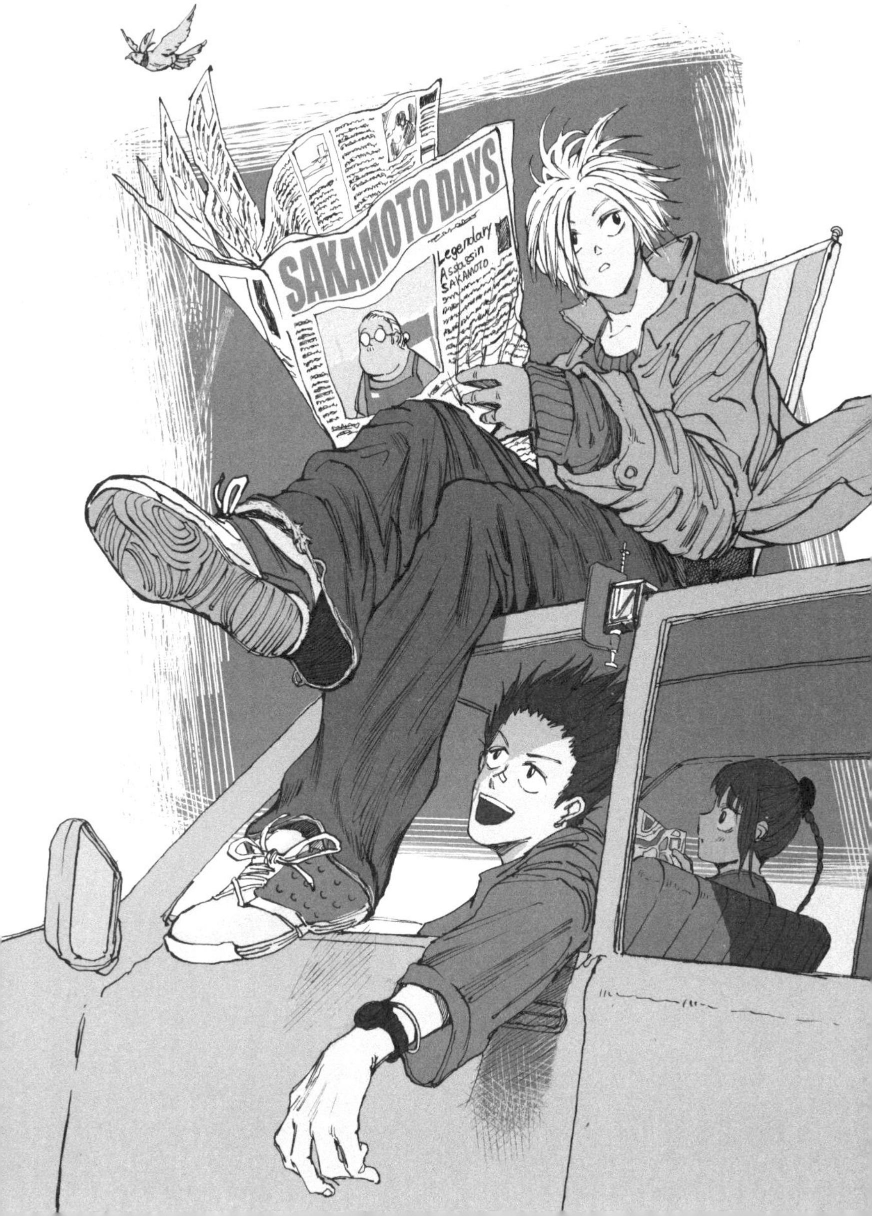

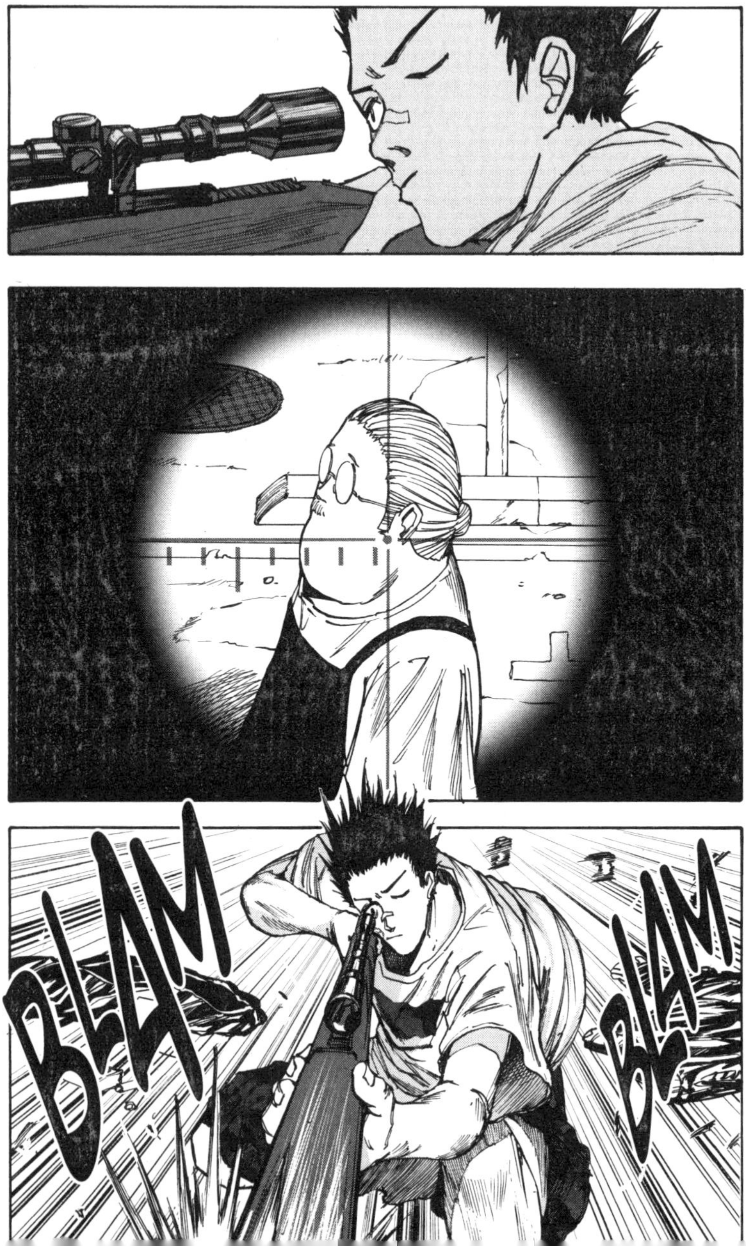
BLAM
BLAM

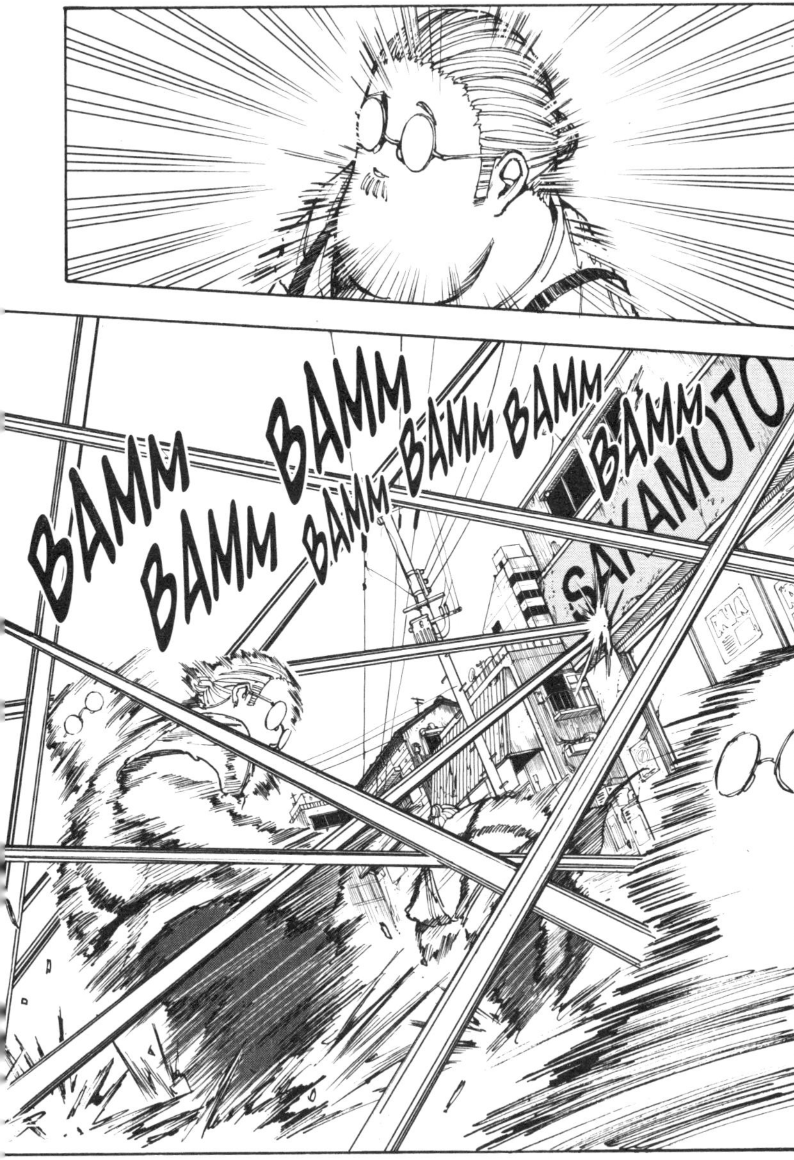
SAKAMOTO
BAMM
BAMM
BAMM BAMM-BAMM BAMM
BAMM
BAMM
BAMM

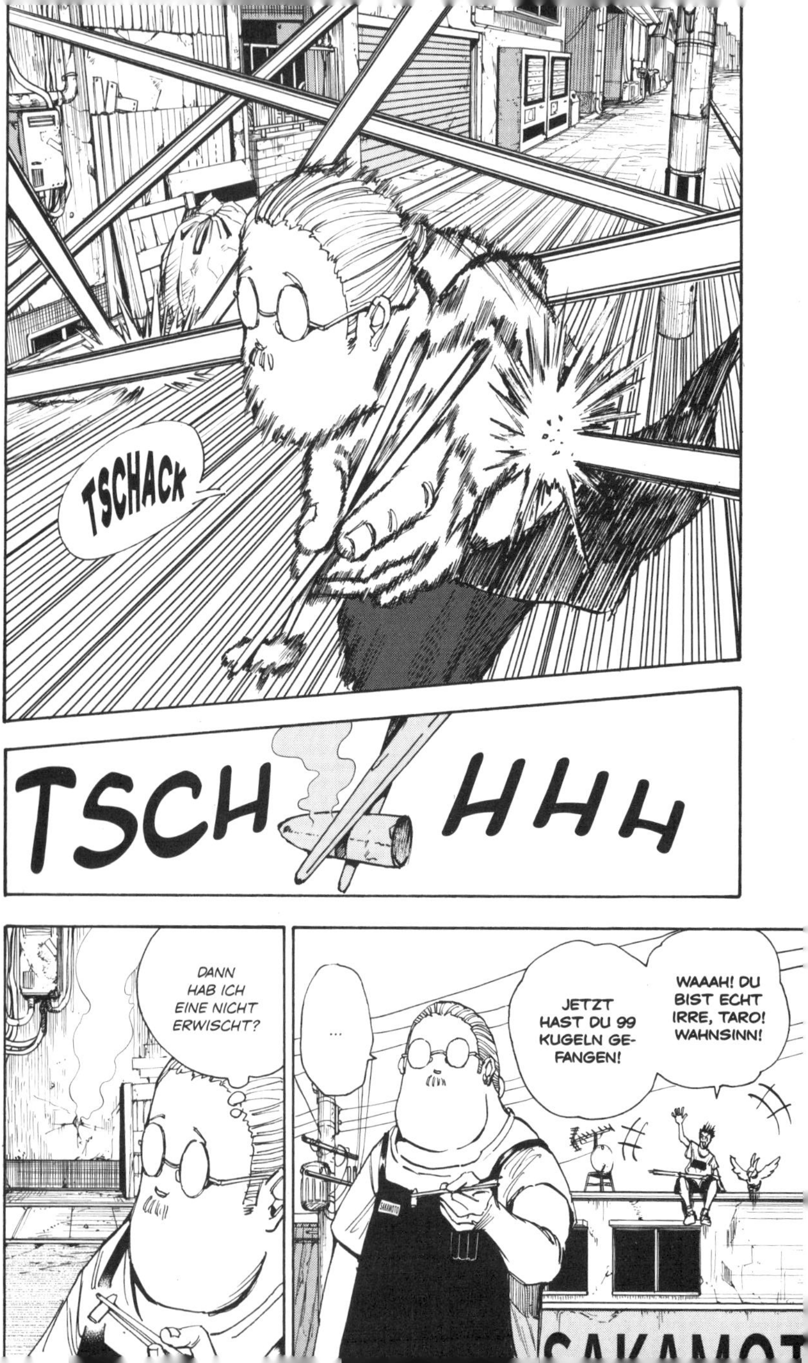
TSCHACK
TSCH HHH
DANN HAB ICH EINE NICHT ERWISCHT?
...
JETZT HAST DU 99 KUGELN GE-FANGEN!
WAAAH! DU BIST ECHT IRRE, TARO! WAHNSINN!
SAKAMOTO
SAKAMOT

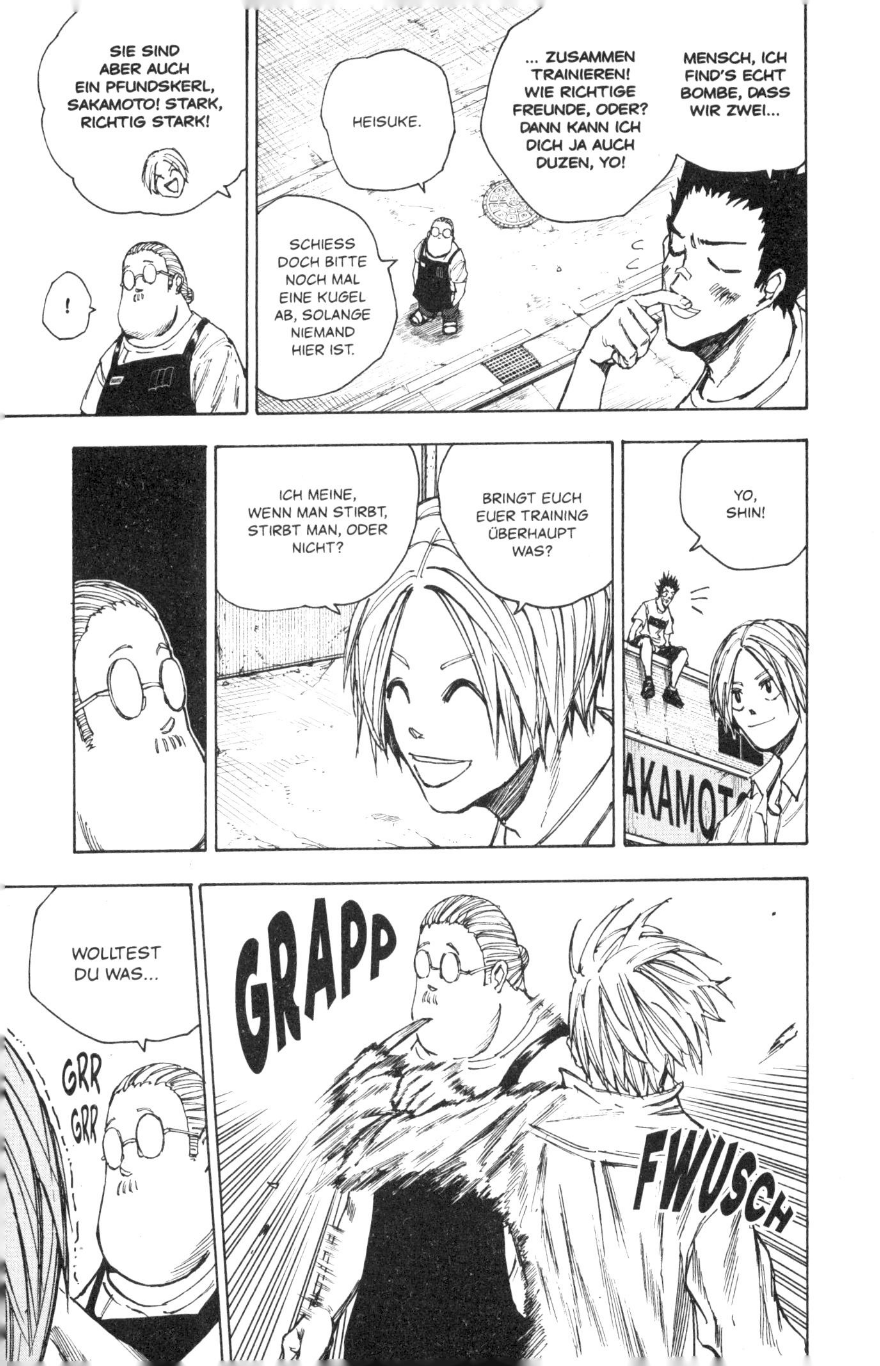
MENSCH, ICH FIND'S ECHT BOMBE, DASS WIR ZWEI...
... ZUSAMMEN TRAINIEREN! WIE RICHTIGE FREUNDE, ODER? DANN KANN ICH DICH JA AUCH DUZEN, YO!
HEISUKE.
SCHIESS DOCH BITTE NOCH MAL EINE KUGEL AB, SOLANGE NIEMAND HIER IST.
SIE SIND ABER AUCH EIN PFUNDSKERL, SAKAMOTO! STARK, RICHTIG STARK!
!
YO, SHIN!
AKAMOT
BRINGT EUCH EUER TRAINING ÜBERHAUPT WAS?
ICH MEINE, WENN MAN STIRBT, STIRBT MAN, ODER NICHT?
FWUSCH
GRAPP
WOLLTEST DU WAS...
GRR GRR

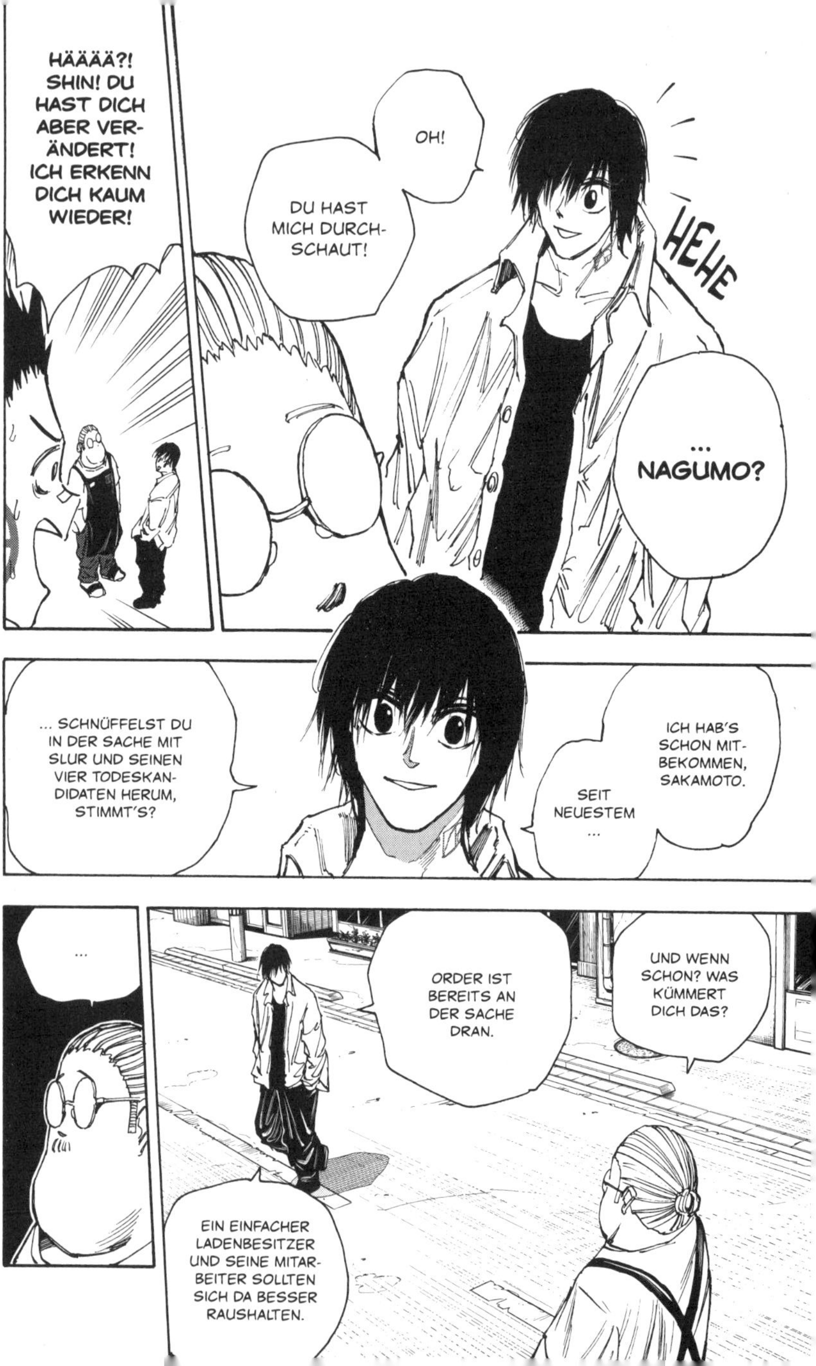

... NAGUMO?
HEHE
OH!
DU HAST MICH DURCH-SCHAUT!
HÄÄÄÄ?! SHIN! DU HAST DICH ABER VER-ÄNDERT! ICH ERKENN DICH KAUM WIEDER!
ICH HAB'S SCHON MIT-BEKOMMEN, SAKAMOTO.
SEIT NEUESTEM ...
... SCHNÜFFELST DU IN DER SACHE MIT SLUR UND SEINEN VIER TODESKAN-DIDATEN HERUM, STIMMT'S?
UND WENN SCHON? WAS KÜMMERT DICH DAS?
ORDER IST BEREITS AN DER SACHE DRAN.
EIN EINFACHER LADENBESITZER UND SEINE MITAR-BEITER SOLLTEN SICH DA BESSER RAUSHALTEN.
...

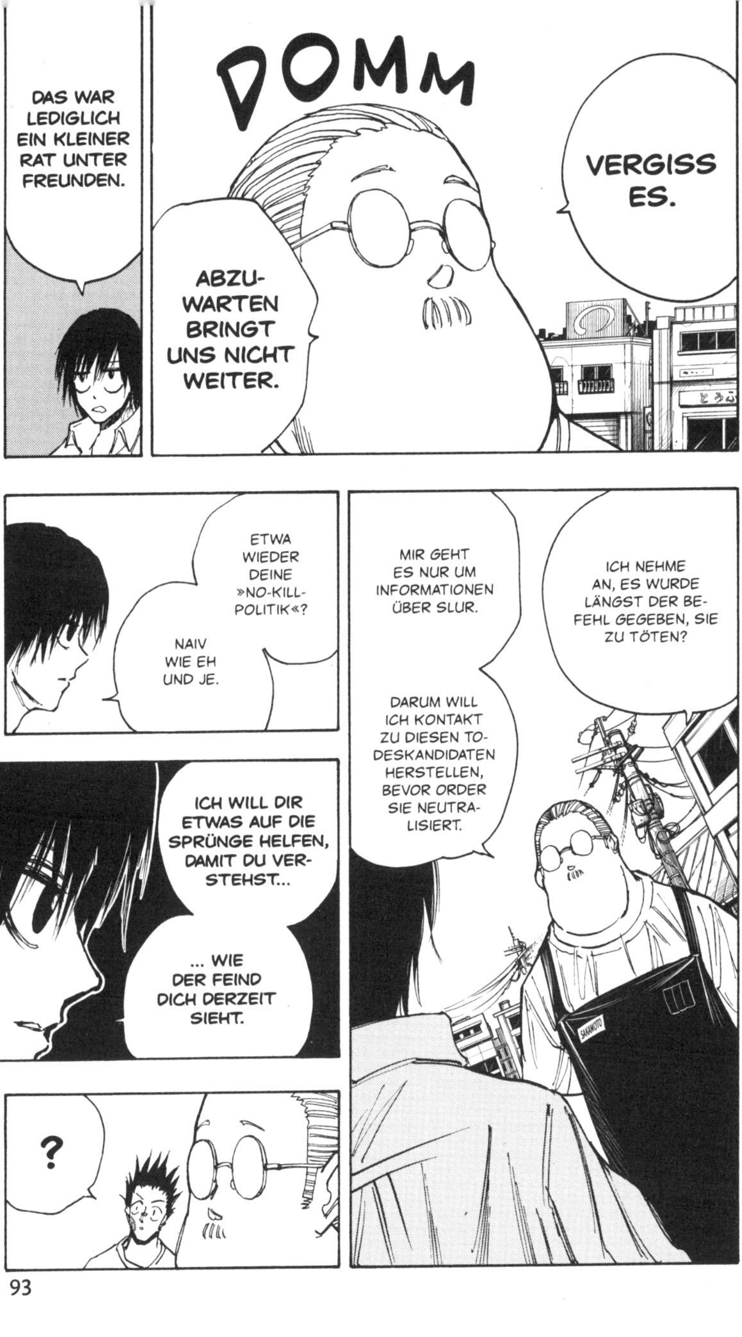
DOMM
VERGISS ES.
ABZUWARTEN BRINGT UNS NICHT WEITER.
DAS WAR LEDIGLICH EIN KLEINER RAT UNTER FREUNDEN.
ICH NEHME AN, ES WURDE LÄNGST DER BEFEHL GEGEBEN, SIE ZU TÖTEN?
MIR GEHT ES NUR UM INFORMATIONEN ÜBER SLUR.
DARUM WILL ICH KONTAKT ZU DIESEN TODESKANDIDATEN HERSTELLEN, BEVOR ORDER SIE NEUTRALISIERT.
ETWA WIEDER DEINE »NO-KILL-POLITIK«?
NAIV WIE EH UND JE.
SAKAMOTO
ICH WILL DIR ETWAS AUF DIE SPRÜNGE HELFEN, DAMIT DU VERSTEHST...
... WIE DER FEIND DICH DERZEIT SIEHT.
?

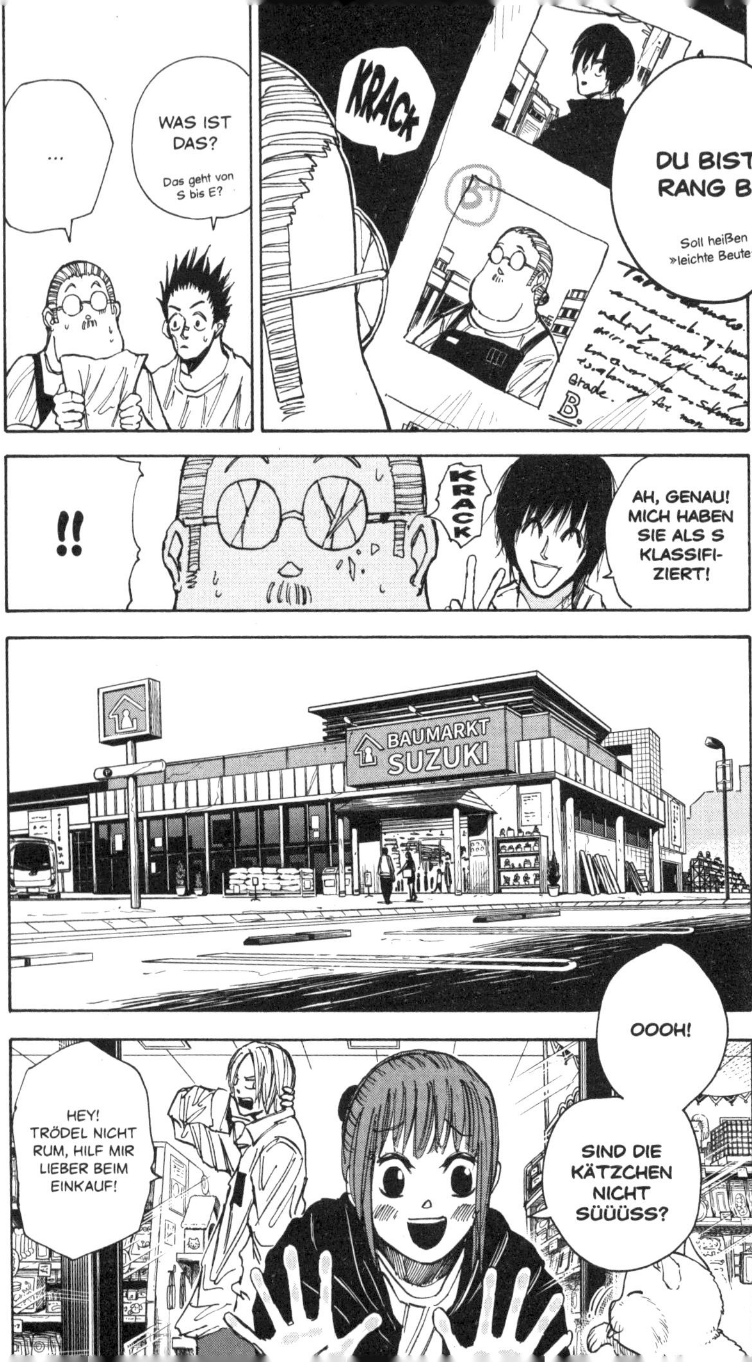
KRACK
DU BIST RANG B.
Soll heißen »leichte Beute«.
WAS IST DAS?
Das geht von S bis E?
...
AH, GENAU! MICH HABEN SIE ALS S KLASSIFIZIERT!
KRACK
!!
BAUMARKT SUZUKI
OOOH!
SIND DIE KÄTZCHEN NICHT SÜÜÜSS?
HEY! TRÖDEL NICHT RUM, HILF MIR LIEBER BEIM EINKAUF!

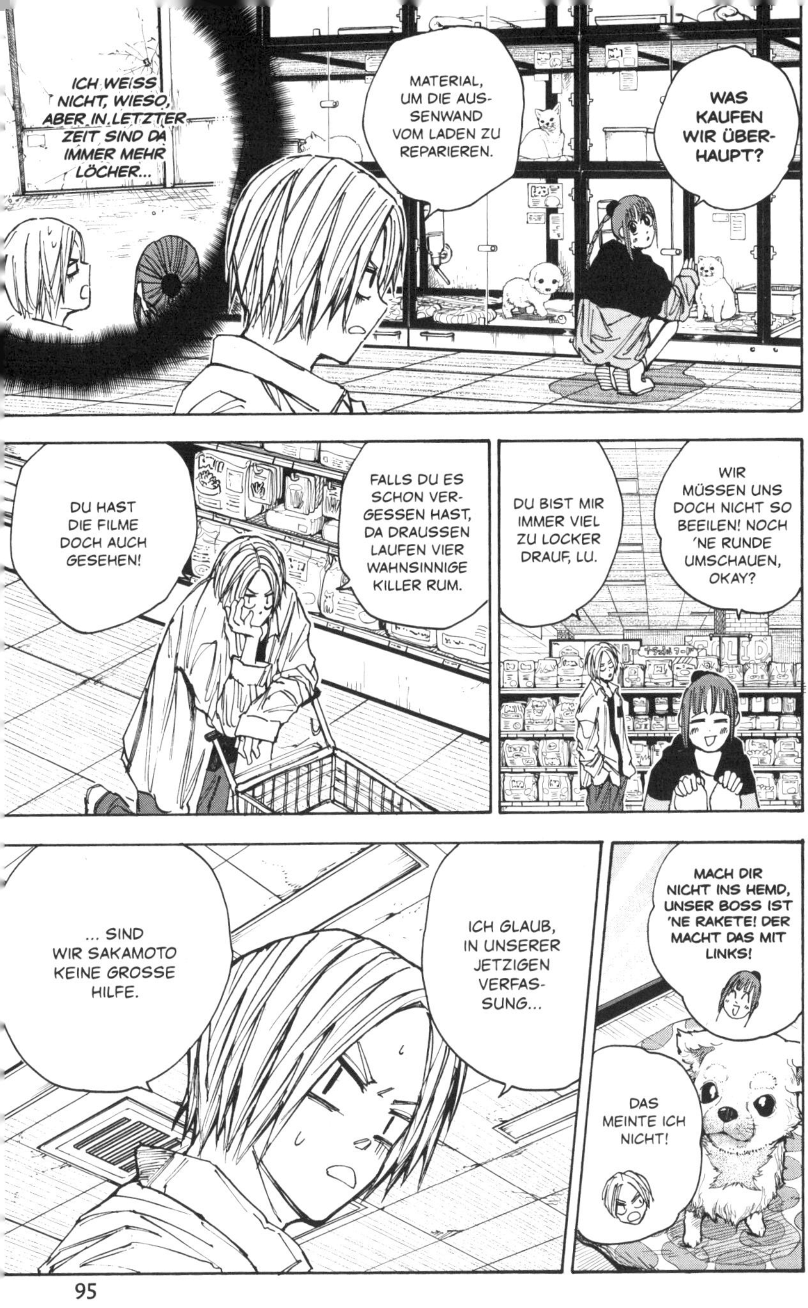
WAS KAUFEN WIR ÜBERHAUPT?
MATERIAL, UM DIE AUSSENWAND VOM LADEN ZU REPARIEREN.
ICH WEISS NICHT, WIESO, ABER IN LETZTER ZEIT SIND DA IMMER MEHR LÖCHER...
WIR MÜSSEN UNS DOCH NICHT SO BEEILEN! NOCH 'NE RUNDE UMSCHAUEN, OKAY?
DU BIST MIR IMMER VIEL ZU LOCKER DRAUF, LU.
FALLS DU ES SCHON VERGESSEN HAST, DA DRAUSSEN LAUFEN VIER WAHNSINNIGE KILLER RUM.
DU HAST DIE FILME DOCH AUCH GESEHEN!
MACH DIR NICHT INS HEMD, UNSER BOSS IST 'NE RAKETE! DER MACHT DAS MIT LINKS!
DAS MEINTE ICH NICHT!
ICH GLAUB, IN UNSERER JETZIGEN VERFASSUNG...
... SIND WIR SAKAMOTO KEINE GROSSE HILFE.

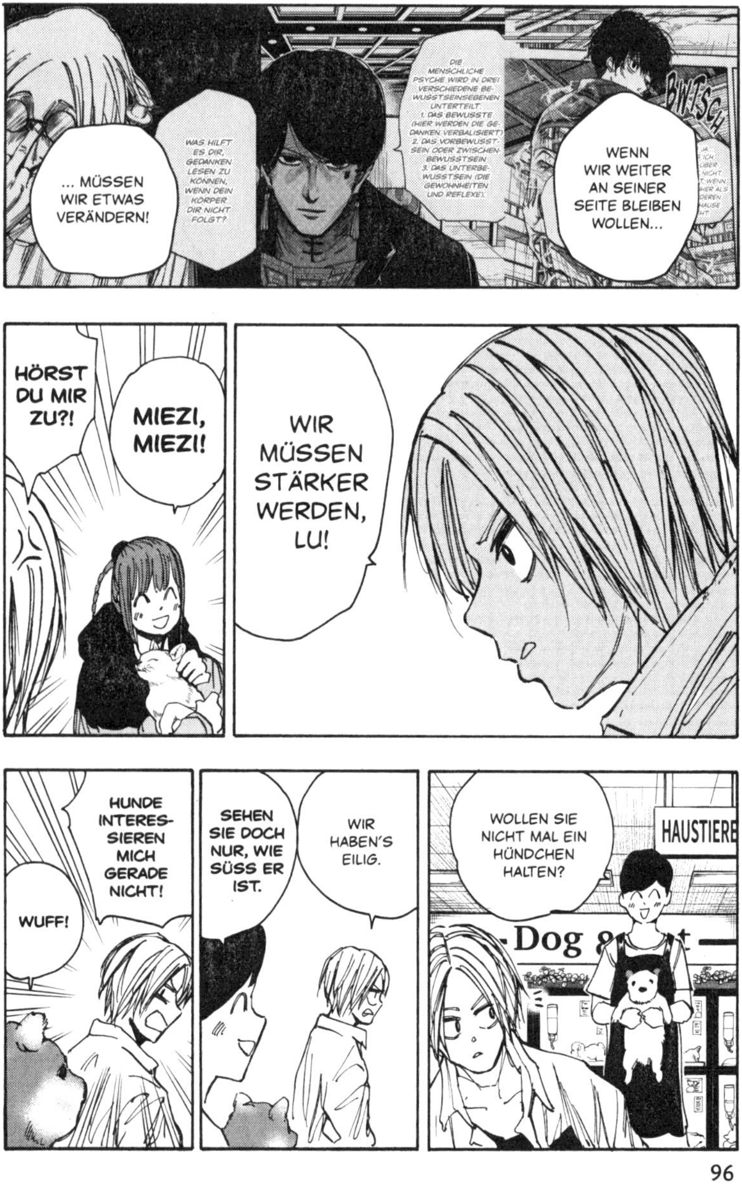

WENN WIR WEITER AN SEINER SEITE BLEIBEN WOLLEN…
BWTSCH
DIE MENSCHLICHE PSYCHE WIRD IN DREI VERSCHIEDENE BEWUSSTSEINSEBENEN UNTERTEILT: 1. DAS BEWUSSTE (HIER WERDEN DIE GEDANKEN VERBALISIERT) 2. DAS VORBEWUSSTSEIN ODER ZWISCHENBEWUSSTSEIN 3. DAS UNTERBEWUSSTSEIN (DIE GEWOHNHEITEN UND REFLEXE).
WAS HILFT ES DIR, GEDANKEN LESEN ZU KÖNNEN, WENN DEIN KÖRPER DIR NICHT FOLGT?
… MÜSSEN WIR ETWAS VERÄNDERN!
WIR MÜSSEN STÄRKER WERDEN, LU!
MIEZI, MIEZI!
HÖRST DU MIR ZU?!
WOLLEN SIE NICHT MAL EIN HÜNDCHEN HALTEN?
HAUSTIERE
Dog
WIR HABEN'S EILIG.
SEHEN SIE DOCH NUR, WIE SÜSS ER IST.
HUNDE INTERESSIEREN MICH GERADE NICHT!
WUFF!

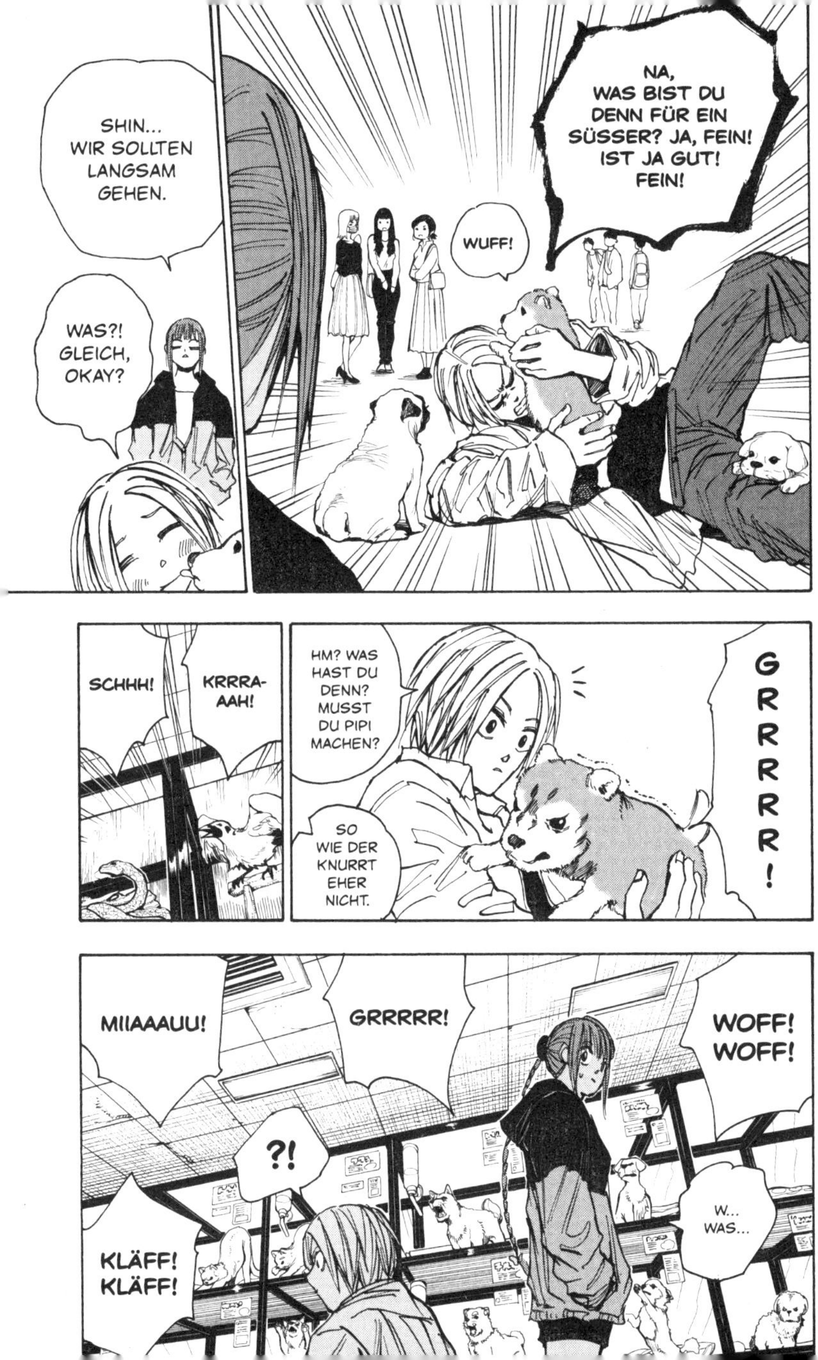
NA, WAS BIST DU DENN FÜR EIN SÜSSER? JA, FEIN! IST JA GUT! FEIN!
WUFF!
SHIN... WIR SOLLTEN LANGSAM GEHEN.
WAS?! GLEICH, OKAY?
GRRRRR!
HM? WAS HAST DU DENN? MUSST DU PIPI MACHEN?
SO WIE DER KNURRT EHER NICHT.
KRRRA-AAH!
SCHHH!
WOFF! WOFF!
W... WAS...
GRRRRR!
MIIAAAUU!
?!
KLÄFF! KLÄFF!

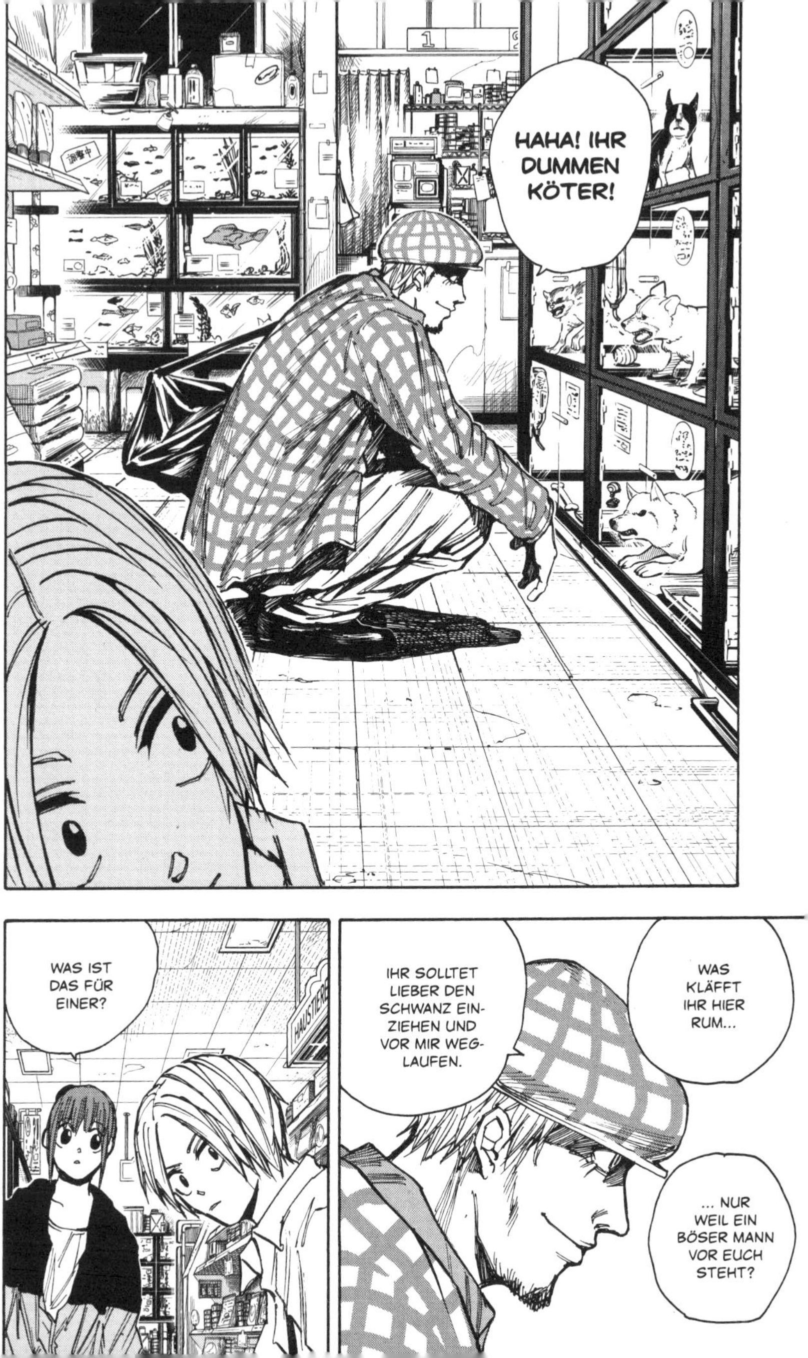
HAHA! IHR DUMMEN KÖTER!
WAS KLÄFFT IHR HIER RUM...
... NUR WEIL EIN BÖSER MANN VOR EUCH STEHT?
IHR SOLLTET LIEBER DEN SCHWANZ EIN-ZIEHEN UND VOR MIR WEG-LAUFEN.
WAS IST DAS FÜR EINER?
HAUSTIERE

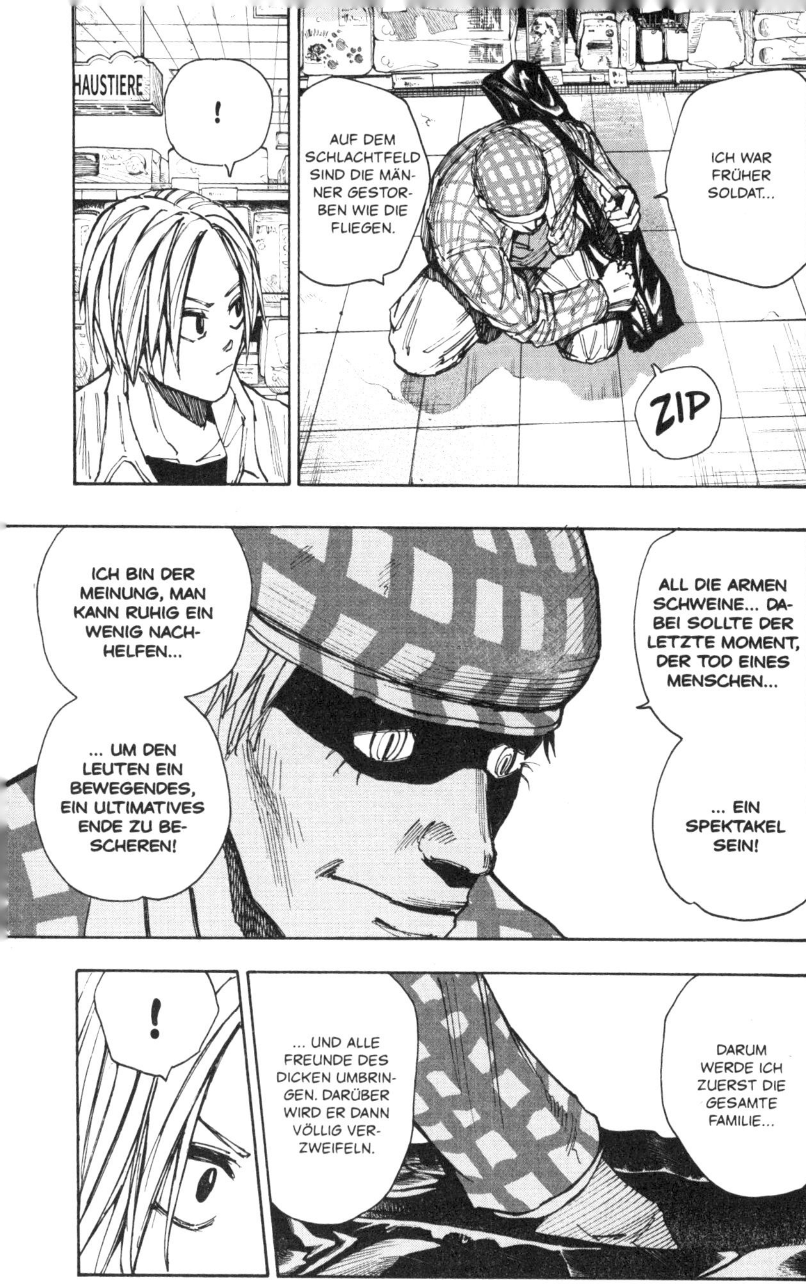
HAUSTIERE
ICH WAR FRÜHER SOLDAT...
AUF DEM SCHLACHTFELD SIND DIE MÄNNER GESTORBEN WIE DIE FLIEGEN.
ZIP
!
ALL DIE ARMEN SCHWEINE... DABEI SOLLTE DER LETZTE MOMENT, DER TOD EINES MENSCHEN...
... EIN SPEKTAKEL SEIN!
ICH BIN DER MEINUNG, MAN KANN RUHIG EIN WENIG NACHHELFEN...
... UM DEN LEUTEN EIN BEWEGENDES, EIN ULTIMATIVES ENDE ZU BESCHEREN!
DARUM WERDE ICH ZUERST DIE GESAMTE FAMILIE...
... UND ALLE FREUNDE DES DICKEN UMBRINGEN. DARÜBER WIRD ER DANN VÖLLIG VERZWEIFELN.
!

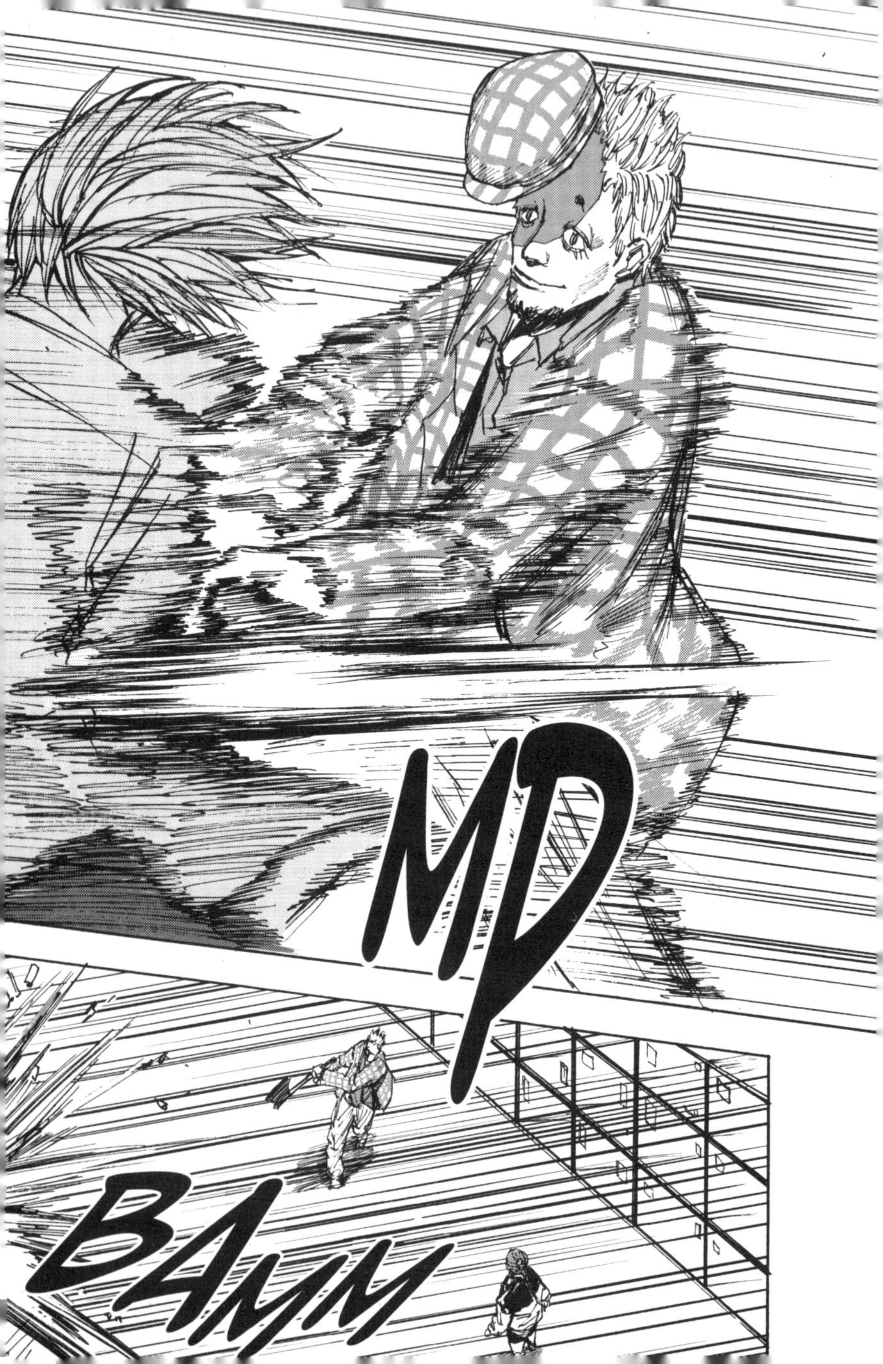
MD
BAMM

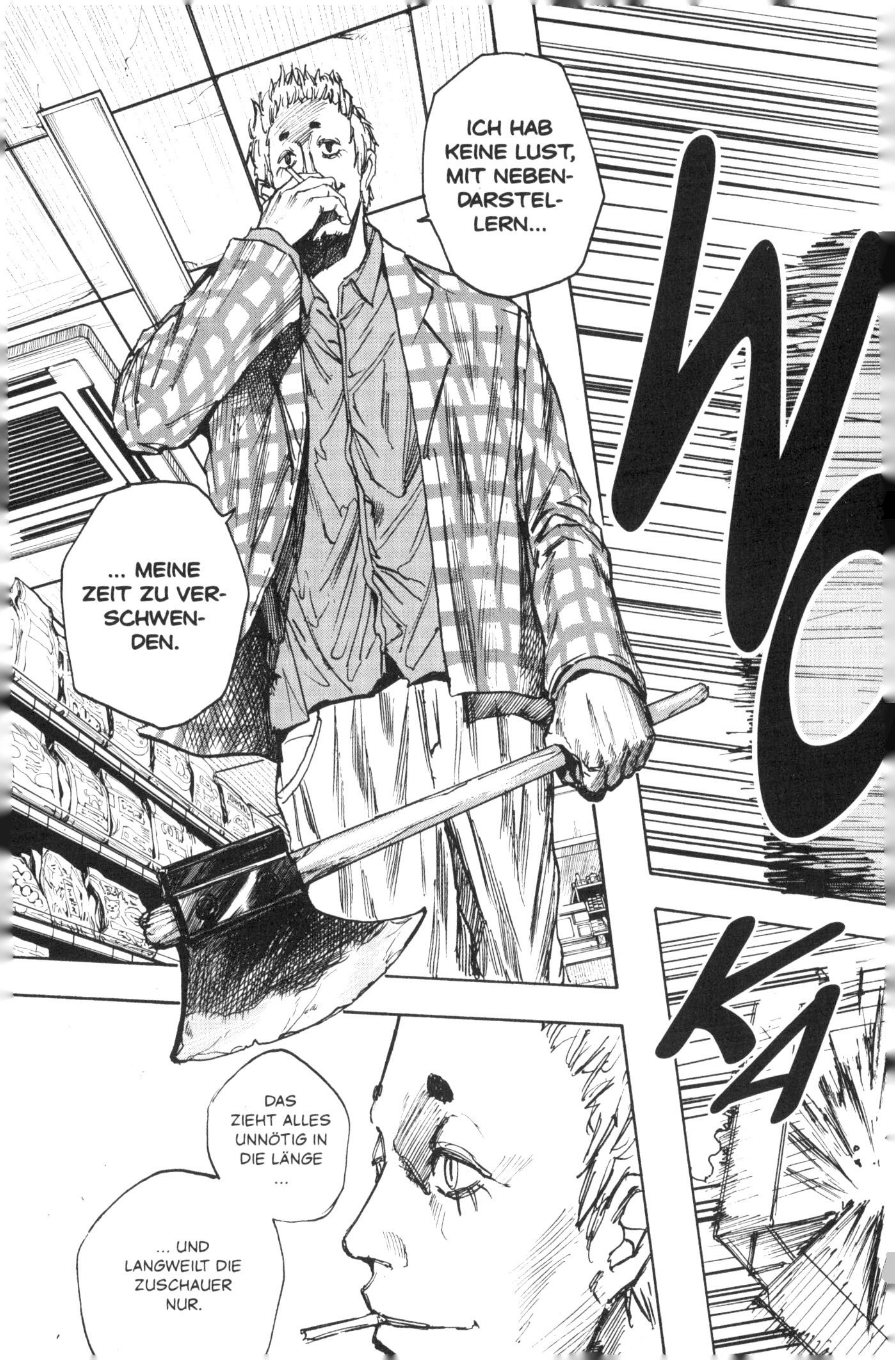
ICH HAB KEINE LUST, MIT NEBEN-DARSTEL-LERN...
... MEINE ZEIT ZU VER-SCHWEN-DEN.
KA
DAS ZIEHT ALLES UNNÖTIG IN DIE LÄNGE ...
... UND LANGWEILT DIE ZUSCHAUER NUR.

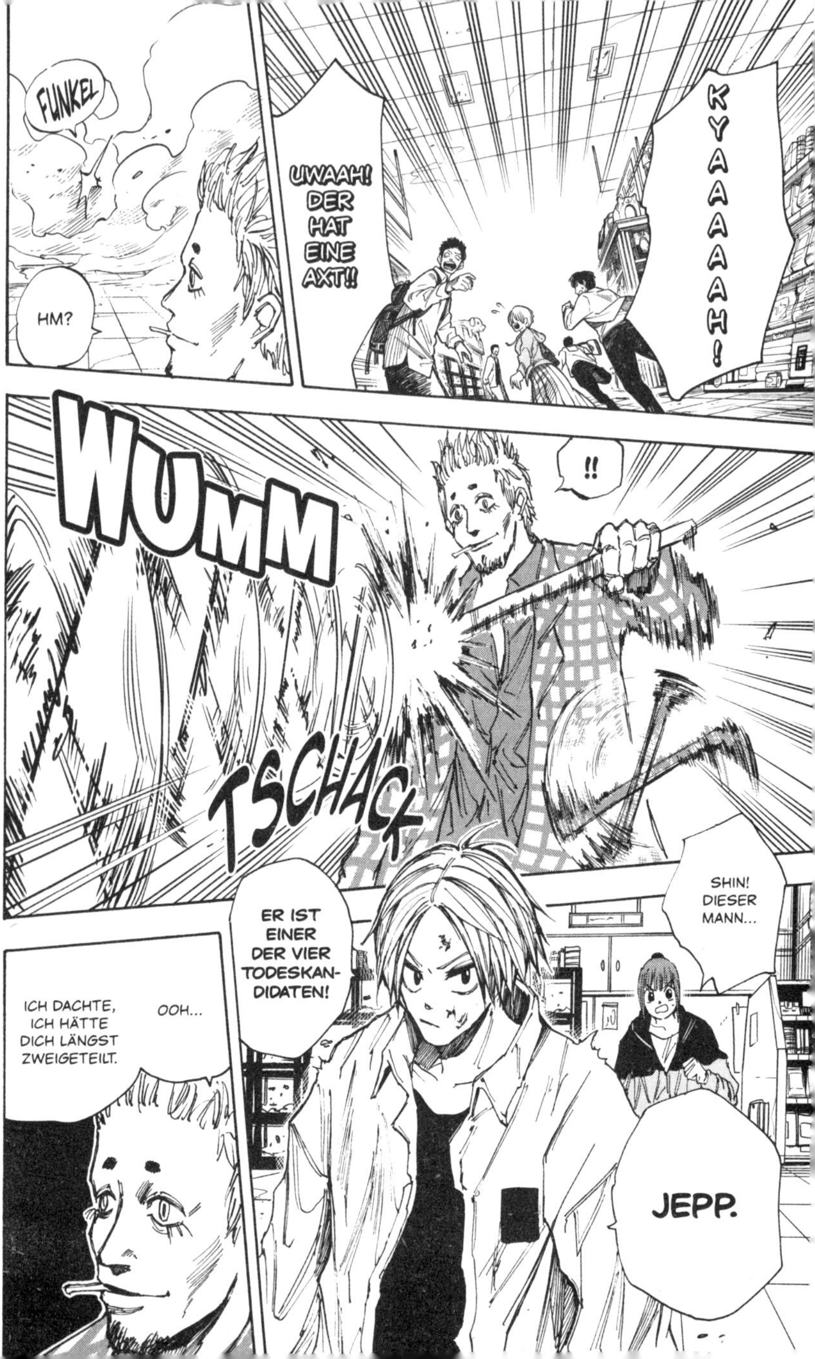
KYAAAAAAAH!
UWAAH! DER HAT EINE AXT!!
FUNKEL
HM?
WUMM
!!
TSCHACK
SHIN! DIESER MANN...
ER IST EINER DER VIER TODESKANDIDATEN!
JEPP.
OOH...
ICH DACHTE, ICH HÄTTE DICH LÄNGST ZWEIGETEILT.

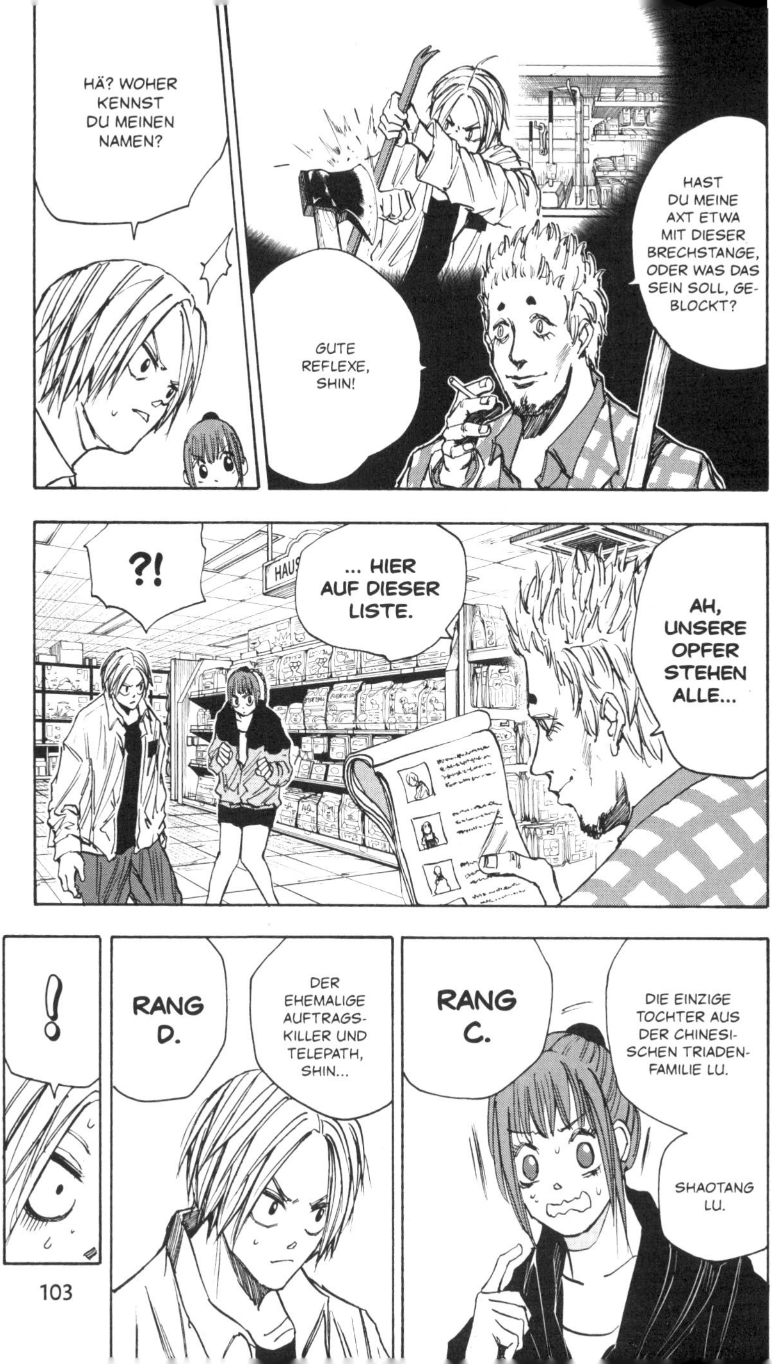
HAST DU MEINE AXT ETWA MIT DIESER BRECHSTANGE, ODER WAS DAS SEIN SOLL, GE-BLOCKT?
GUTE REFLEXE, SHIN!
HÄ? WOHER KENNST DU MEINEN NAMEN?
AH, UNSERE OPFER STEHEN ALLE...
... HIER AUF DIESER LISTE.
?!
DIE EINZIGE TOCHTER AUS DER CHINESI-SCHEN TRIADEN-FAMILIE LU.
SHAOTANG LU.
RANG C.
DER EHEMALIGE AUFTRAGS-KILLER UND TELEPATH, SHIN...
RANG D.
!

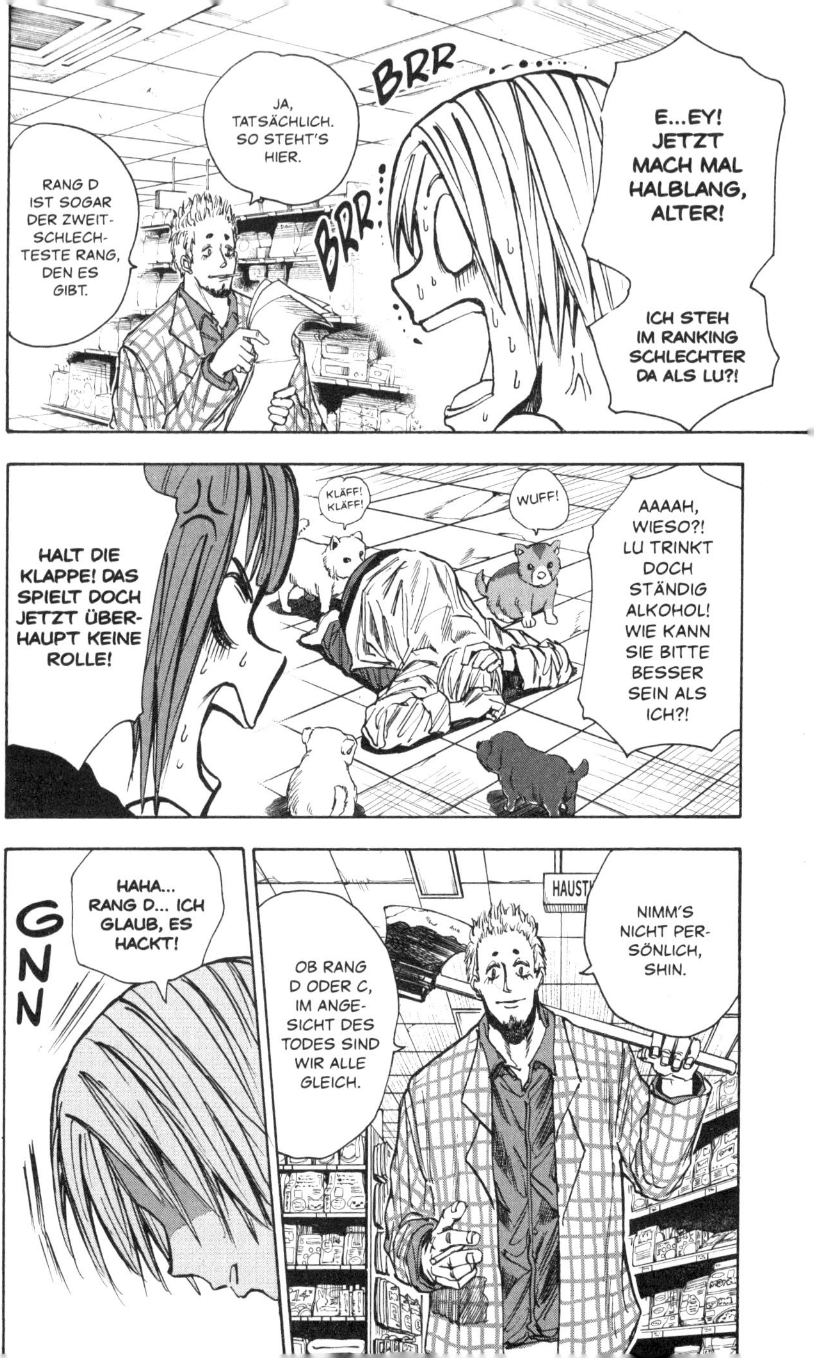
E...EY! JETZT MACH MAL HALBLANG, ALTER!
BRR
JA, TATSÄCHLICH. SO STEHT'S HIER.
BRR
RANG D IST SOGAR DER ZWEIT-SCHLECH-TESTE RANG, DEN ES GIBT.
ICH STEH IM RANKING SCHLECHTER DA ALS LU?!
AAAAH, WIESO?! LU TRINKT DOCH STÄNDIG ALKOHOL! WIE KANN SIE BITTE BESSER SEIN ALS ICH?!
WUFF!
KLÄFF! KLÄFF!
HALT DIE KLAPPE! DAS SPIELT DOCH JETZT ÜBER-HAUPT KEINE ROLLE!
NIMM'S NICHT PER-SÖNLICH, SHIN.
OB RANG D ODER C, IM ANGE-SICHT DES TODES SIND WIR ALLE GLEICH.
HAHA... RANG D... ICH GLAUB, ES HACKT!
GNN

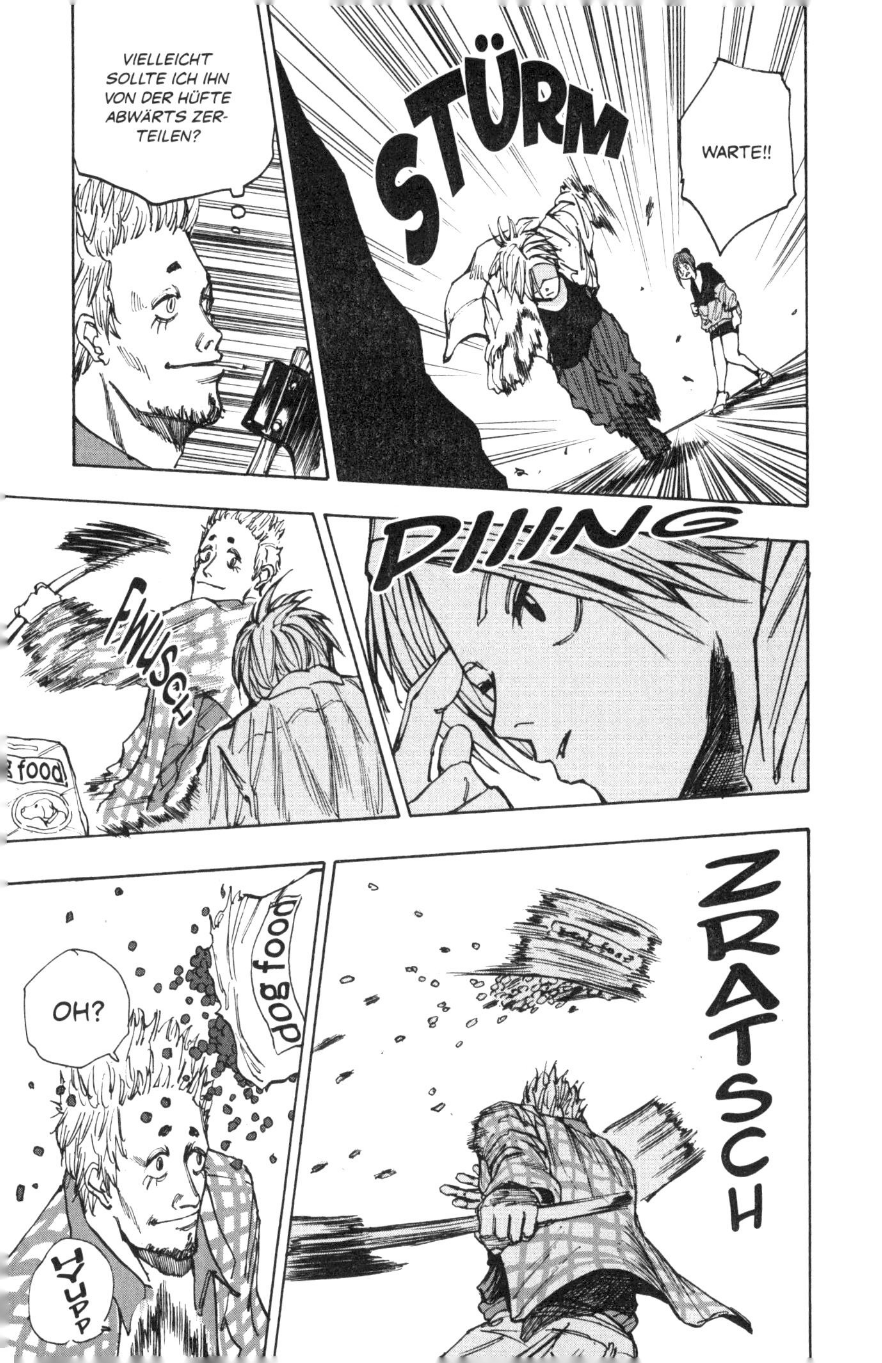
WARTE!!
STÜRM
VIELLEICHT SOLLTE ICH IHN VON DER HÜFTE ABWÄRTS ZER-TEILEN?
DIIING
FWUSCH
food
ZRATSCH
dog food
OH?
HYUPP

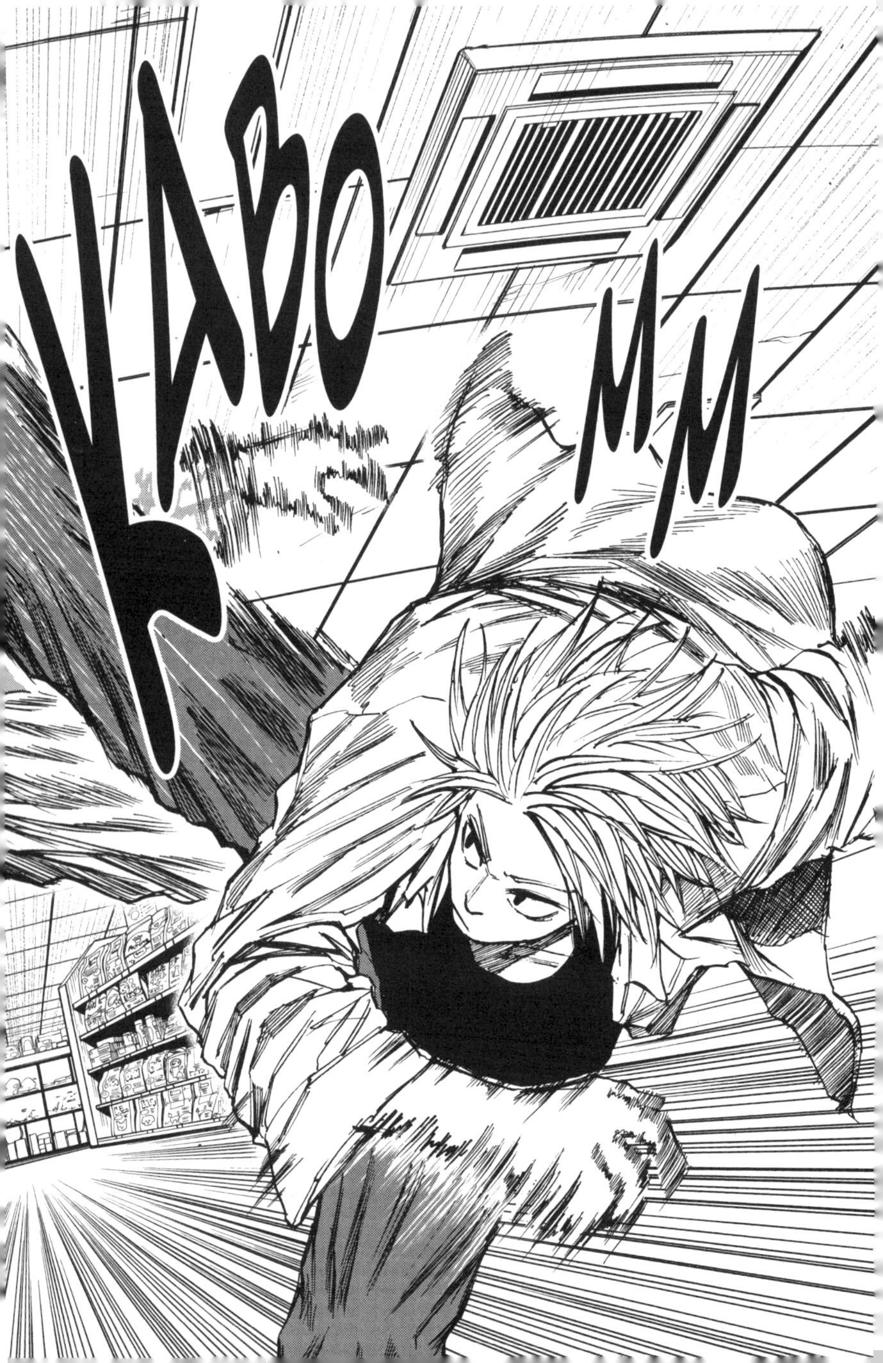
KABOMM

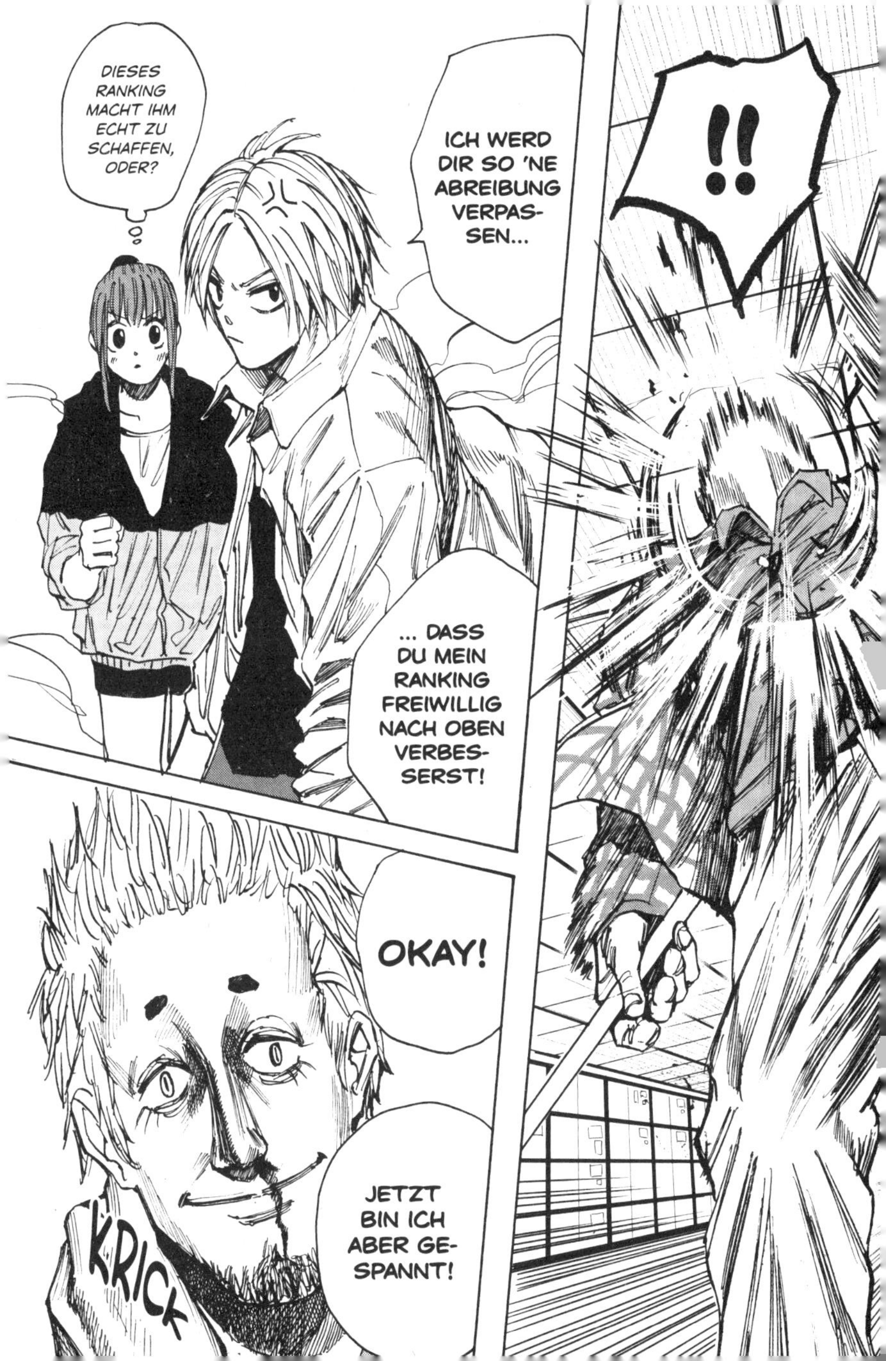
ICH WERD DIR SO 'NE ABREIBUNG VERPASSEN...
... DASS DU MEIN RANKING FREIWILLIG NACH OBEN VERBESSERST!
DIESES RANKING MACHT IHM ECHT ZU SCHAFFEN, ODER?
OKAY!
JETZT BIN ICH ABER GESPANNT!
KRICK
!!

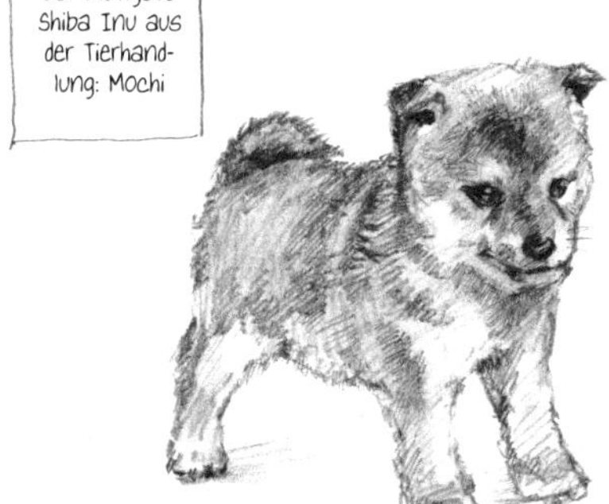
Der mutigste Shiba Inu aus der Tierhandlung: Mochi

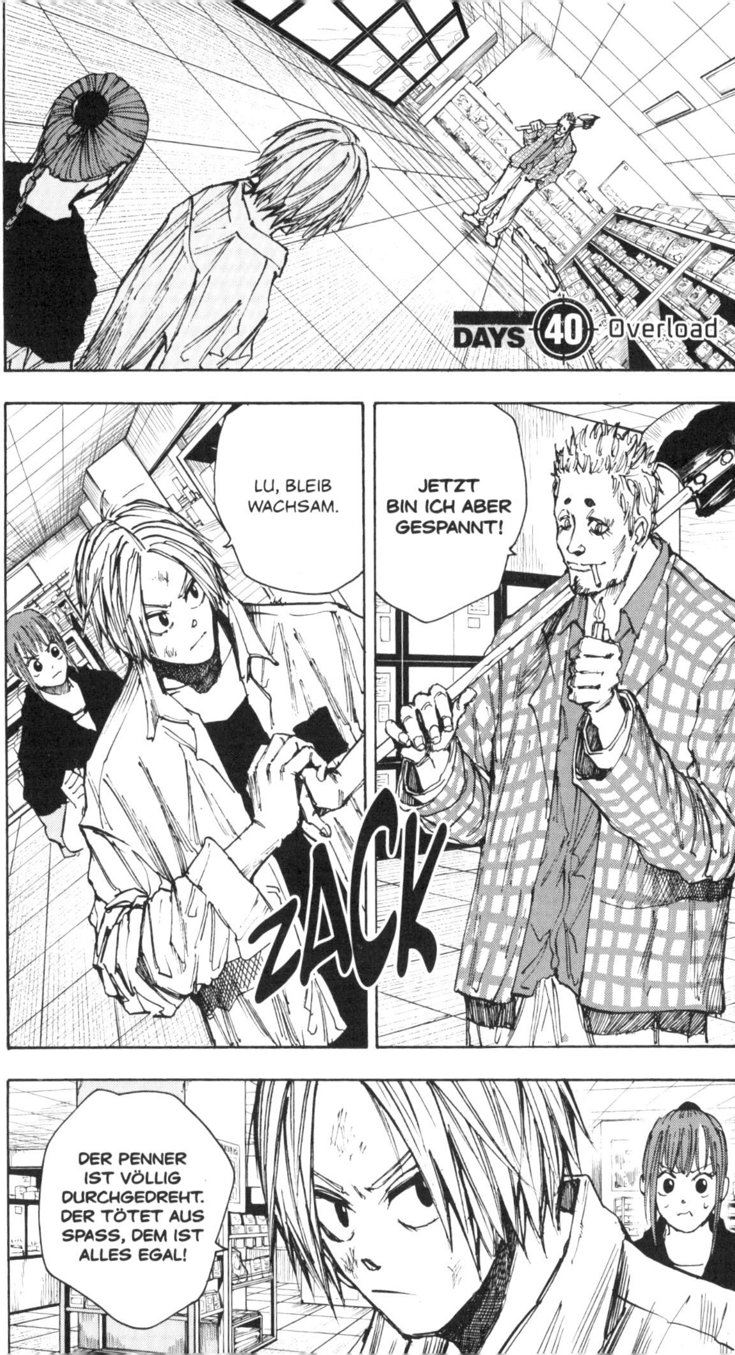
DAYS 40 Overload
JETZT BIN ICH ABER GESPANNT!
LU, BLEIB WACHSAM.
ZACK
DER PENNER IST VÖLLIG DURCHGEDREHT. DER TÖTET AUS SPASS, DEM IST ALLES EGAL!

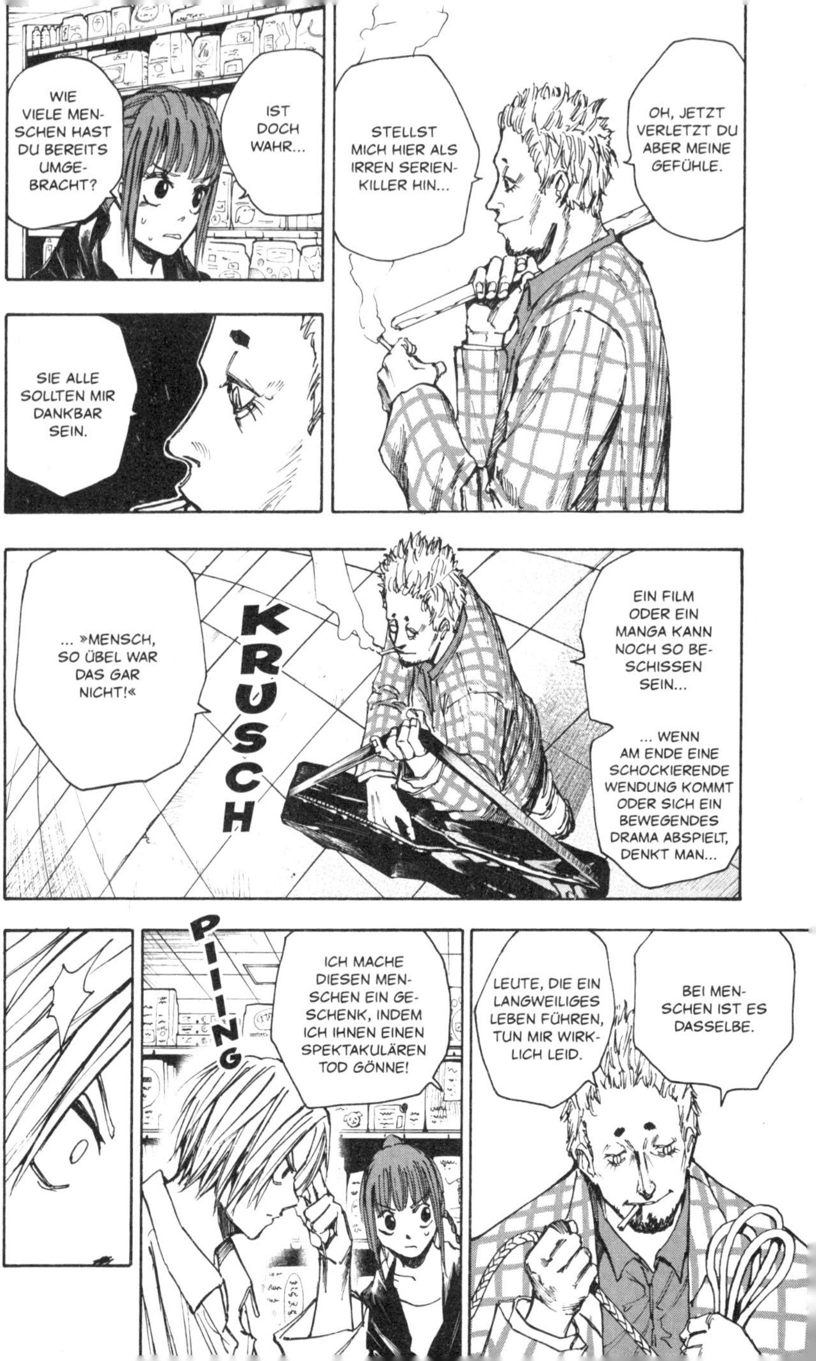

OH, JETZT VERLETZT DU ABER MEINE GEFÜHLE.
STELLST MICH HIER ALS IRREN SERIENKILLER HIN...
IST DOCH WAHR...
WIE VIELE MENSCHEN HAST DU BEREITS UMGEBRACHT?
SIE ALLE SOLLTEN MIR DANKBAR SEIN.
EIN FILM ODER EIN MANGA KANN NOCH SO BESCHISSEN SEIN...
... WENN AM ENDE EINE SCHOCKIERENDE WENDUNG KOMMT ODER SICH EIN BEWEGENDES DRAMA ABSPIELT, DENKT MAN...
KRUSCH
... »MENSCH, SO ÜBEL WAR DAS GAR NICHT!«
BEI MENSCHEN IST ES DASSELBE.
LEUTE, DIE EIN LANGWEILIGES LEBEN FÜHREN, TUN MIR WIRKLICH LEID.
PIIING
ICH MACHE DIESEN MENSCHEN EIN GESCHENK, INDEM ICH IHNEN EINEN SPEKTAKULÄREN TOD GÖNNE!

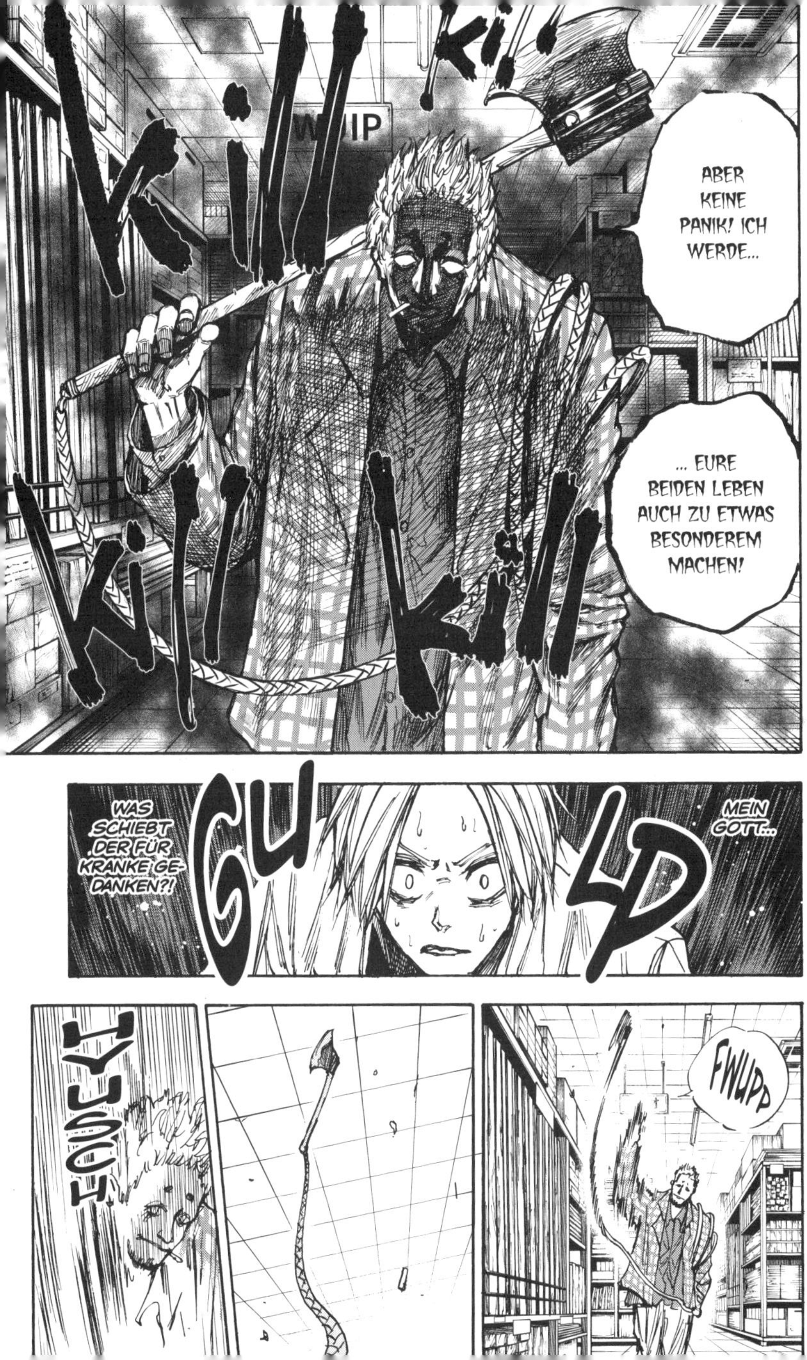
ABER KEINE PANIK! ICH WERDE...
... EURE BEIDEN LEBEN AUCH ZU ETWAS BESONDEREM MACHEN!
KiLL KiLL
MEIN GOTT...
GULD
WAS SCHIEBT DER FÜR KRANKE GE-DANKEN?!
FWUPP
HYUSCH

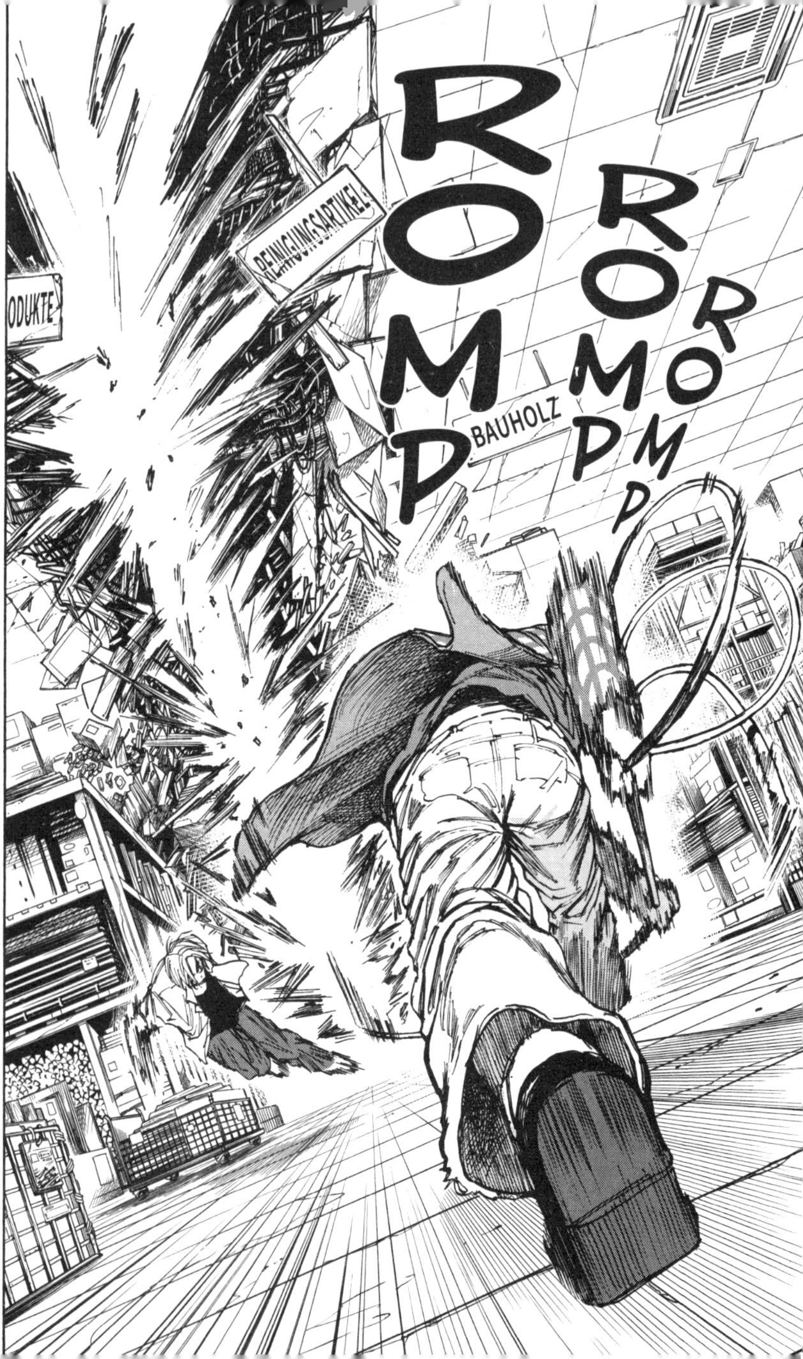
ROMP
ROMP
ROMP
REINIGUNGSARTIKEL
ODUKTE
BAUHOLZ

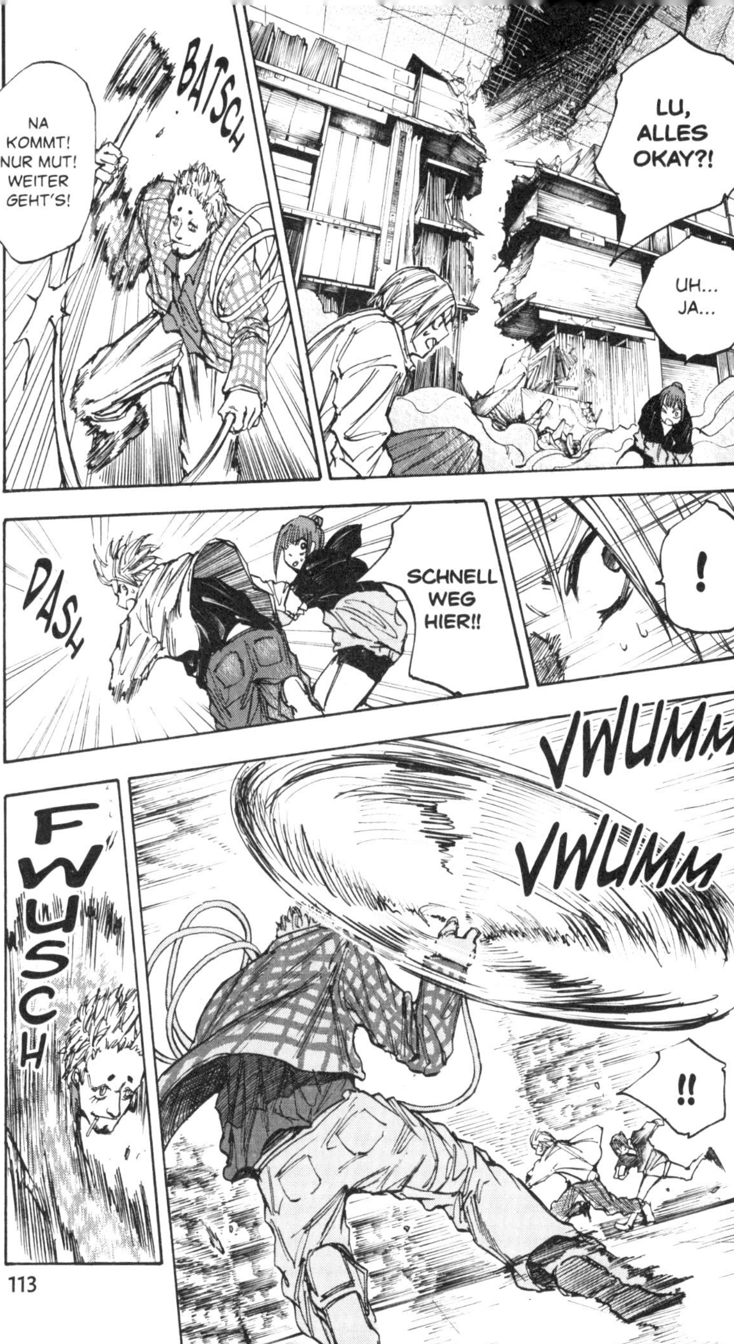
LU, ALLES OKAY?!
UH... JA...
BATSCH
NA KOMMT! NUR MUT! WEITER GEHT'S!
!
SCHNELL WEG HIER!!
DASH
VWUMM
VWUMM
!!
FWUSCH

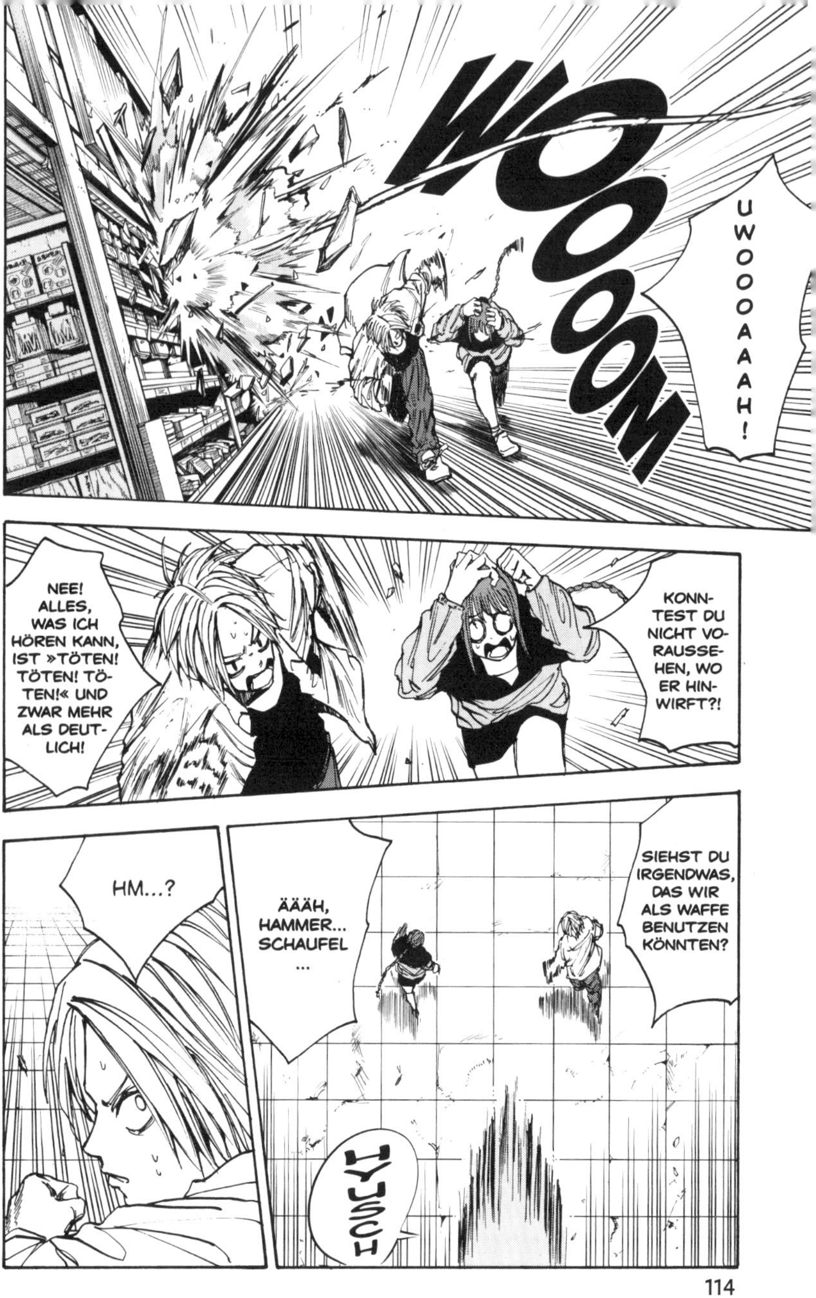
UWOOOAAAH!
WOOOOM
KONNTEST DU NICHT VORAUSSEHEN, WO ER HINWIRFT?!
NEE! ALLES, WAS ICH HÖREN KANN, IST »TÖTEN! TÖTEN! TÖTEN!« UND ZWAR MEHR ALS DEUTLICH!
SIEHST DU IRGENDWAS, DAS WIR ALS WAFFE BENUTZEN KÖNNTEN?
ÄÄÄH, HAMMER... SCHAUFEL ...
HYUSCH
HM...?

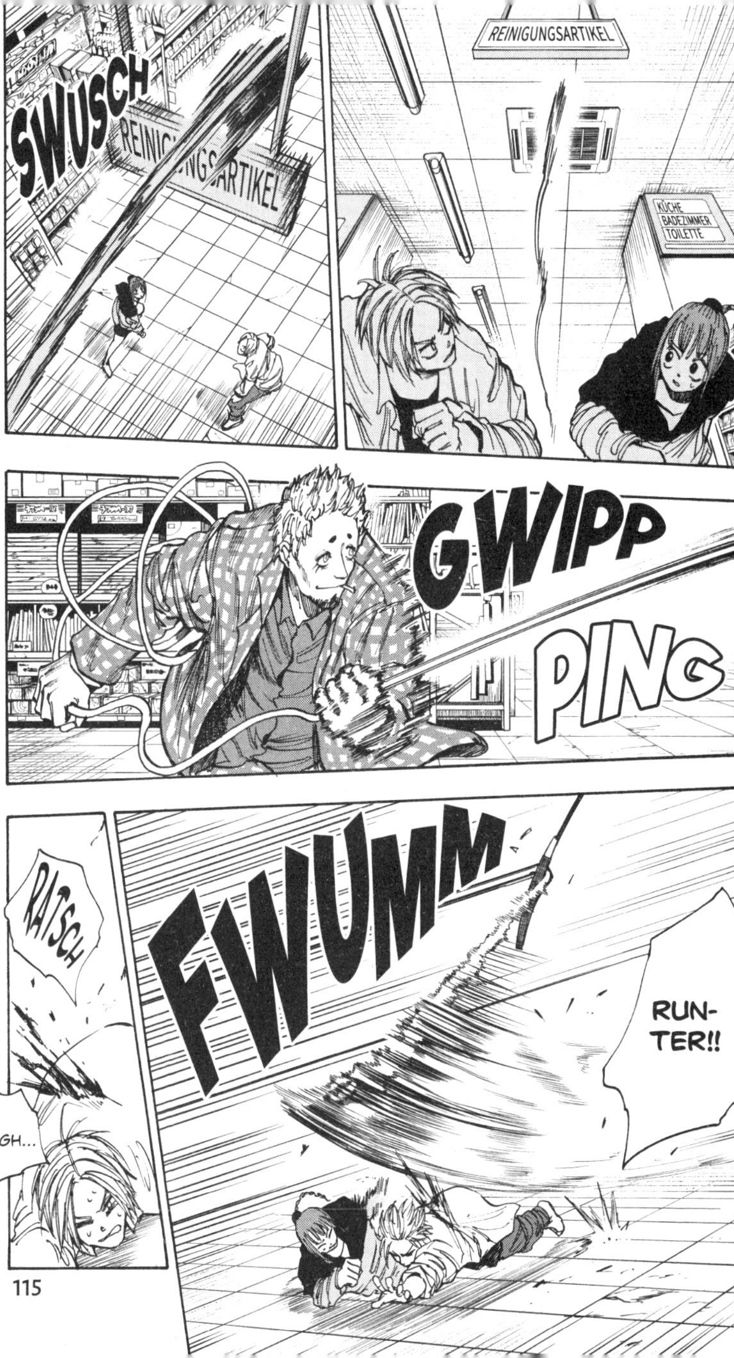
SWUSCH
REINIGUNGSARTIKEL
REINIGUNGSARTIKEL
KÜCHE
BADEZIMMER
TOILETTE
GWIPP
PING
FWUMM
RUN-
TER!!
RATSCH
ARGH...

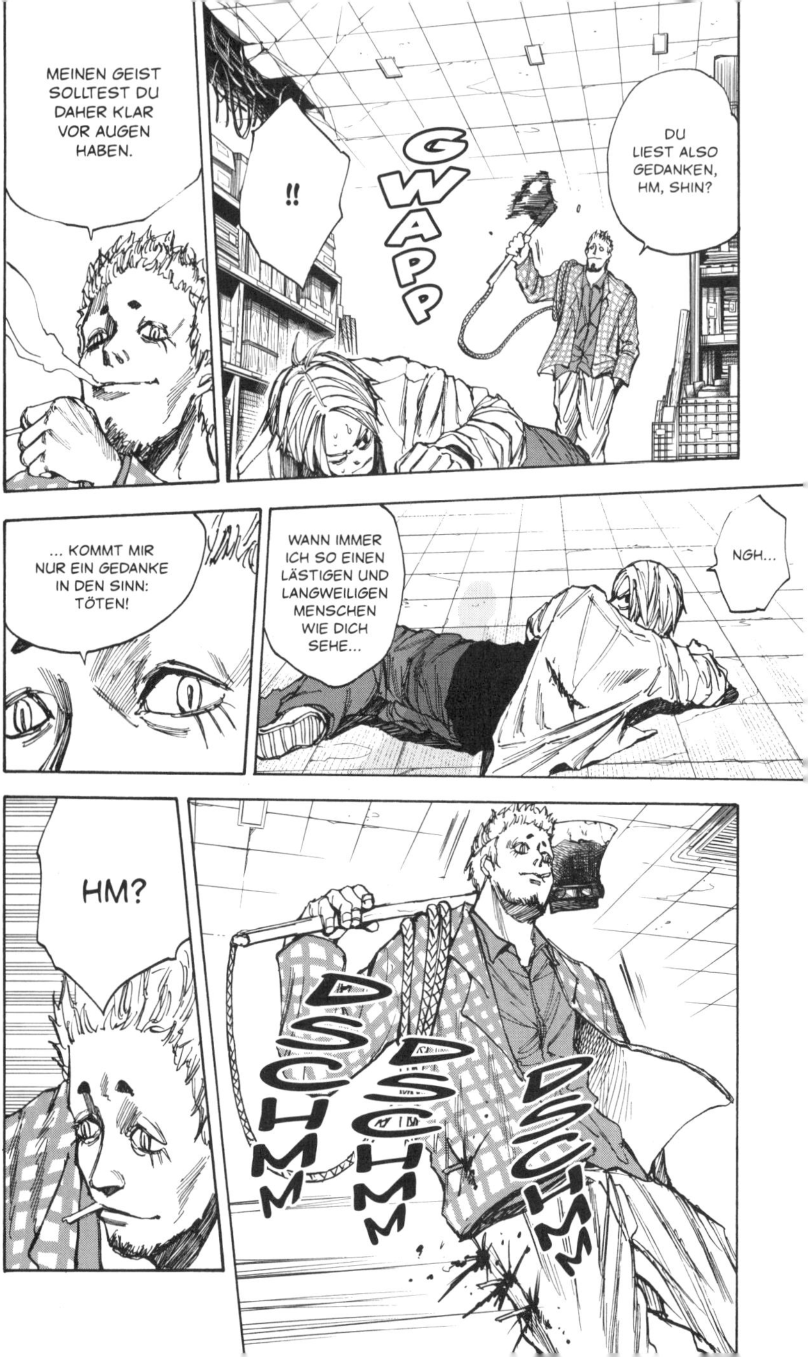
DU LIEST ALSO GEDANKEN, HM, SHIN?
GWAPP
!!
MEINEN GEIST SOLLTEST DU DAHER KLAR VOR AUGEN HABEN.
NGH...
WANN IMMER ICH SO EINEN LÄSTIGEN UND LANGWEILIGEN MENSCHEN WIE DICH SEHE...
... KOMMT MIR NUR EIN GEDANKE IN DEN SINN: TÖTEN!
DSCHMM
DSCHMM
DSCHMM
HM?

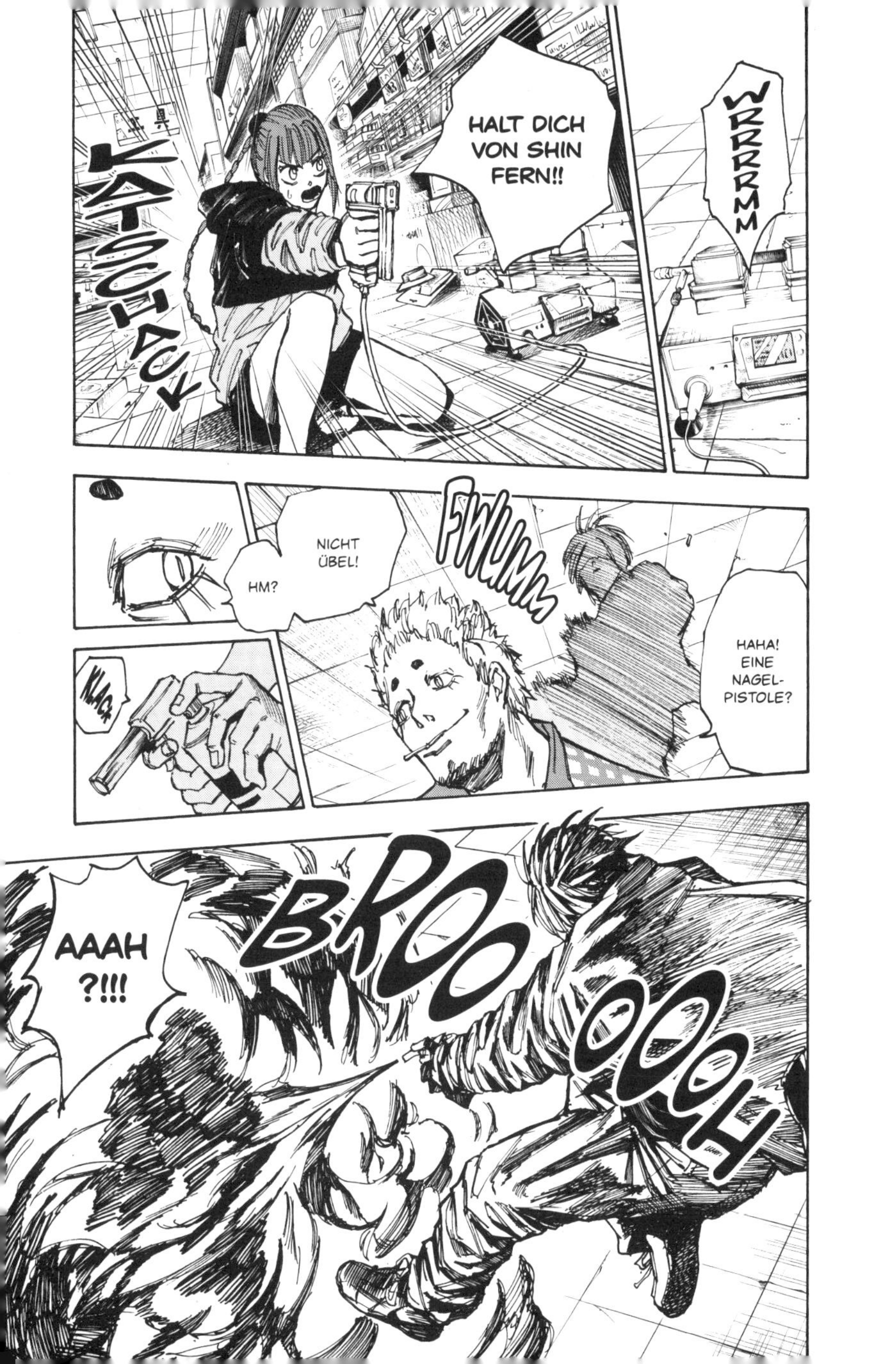
WRRRRMM
HALT DICH VON SHIN FERN!!
KATSCHACK
HAHA! EINE NAGEL-PISTOLE?
FWUMM
NICHT ÜBEL!
HM?
KLACK
BROOOOOOH
AAAH ?!!!

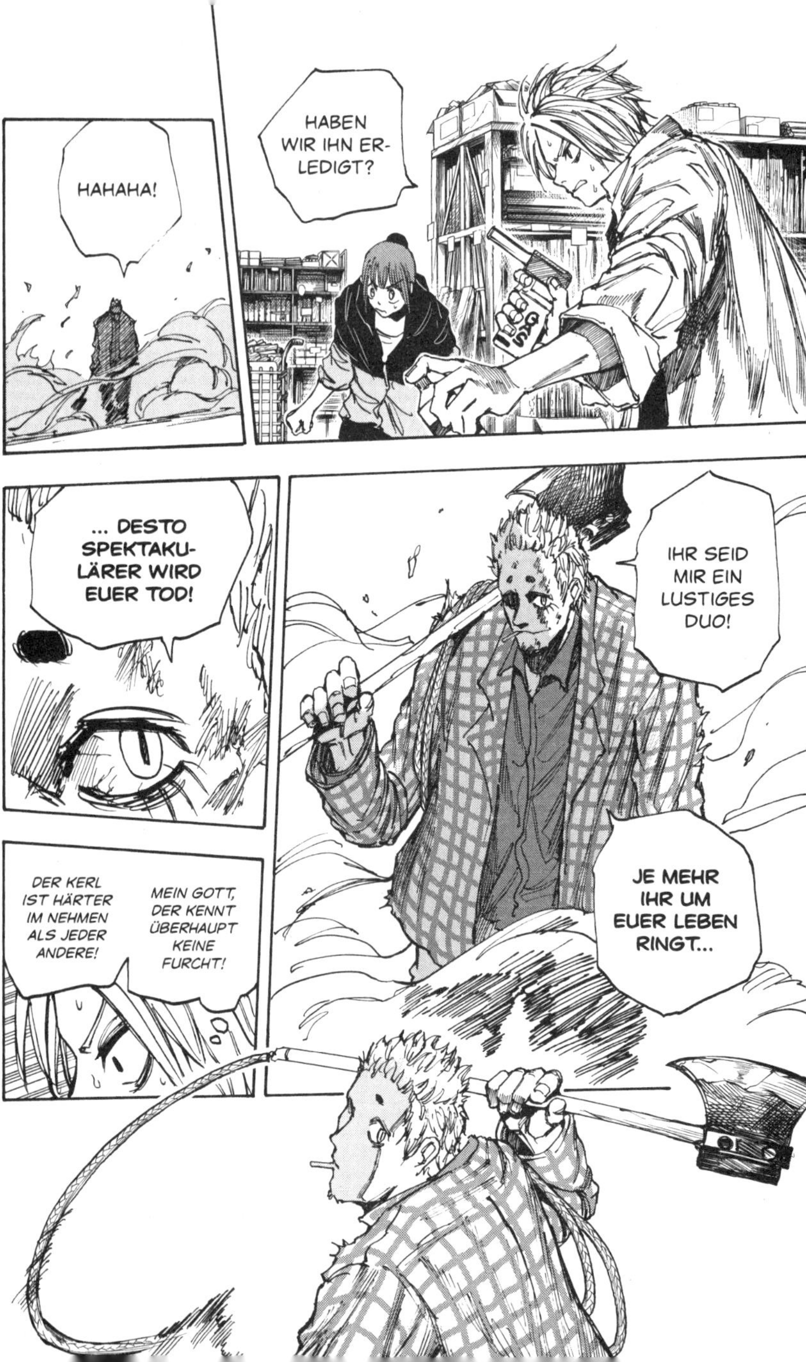
HABEN WIR IHN ER-LEDIGT?
HAHAHA!
IHR SEID MIR EIN LUSTIGES DUO!
JE MEHR IHR UM EUER LEBEN RINGT...
... DESTO SPEKTAKU-LÄRER WIRD EUER TOD!
MEIN GOTT, DER KENNT ÜBERHAUPT KEINE FURCHT!
DER KERL IST HÄRTER IM NEHMEN ALS JEDER ANDERE!

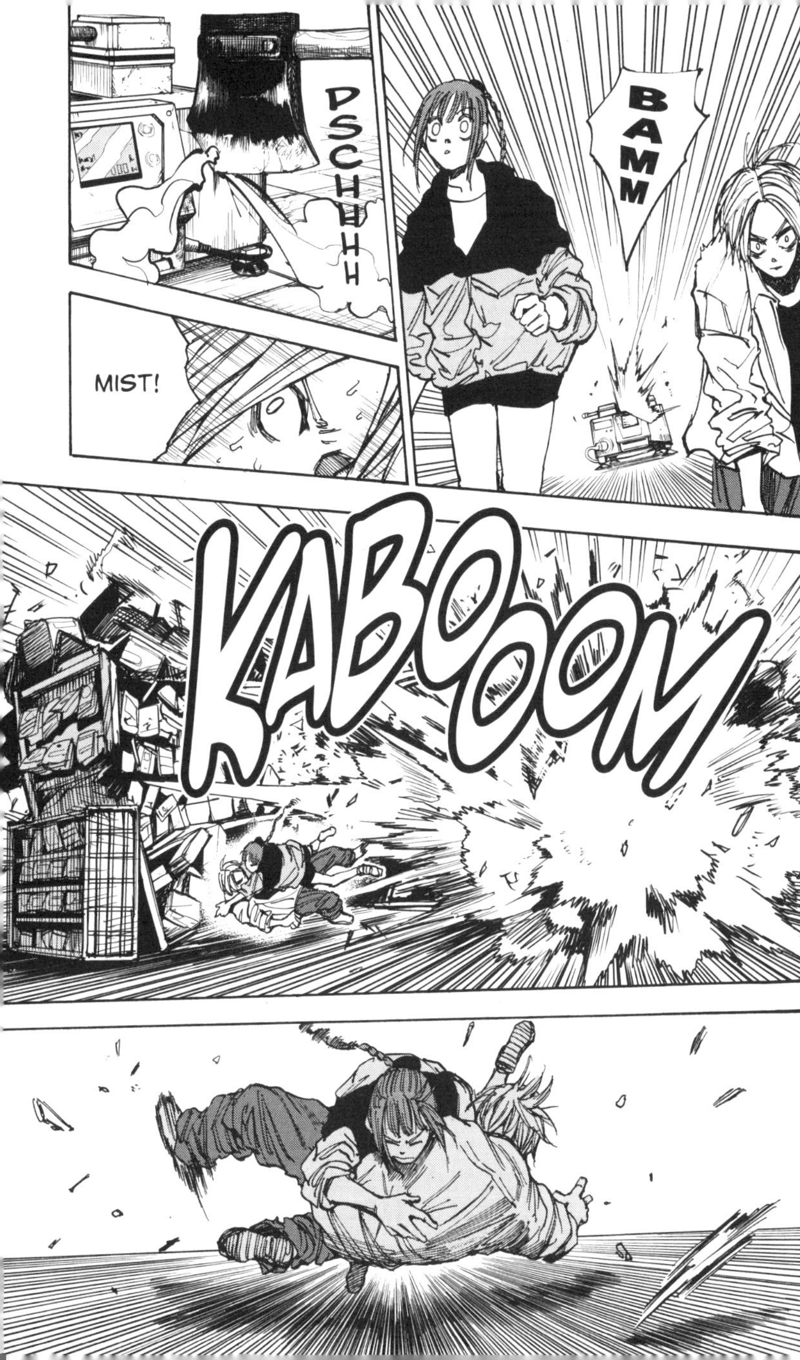
PSCHHHH
MIST!
BAMM
KABOOOM

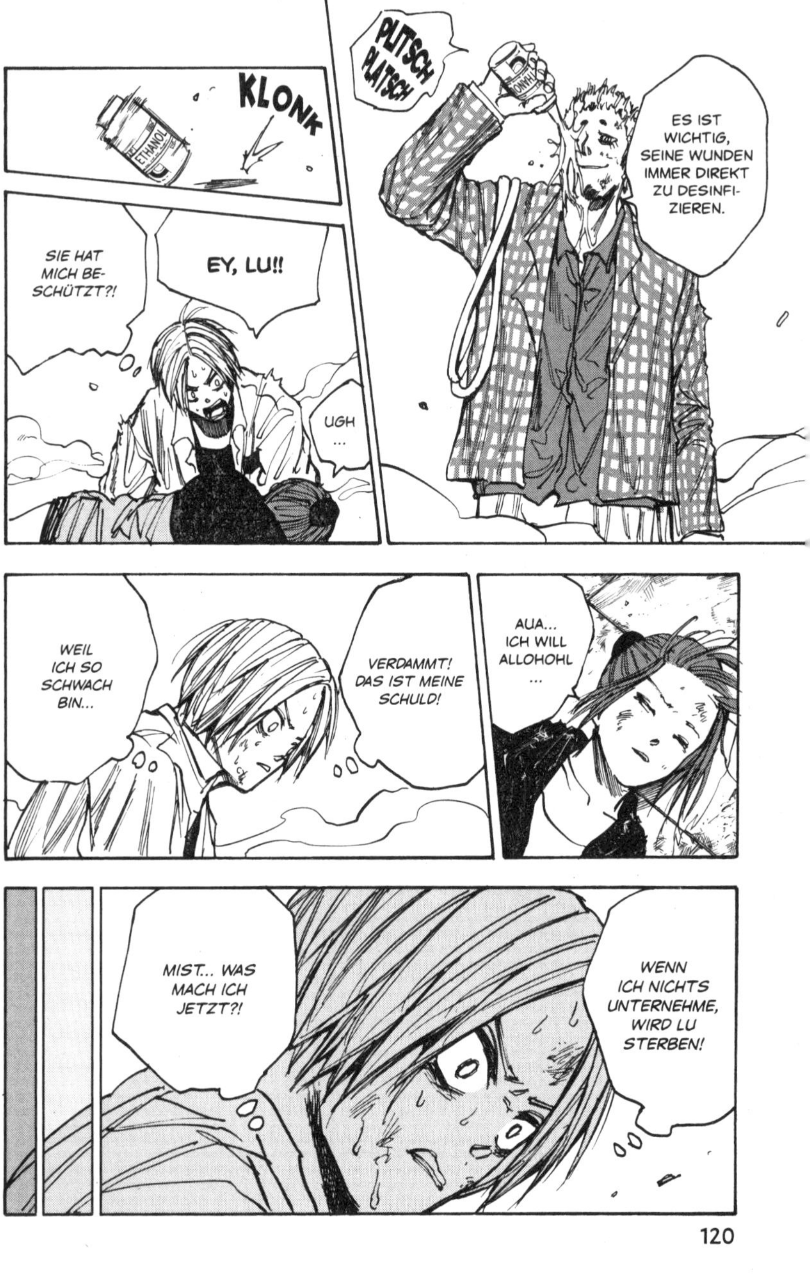
PLITSCH PLATSCH
ES IST WICHTIG, SEINE WUNDEN IMMER DIREKT ZU DESINFIZIEREN.
KLONK
ETHANOL
EY, LU!!
SIE HAT MICH BESCHÜTZT?!
UGH ...
AUA... ICH WILL ALLOHOHL ...
VERDAMMT! DAS IST MEINE SCHULD!
WEIL ICH SO SCHWACH BIN...
WENN ICH NICHTS UNTERNEHME, WIRD LU STERBEN!
MIST... WAS MACH ICH JETZT?!

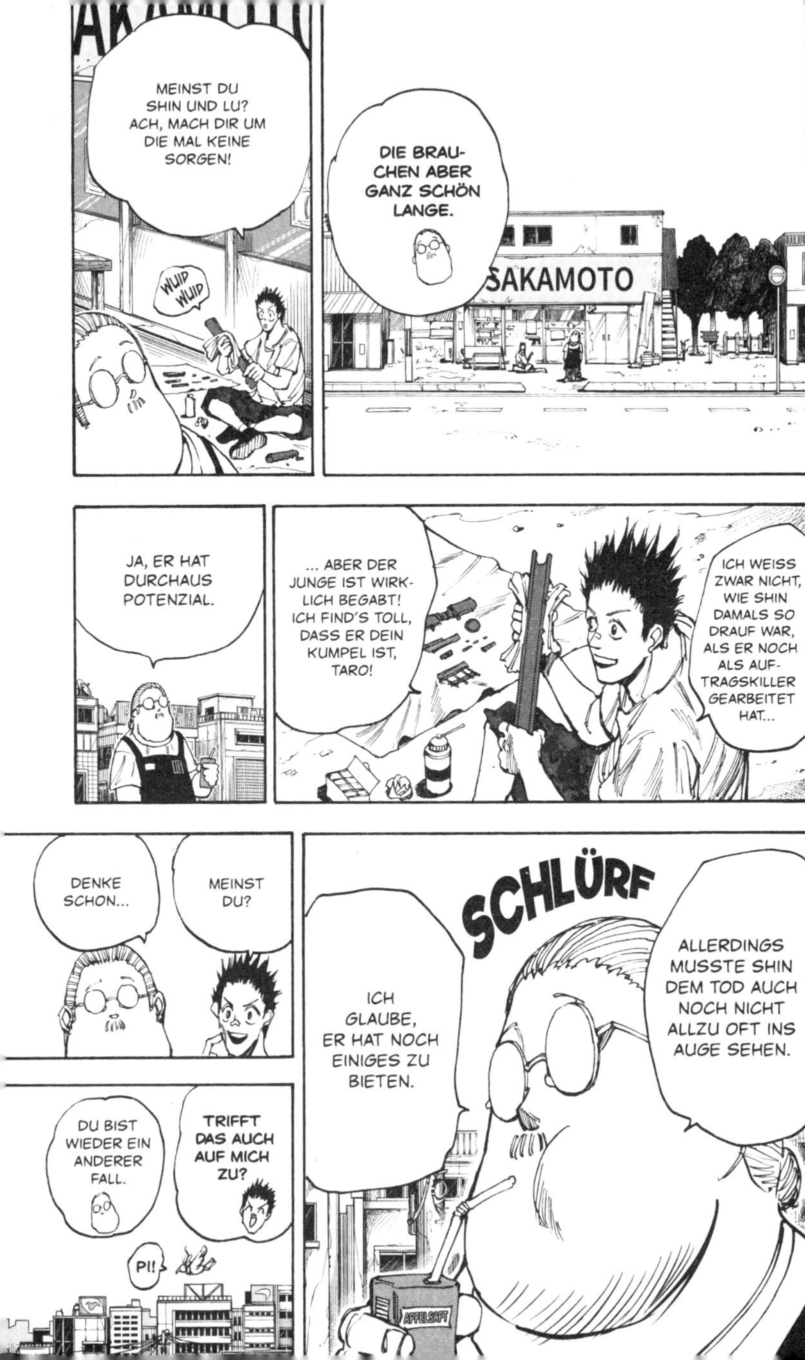
DIE BRAUCHEN ABER GANZ SCHÖN LANGE.
SAKAMOTO
MEINST DU SHIN UND LU? ACH, MACH DIR UM DIE MAL KEINE SORGEN!
WUIP WUIP
ICH WEISS ZWAR NICHT, WIE SHIN DAMALS SO DRAUF WAR, ALS ER NOCH ALS AUFTRAGSKILLER GEARBEITET HAT...
... ABER DER JUNGE IST WIRKLICH BEGABT! ICH FIND'S TOLL, DASS ER DEIN KUMPEL IST, TARO!
JA, ER HAT DURCHAUS POTENZIAL.
SCHLÜRF
ALLERDINGS MUSSTE SHIN DEM TOD AUCH NOCH NICHT ALLZU OFT INS AUGE SEHEN.
ICH GLAUBE, ER HAT NOCH EINIGES ZU BIETEN.
APFELSAFT
MEINST DU?
DENKE SCHON...
TRIFFT DAS AUCH AUF MICH ZU?
DU BIST WIEDER EIN ANDERER FALL.
PI!

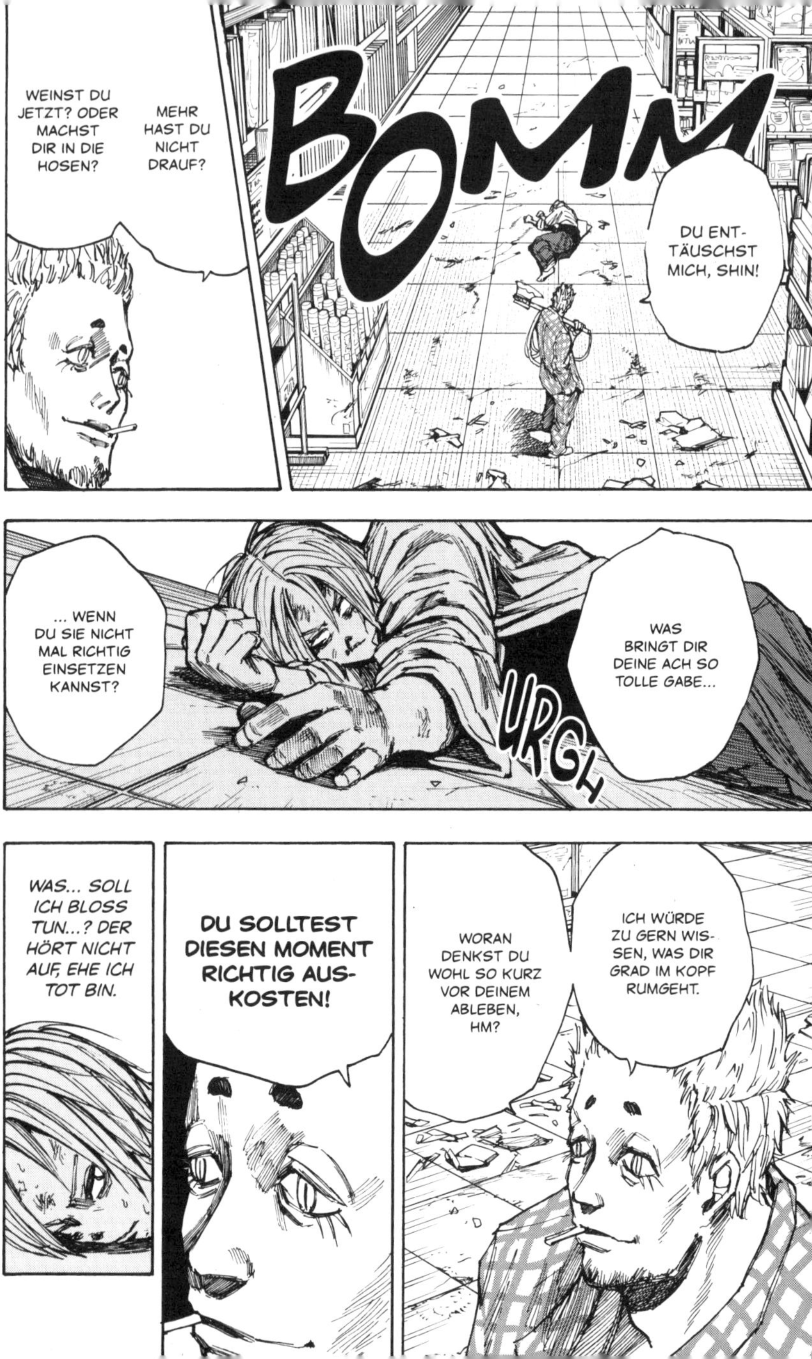
BOMM
DU ENT-TÄUSCHST MICH, SHIN!
MEHR HAST DU NICHT DRAUF?
WEINST DU JETZT? ODER MACHST DIR IN DIE HOSEN?
WAS BRINGT DIR DEINE ACH SO TOLLE GABE...
URGH
... WENN DU SIE NICHT MAL RICHTIG EINSETZEN KANNST?
ICH WÜRDE ZU GERN WIS-SEN, WAS DIR GRAD IM KOPF RUMGEHT.
WORAN DENKST DU WOHL SO KURZ VOR DEINEM ABLEBEN, HM?
DU SOLLTEST DIESEN MOMENT RICHTIG AUS-KOSTEN!
WAS... SOLL ICH BLOSS TUN...? DER HÖRT NICHT AUF, EHE ICH TOT BIN.

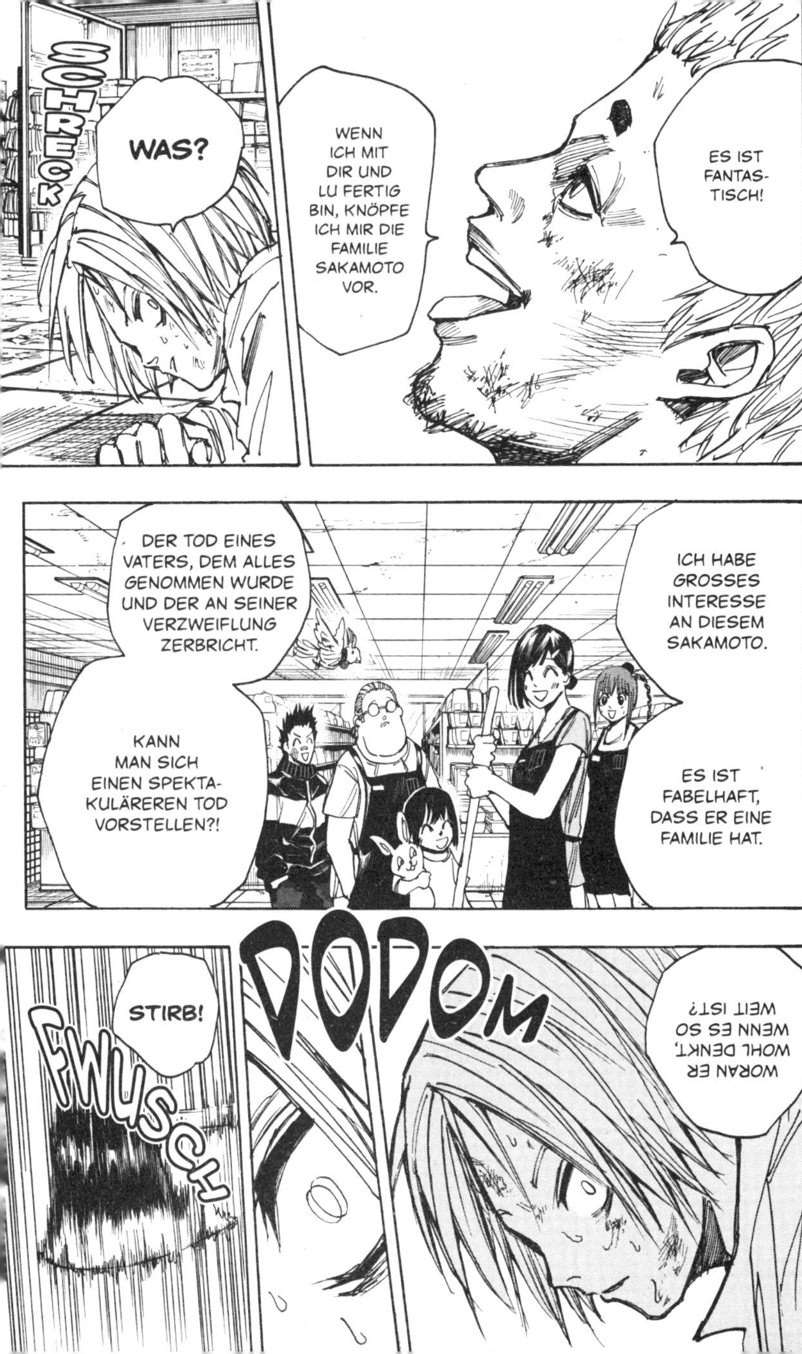
ES IST FANTASTISCH!
WENN ICH MIT DIR UND LU FERTIG BIN, KNÖPFE ICH MIR DIE FAMILIE SAKAMOTO VOR.
WAS?
SCHRECK
ICH HABE GROSSES INTERESSE AN DIESEM SAKAMOTO.
ES IST FABELHAFT, DASS ER EINE FAMILIE HAT.
DER TOD EINES VATERS, DEM ALLES GENOMMEN WURDE UND DER AN SEINER VERZWEIFLUNG ZERBRICHT.
KANN MAN SICH EINEN SPEKTAKULÄREREN TOD VORSTELLEN?!
WORAN ER WOHL DENKT, WENN ES SO WEIT IST?
DODOM
STIRB!
FWUSCH

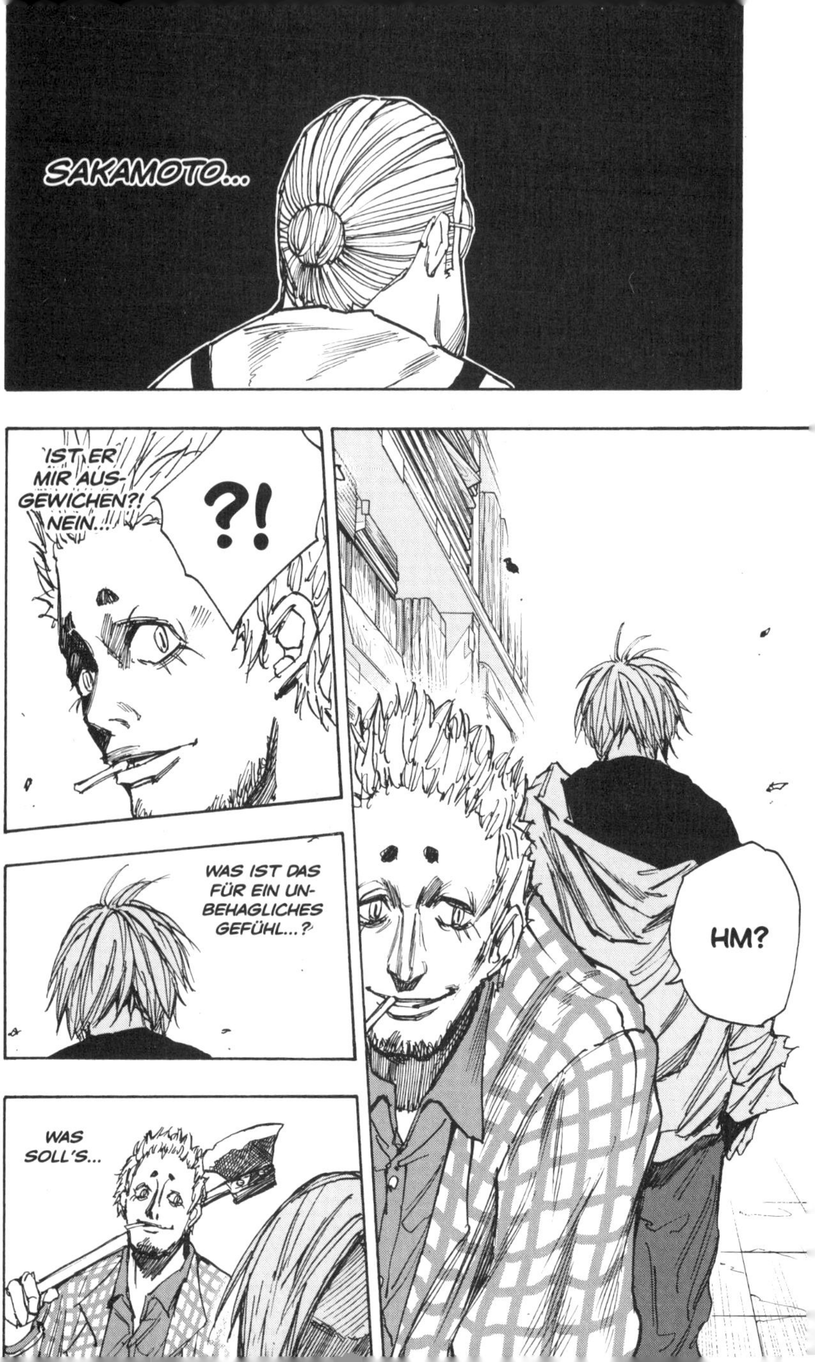
SAKAMOTO...
HM?
?!
IST ER MIR AUS-GEWICHEN?! NEIN..!
WAS IST DAS FÜR EIN UN-BEHAGLICHES GEFÜHL...?
WAS SOLL'S...

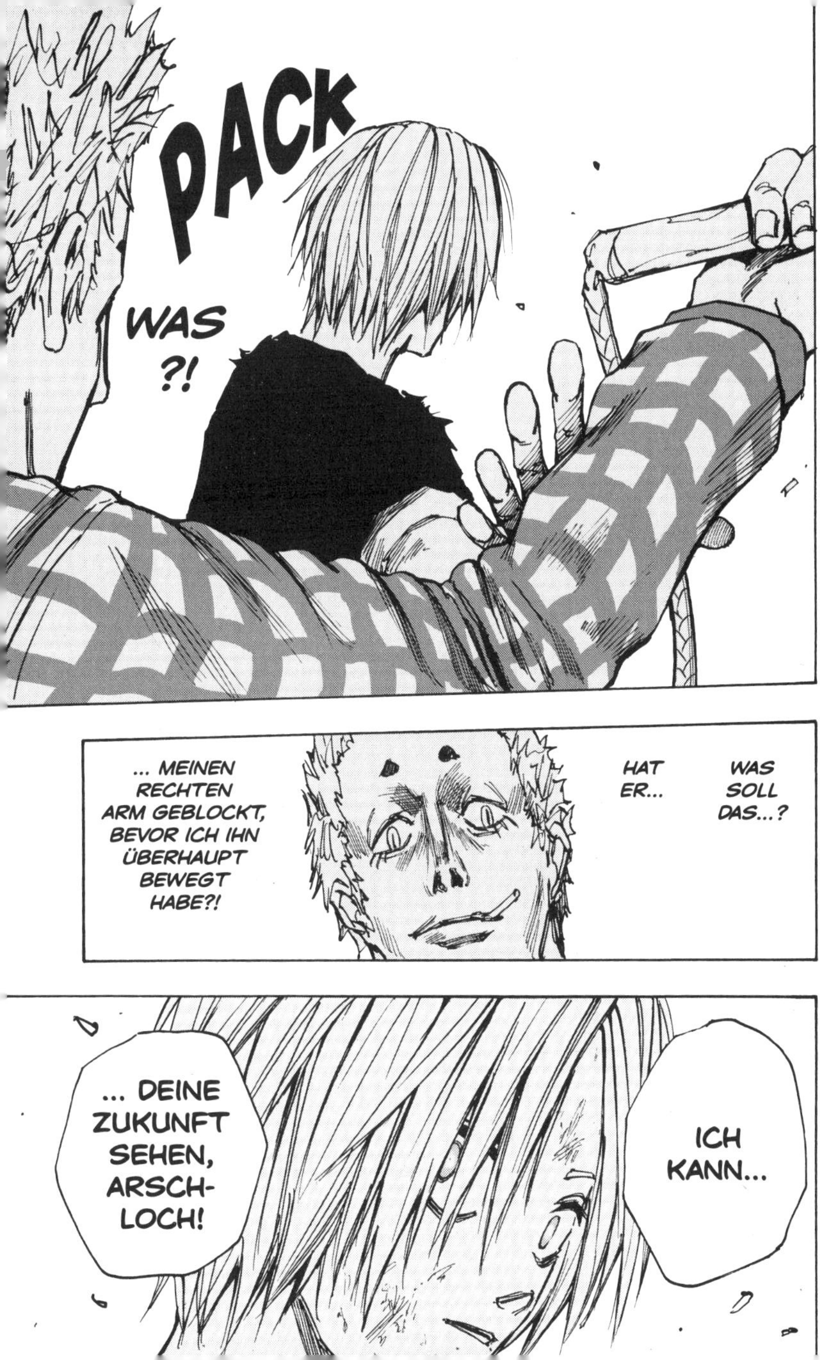
PACK
WAS ?!
WAS SOLL DAS...?
HAT ER...
... MEINEN RECHTEN ARM GEBLOCKT, BEVOR ICH IHN ÜBERHAUPT BEWEGT HABE?!
ICH KANN...
... DEINE ZUKUNFT SEHEN, ARSCHLOCH!

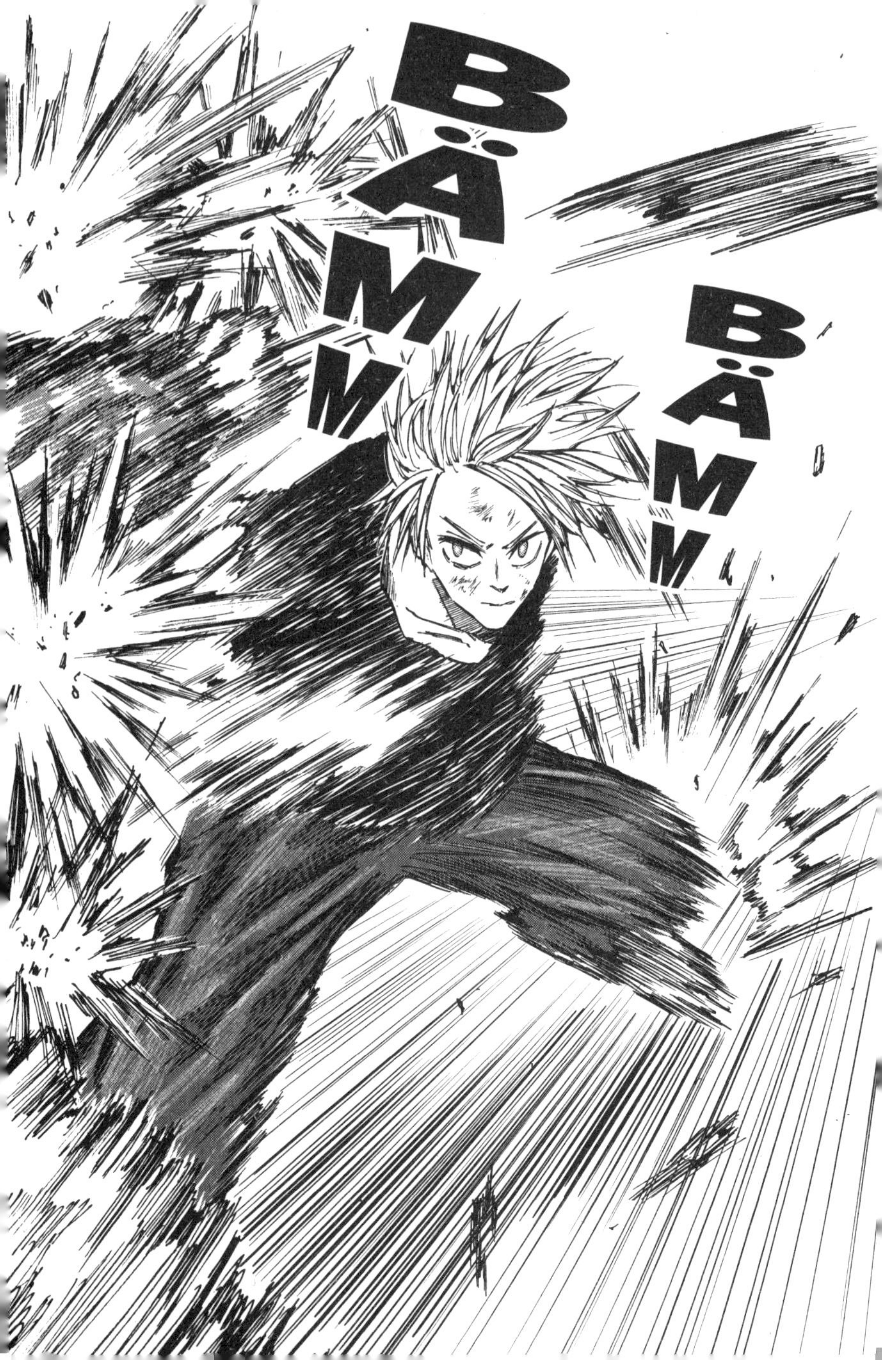
BÄMM
BÄMM

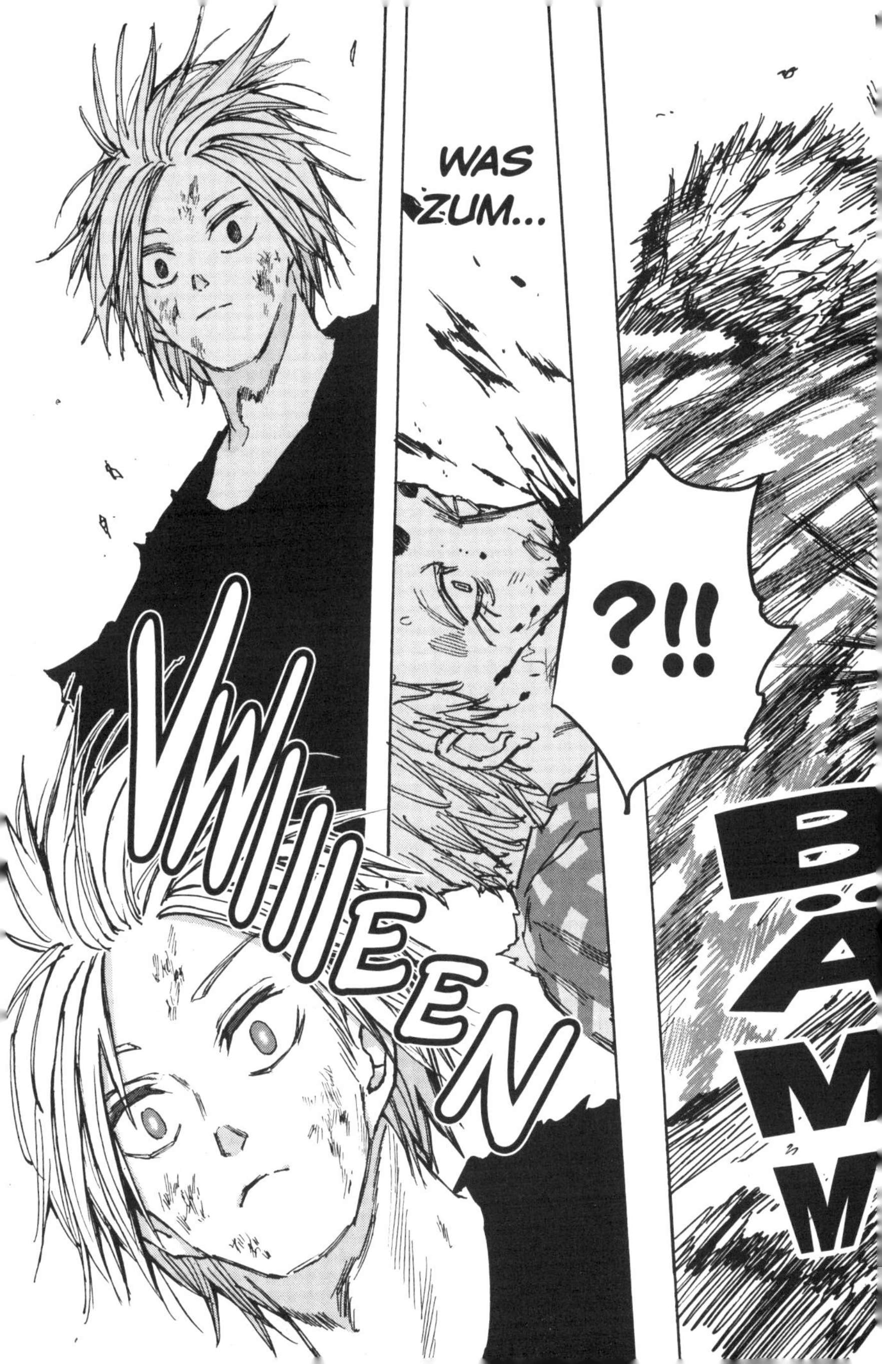
?!!
BAMM
WAS ZUM...
VWIIIEEN

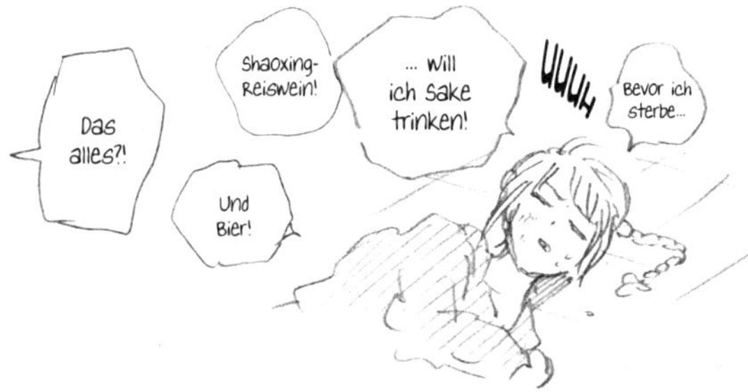
Bevor ich sterbe...
UUUH
... Will ich Sake trinken!
Shaoxing-Reiswein!
Und Bier!
Das alles?!

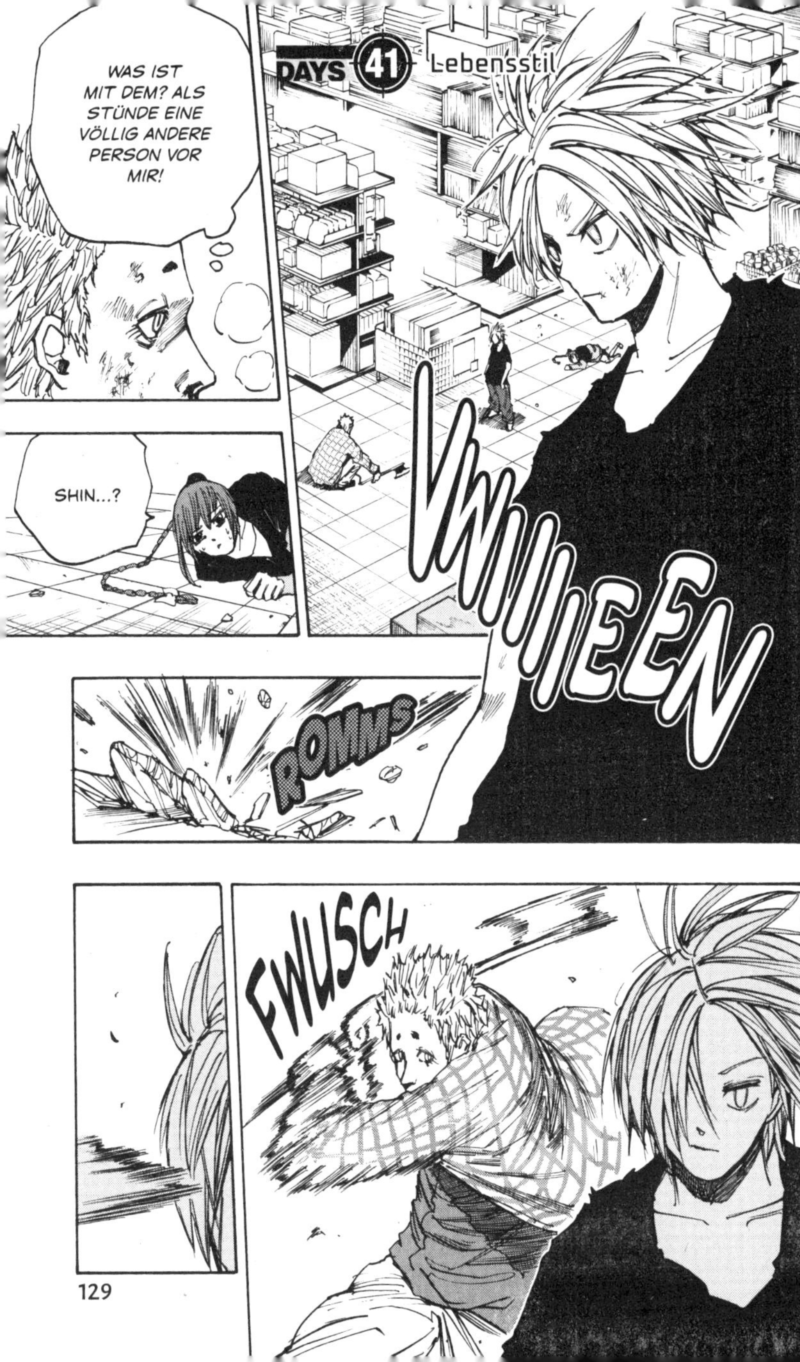
DAYS 41 Lebensstil
VWIIIEEN
WAS IST MIT DEM? ALS STÜNDE EINE VÖLLIG ANDERE PERSON VOR MIR!
SHIN...?
ROMMS
FWUSCH

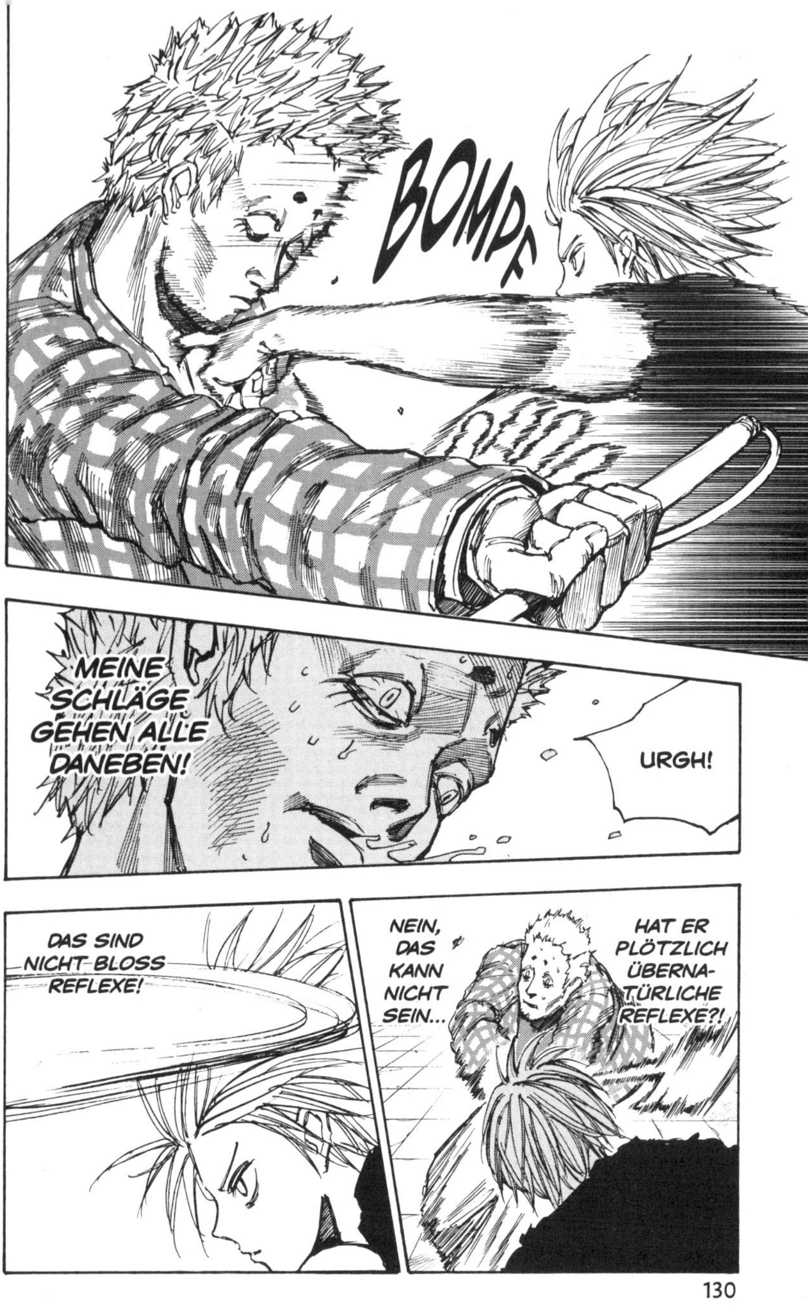
BOMPF
MEINE SCHLÄGE GEHEN ALLE DANEBEN!
URGH!
HAT ER PLÖTZLICH ÜBERNATÜRLICHE REFLEXE?!
NEIN, DAS KANN NICHT SEIN...
DAS SIND NICHT BLOSS REFLEXE!

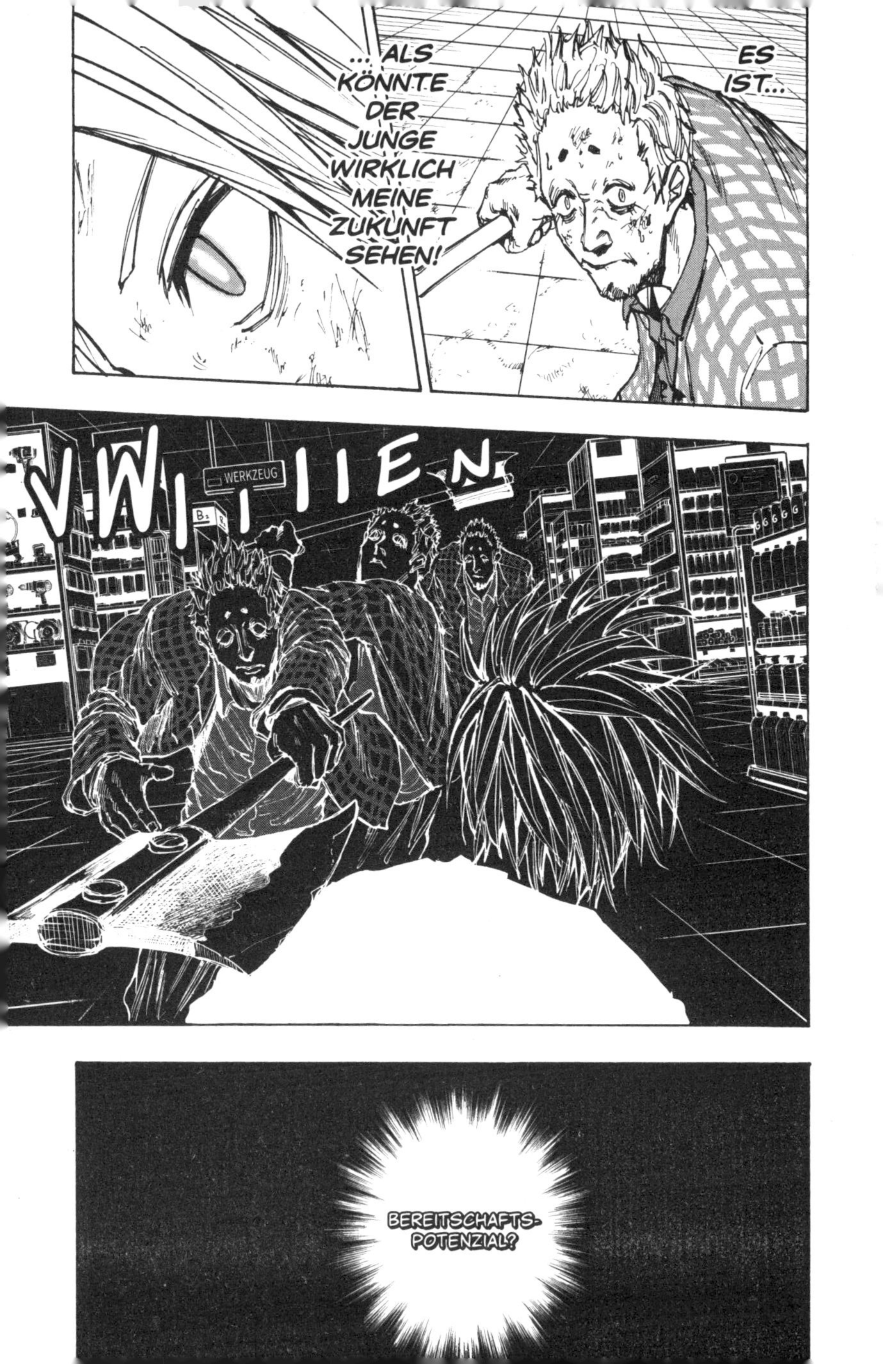
ES IST...
... ALS KÖNNTE DER JUNGE WIRKLICH MEINE ZUKUNFT SEHEN!
VWIIIIEN
WERKZEUG
BEREITSCHAFTS-POTENZIAL?

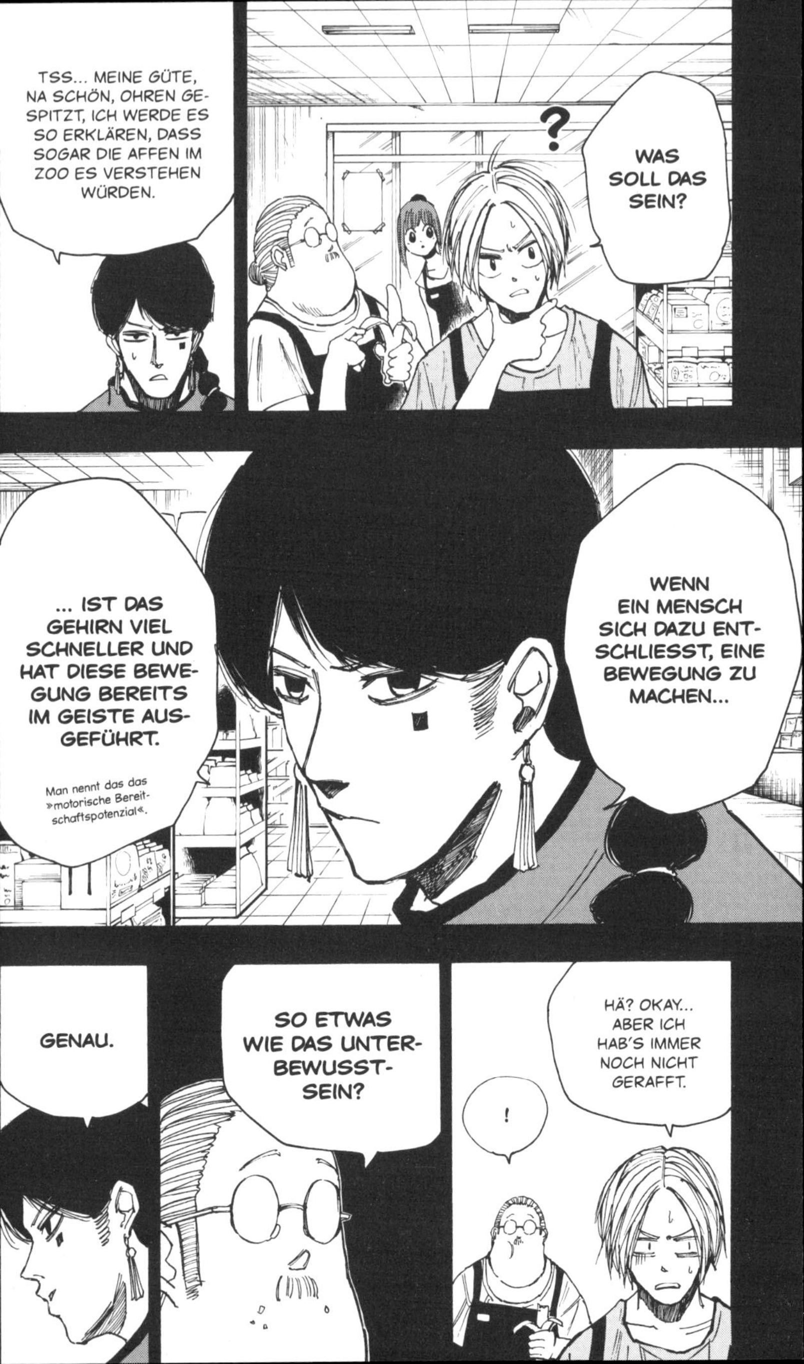
WAS SOLL DAS SEIN?
TSS... MEINE GÜTE, NA SCHÖN, OHREN GESPITZT, ICH WERDE ES SO ERKLÄREN, DASS SOGAR DIE AFFEN IM ZOO ES VERSTEHEN WÜRDEN.
WENN EIN MENSCH SICH DAZU ENTSCHLIESST, EINE BEWEGUNG ZU MACHEN...
... IST DAS GEHIRN VIEL SCHNELLER UND HAT DIESE BEWEGUNG BEREITS IM GEISTE AUSGEFÜHRT.
Man nennt das das »motorische Bereitschaftspotenzial«.
HÄ? OKAY... ABER ICH HAB'S IMMER NOCH NICHT GERAFFT.
!
SO ETWAS WIE DAS UNTERBEWUSSTSEIN?
GENAU.

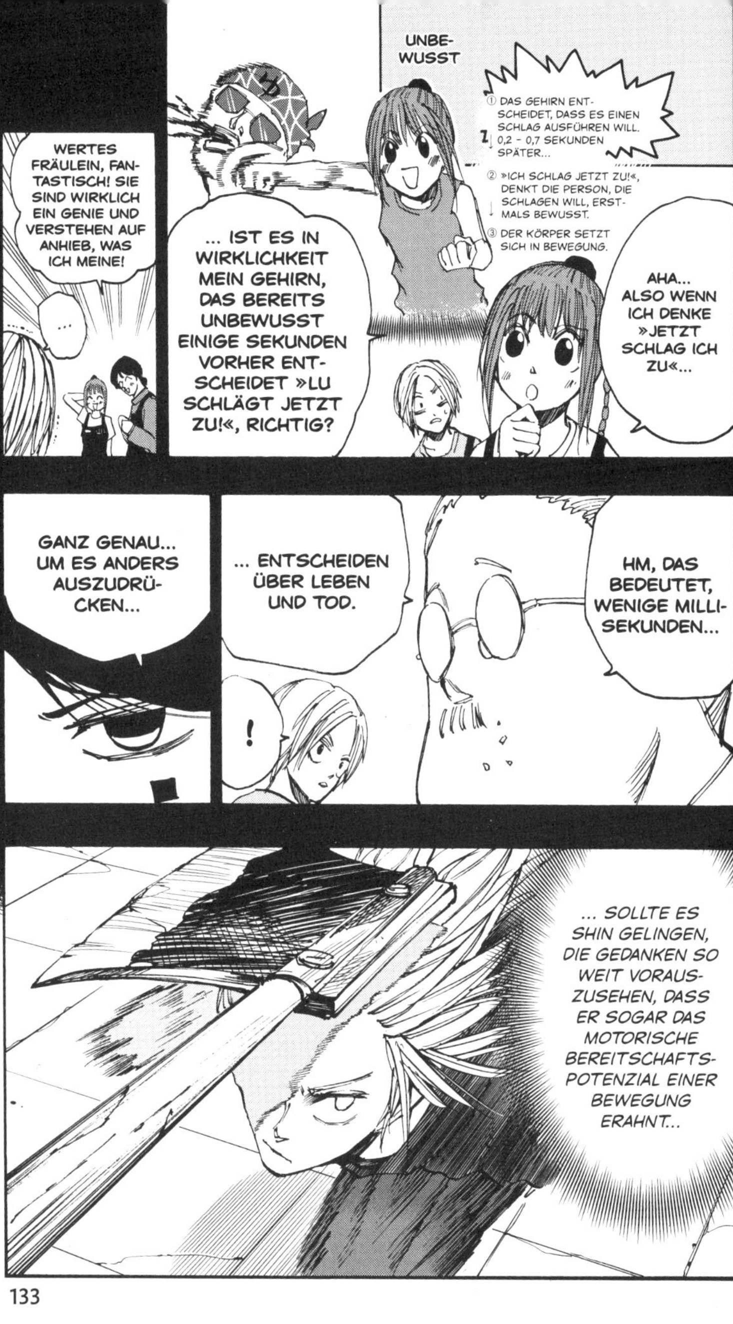
UNBE-WUSST
① DAS GEHIRN ENT-SCHEIDET, DASS ES EINEN SCHLAG AUSFÜHREN WILL.
0,2 – 0,7 SEKUNDEN SPÄTER...
② »ICH SCHLAG JETZT ZU!«, DENKT DIE PERSON, DIE SCHLAGEN WILL, ERST-MALS BEWUSST.
③ DER KÖRPER SETZT SICH IN BEWEGUNG.
AHA... ALSO WENN ICH DENKE »JETZT SCHLAG ICH ZU«...
... IST ES IN WIRKLICHKEIT MEIN GEHIRN, DAS BEREITS UNBEWUSST EINIGE SEKUNDEN VORHER ENT-SCHEIDET »LU SCHLÄGT JETZT ZU!«, RICHTIG?
WERTES FRÄULEIN, FAN-TASTISCH! SIE SIND WIRKLICH EIN GENIE UND VERSTEHEN AUF ANHIEB, WAS ICH MEINE!
...
HM, DAS BEDEUTET, WENIGE MILLI-SEKUNDEN...
... ENTSCHEIDEN ÜBER LEBEN UND TOD.
!
GANZ GENAU... UM ES ANDERS AUSZUDRÜCKEN...
... SOLLTE ES SHIN GELINGEN, DIE GEDANKEN SO WEIT VORAUS-ZUSEHEN, DASS ER SOGAR DAS MOTORISCHE BEREITSCHAFTS-POTENZIAL EINER BEWEGUNG ERAHNT...

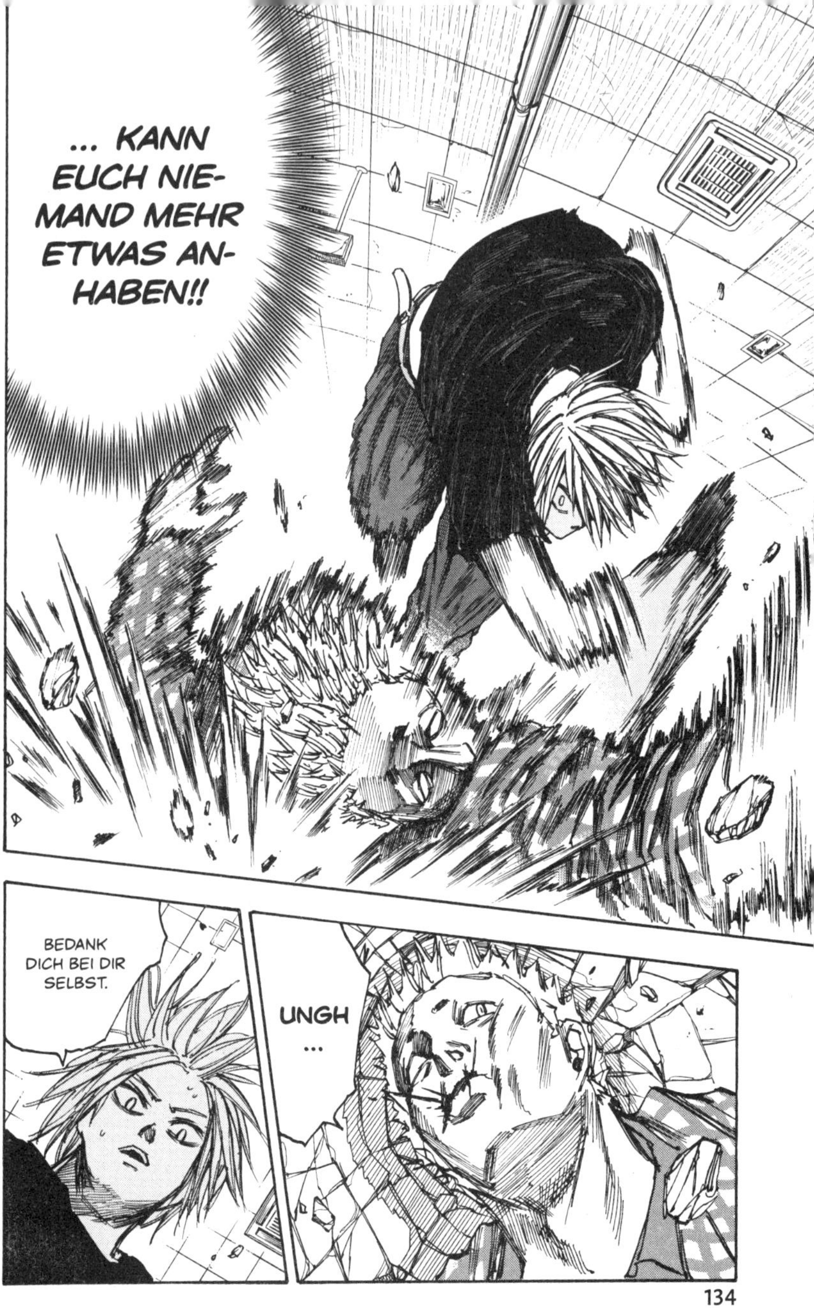
... KANN EUCH NIE-MAND MEHR ETWAS AN-HABEN!!
UNGH ...
BEDANK DICH BEI DIR SELBST.

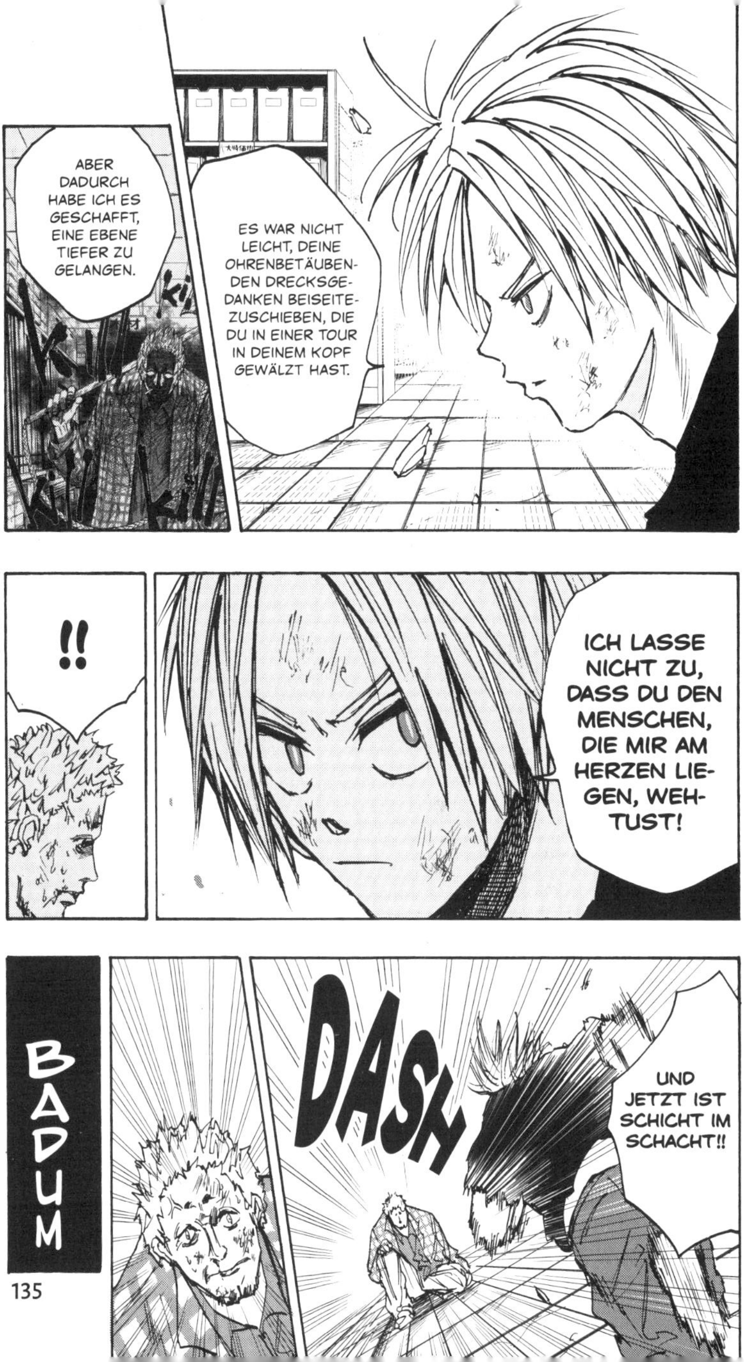
ES WAR NICHT LEICHT, DEINE OHRENBETÄUBENDEN DRECKSGEDANKEN BEISEITEZUSCHIEBEN, DIE DU IN EINER TOUR IN DEINEM KOPF GEWÄLZT HAST.
ABER DADURCH HABE ICH ES GESCHAFFT, EINE EBENE TIEFER ZU GELANGEN.
ICH LASSE NICHT ZU, DASS DU DEN MENSCHEN, DIE MIR AM HERZEN LIEGEN, WEHTUST!
!!
UND JETZT IST SCHICHT IM SCHACHT!!
DASH
BADUM

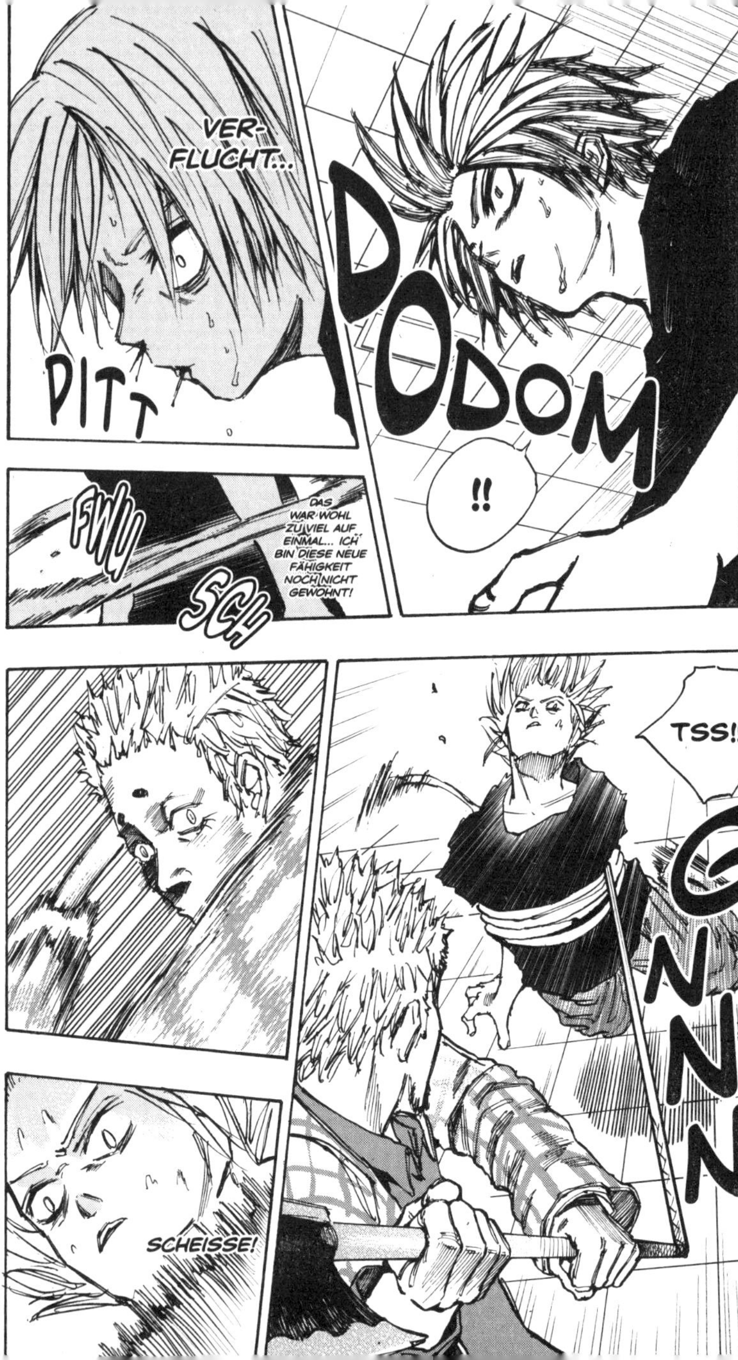
DODOM
!!
VER-FLUCHT...
DITT
DAS WAR WOHL ZU VIEL AUF EINMAL... ICH BIN DIESE NEUE FÄHIGKEIT NOCH NICHT GEWÖHNT!
FWU
SCH
TSS!!
GNNNN
SCHEISSE!

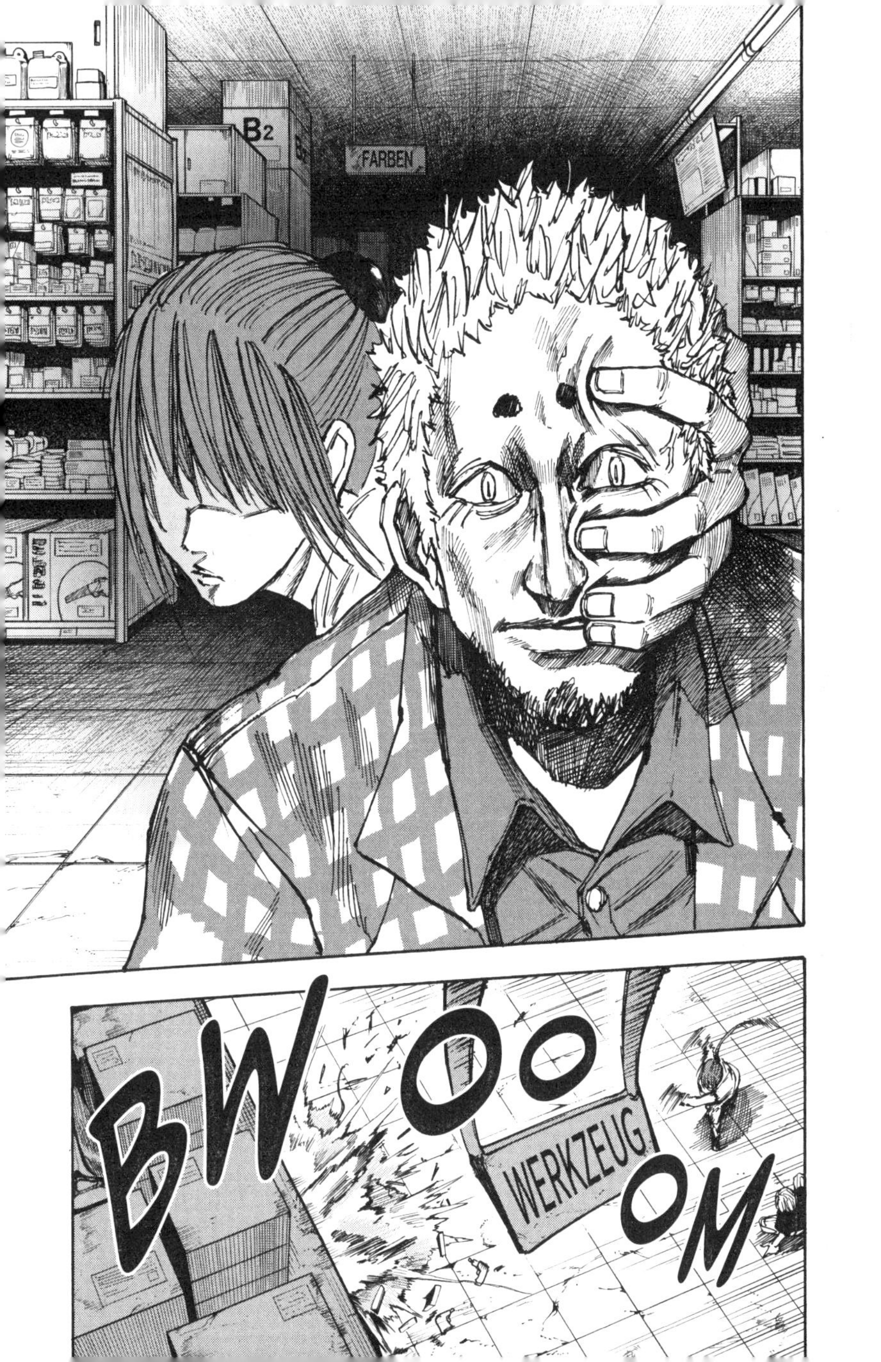

B2
FARBEN
BWOOOM
WERKZEUG

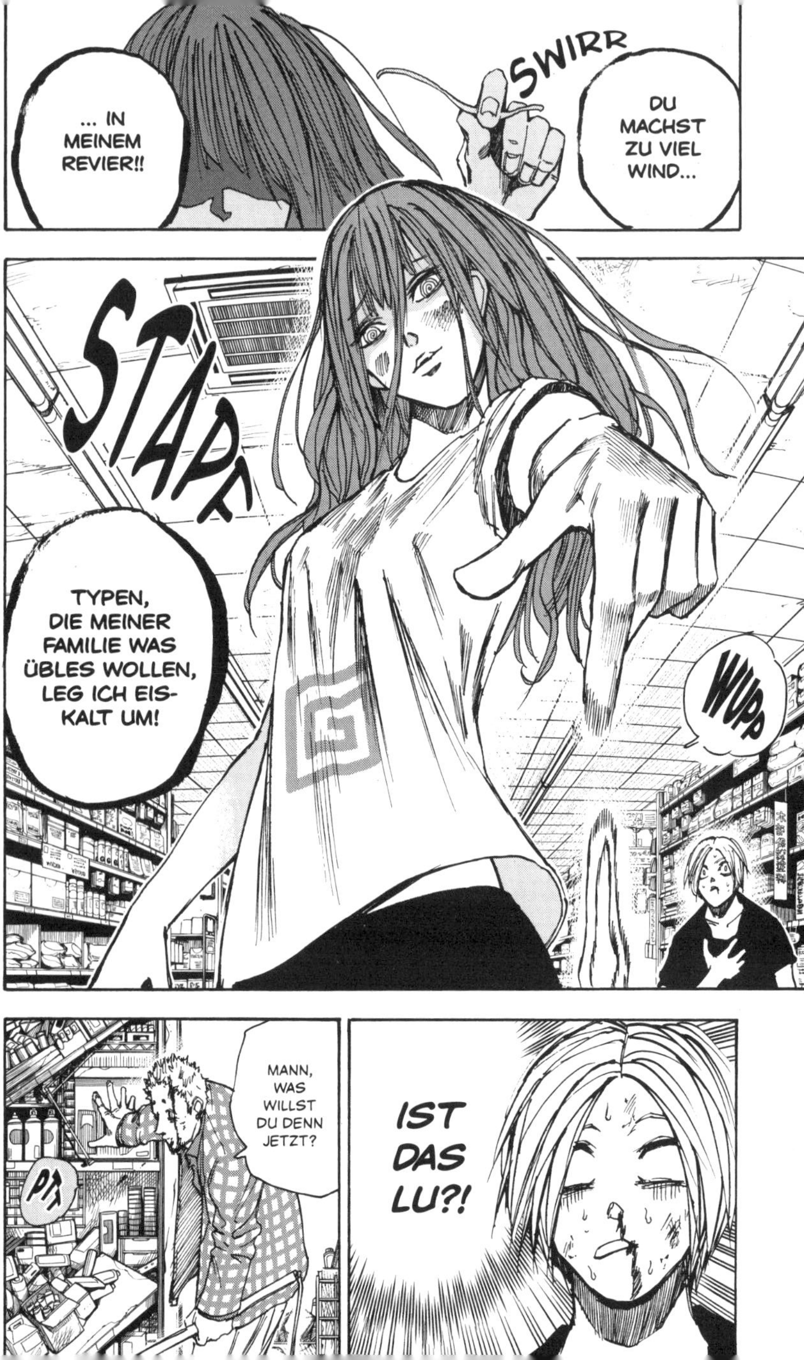
DU MACHST ZU VIEL WIND...
SWIRR
... IN MEINEM REVIER!!
STAPF
WUPP
TYPEN, DIE MEINER FAMILIE WAS ÜBLES WOLLEN, LEG ICH EIS-KALT UM!
IST DAS LU?!
MANN, WAS WILLST DU DENN JETZT?

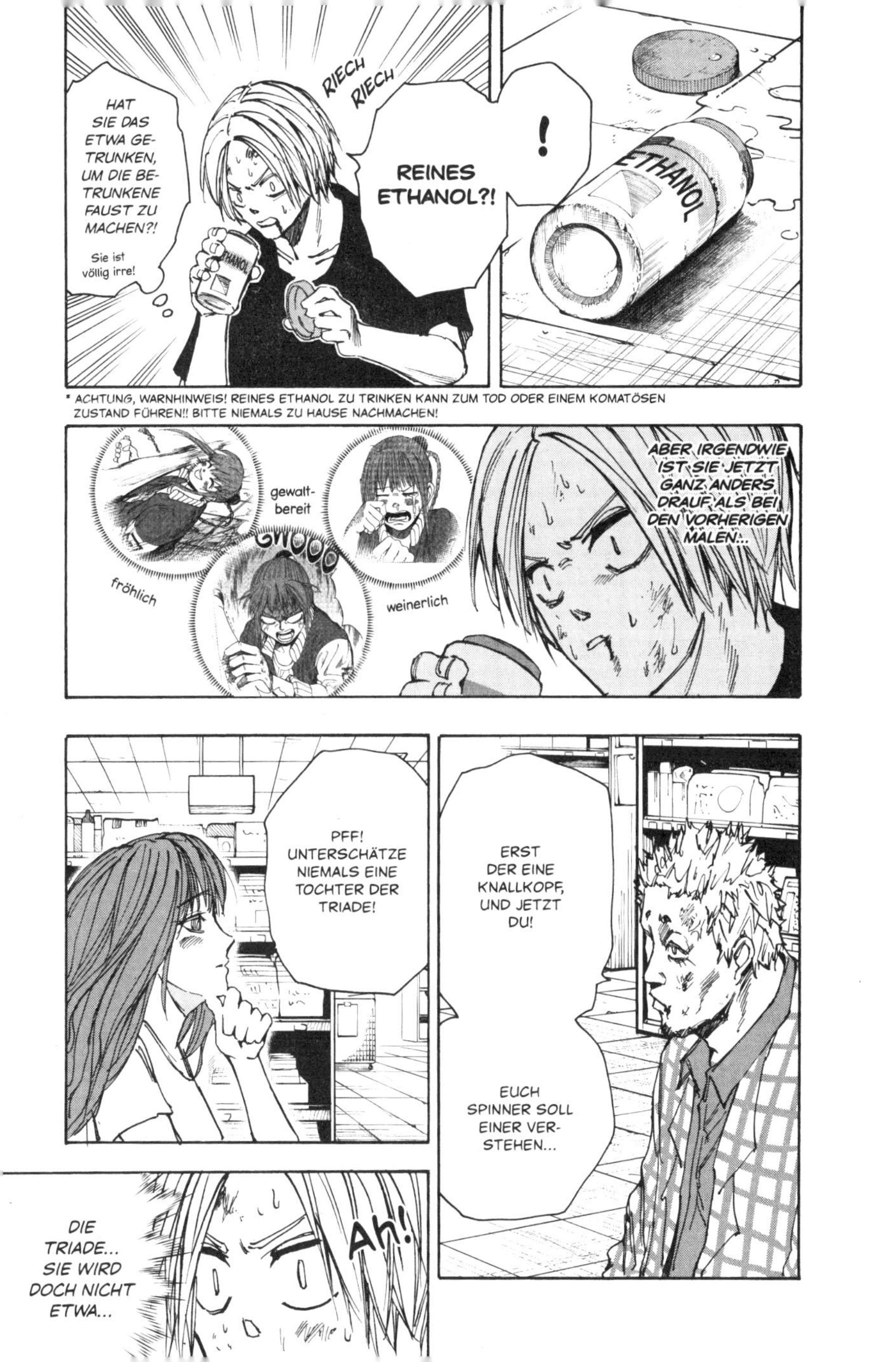

* ACHTUNG, WARNHINWEIS! REINES ETHANOL ZU TRINKEN KANN ZUM TOD ODER EINEM KOMATÖSEN ZUSTAND FÜHREN!! BITTE NIEMALS ZU HAUSE NACHMACHEN!

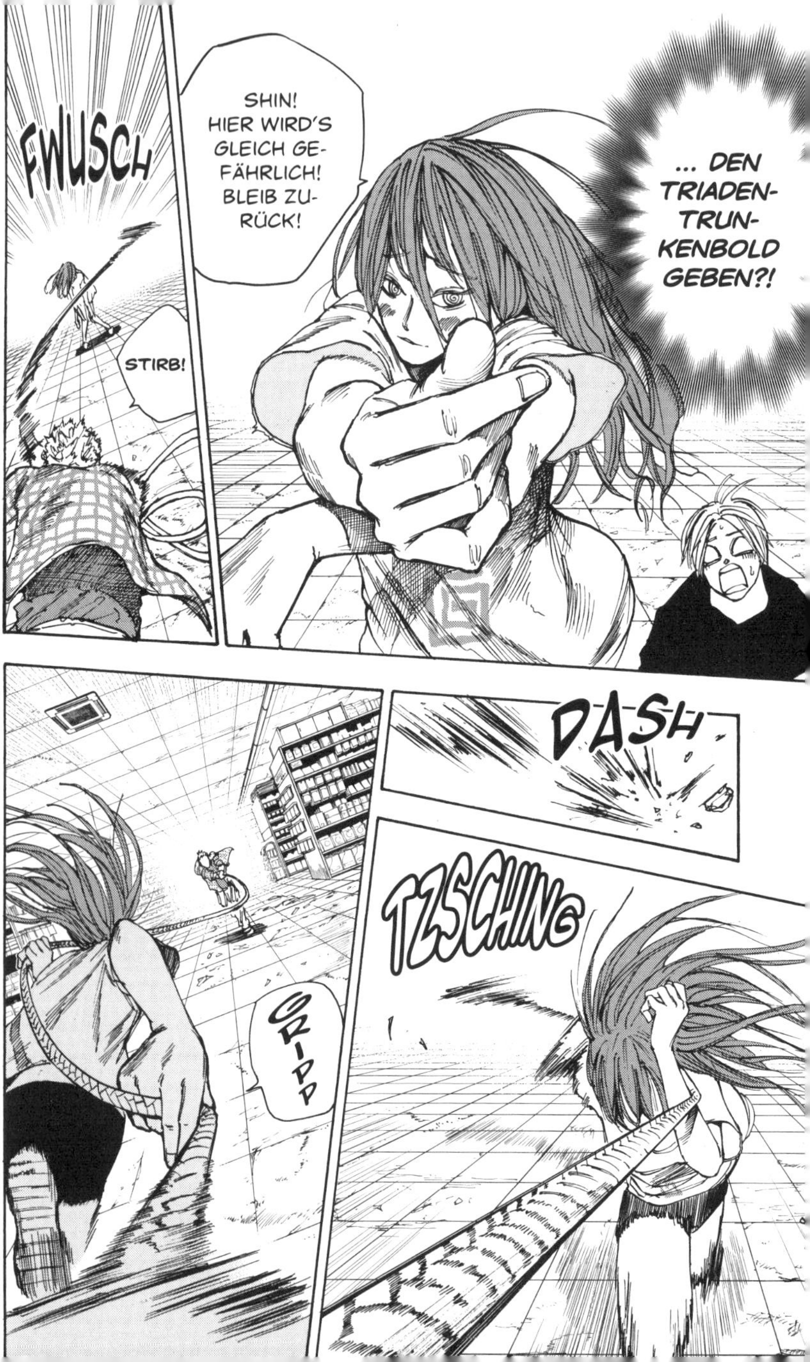
... DEN TRIADEN-TRUNKENBOLD GEBEN?!
SHIN! HIER WIRD'S GLEICH GEFÄHRLICH! BLEIB ZURÜCK!
FWUSCH
STIRB!
DASH
TZSCHING
RIPP

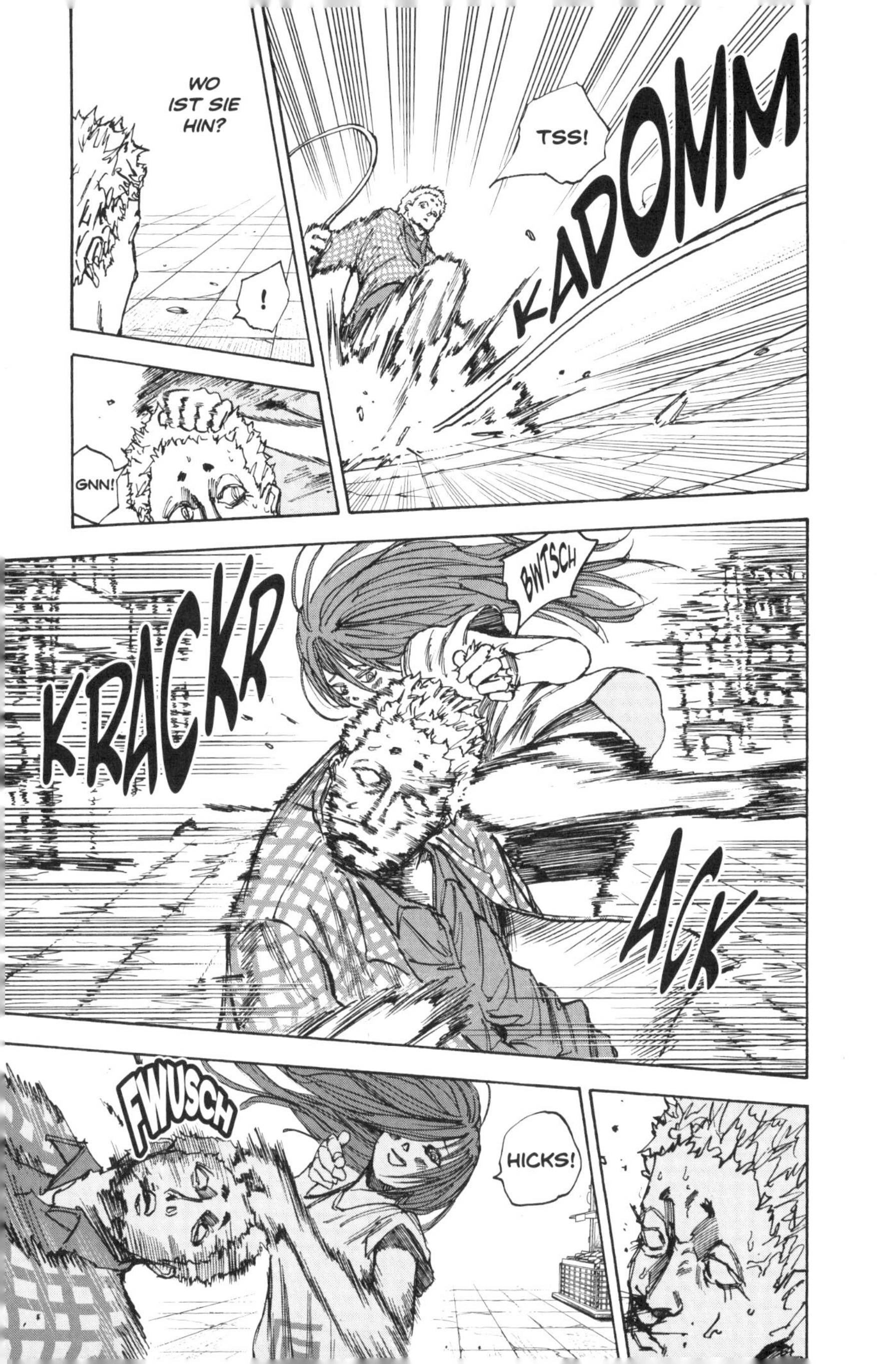
TSS!
KADOMM
WO IST SIE HIN?
!
GNN!
BWTSCH
KRACKR
ACK
HICKS!
FWUSCH

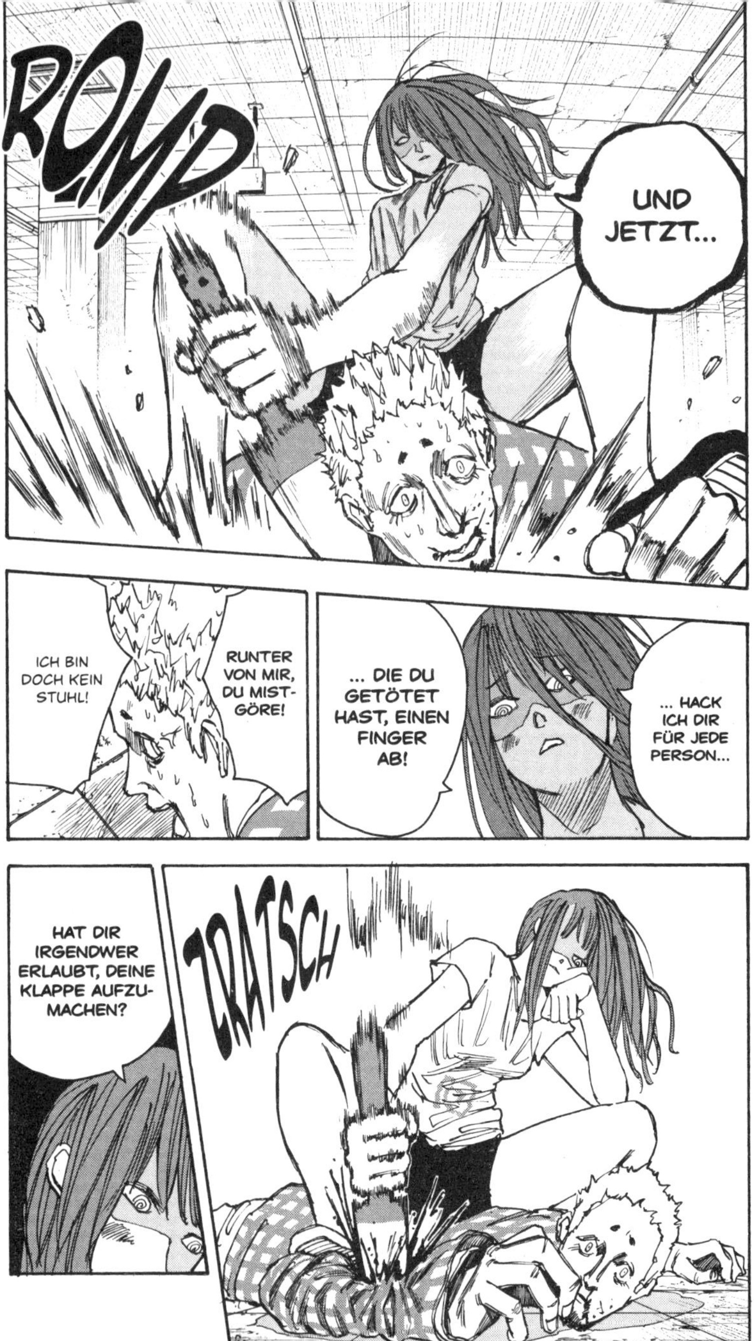
ROMP
UND JETZT...
... HACK ICH DIR FÜR JEDE PERSON...
... DIE DU GETÖTET HAST, EINEN FINGER AB!
RUNTER VON MIR, DU MIST-GÖRE!
ICH BIN DOCH KEIN STUHL!
ZRATSCH
HAT DIR IRGENDWER ERLAUBT, DEINE KLAPPE AUFZU-MACHEN?

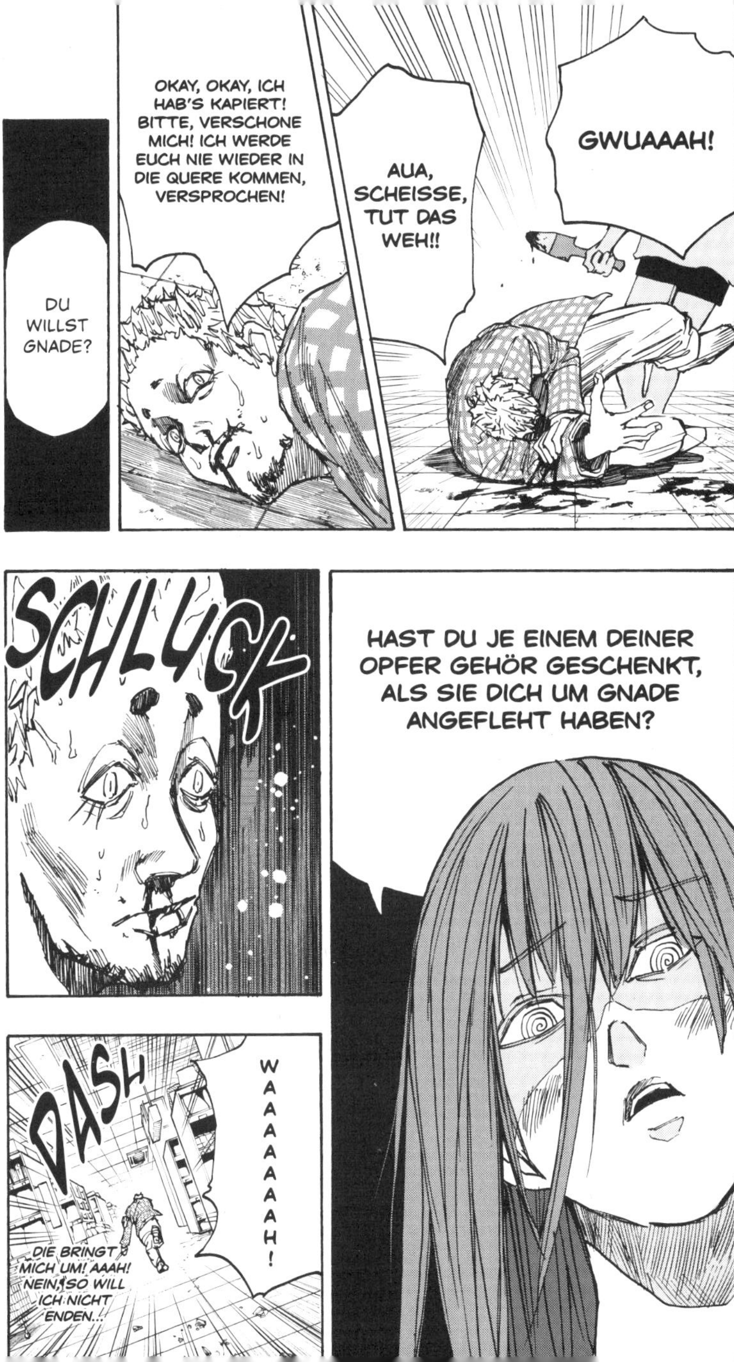
GWUAAAH!
AUA, SCHEISSE, TUT DAS WEH!!
OKAY, OKAY, ICH HAB'S KAPIERT! BITTE, VERSCHONE MICH! ICH WERDE EUCH NIE WIEDER IN DIE QUERE KOMMEN, VERSPROCHEN!
DU WILLST GNADE?
HAST DU JE EINEM DEINER OPFER GEHÖR GESCHENKT, ALS SIE DICH UM GNADE ANGEFLEHT HABEN?
SCHLUCK
WAAAAAAAAAH!
DASH
DIE BRINGT MICH UM! AAAH! NEIN, SO WILL ICH NICHT ENDEN...

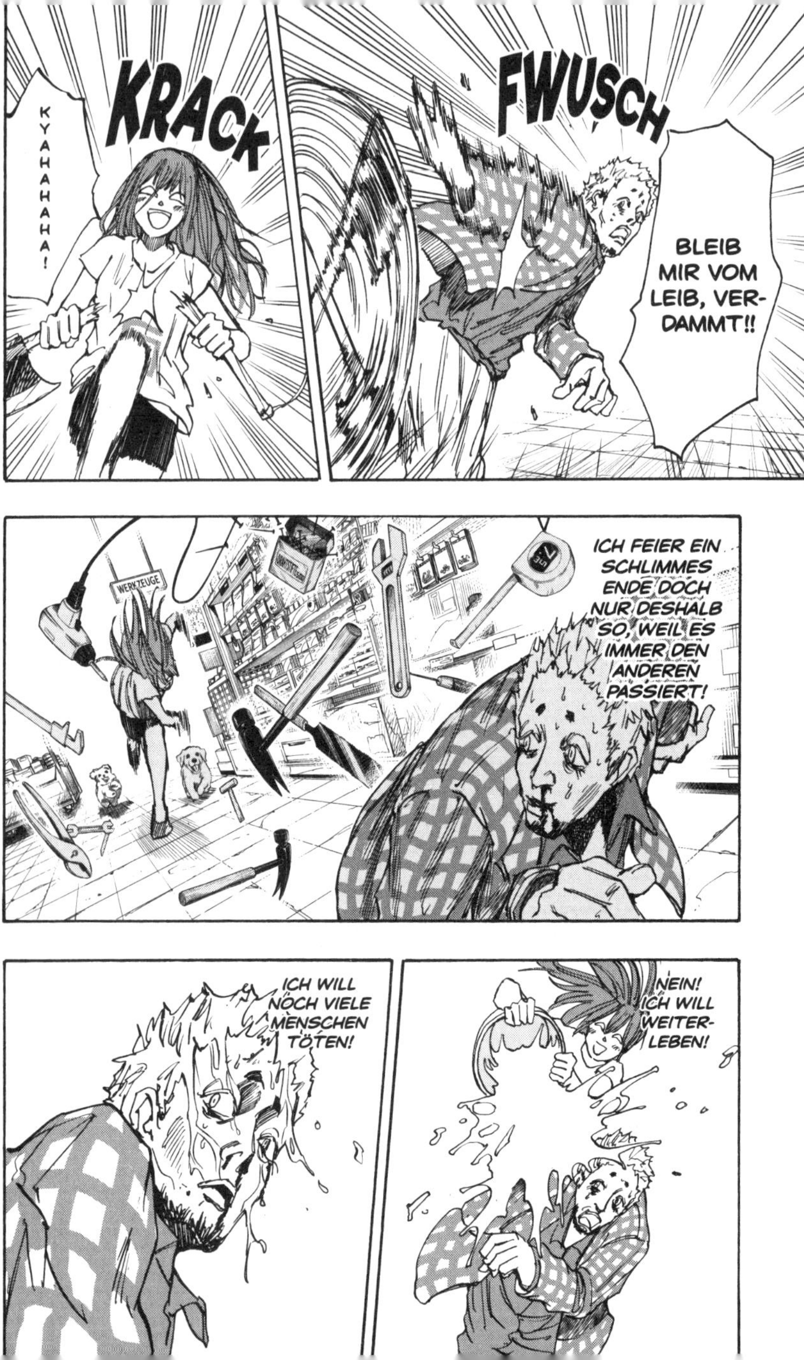
FWUSCH
BLEIB MIR VOM LEIB, VERDAMMT!!
KRACK
KYAHAHAHA!
ICH FEIER EIN SCHLIMMES ENDE DOCH NUR DESHALB SO, WEIL ES IMMER DEN ANDEREN PASSIERT!
WERKZEUGE
NEIN! ICH WILL WEITERLEBEN!
ICH WILL NOCH VIELE MENSCHEN TÖTEN!

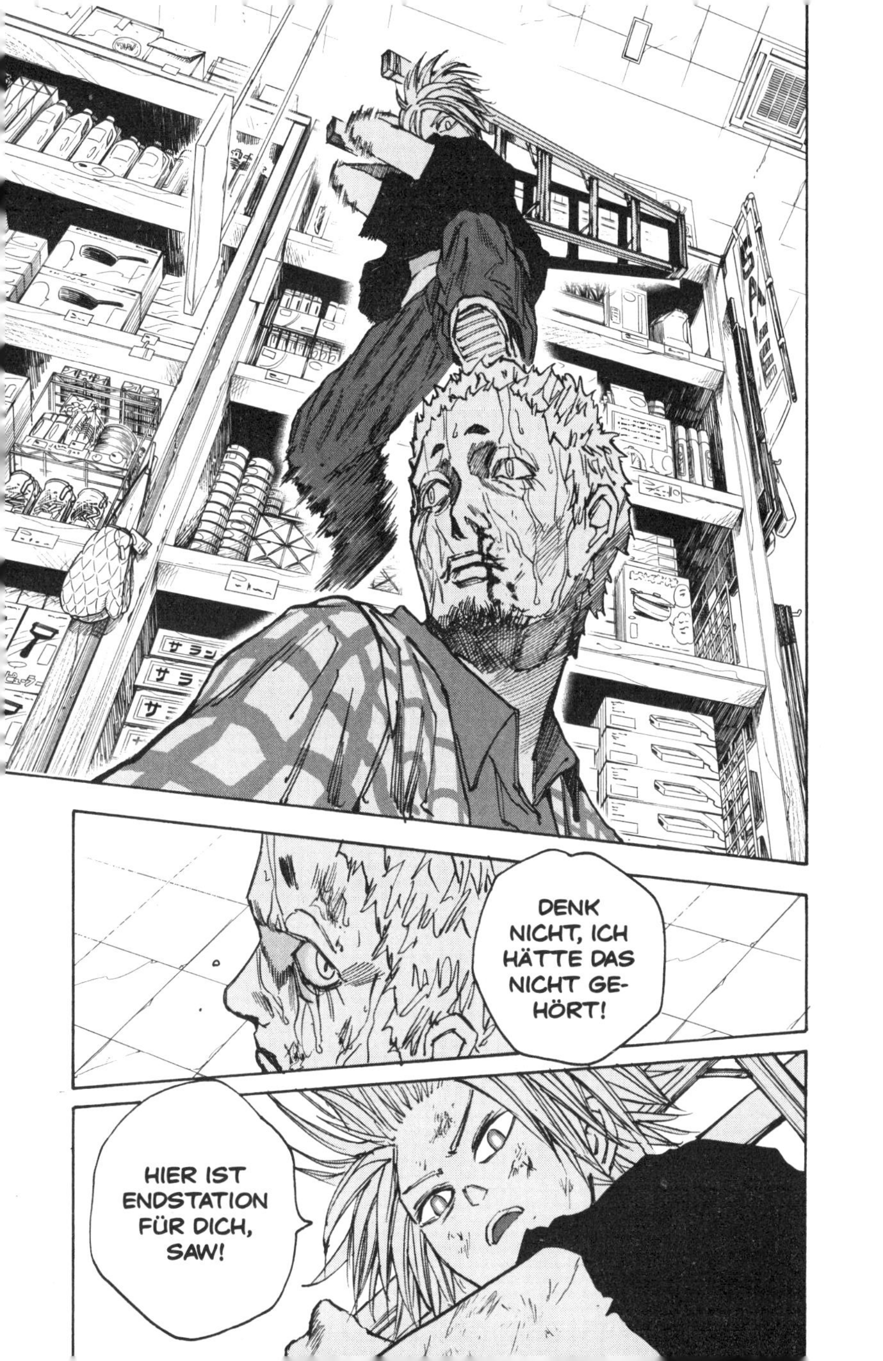
DENK NICHT, ICH HÄTTE DAS NICHT GE- HÖRT!
HIER IST ENDSTATION FÜR DICH, SAW!

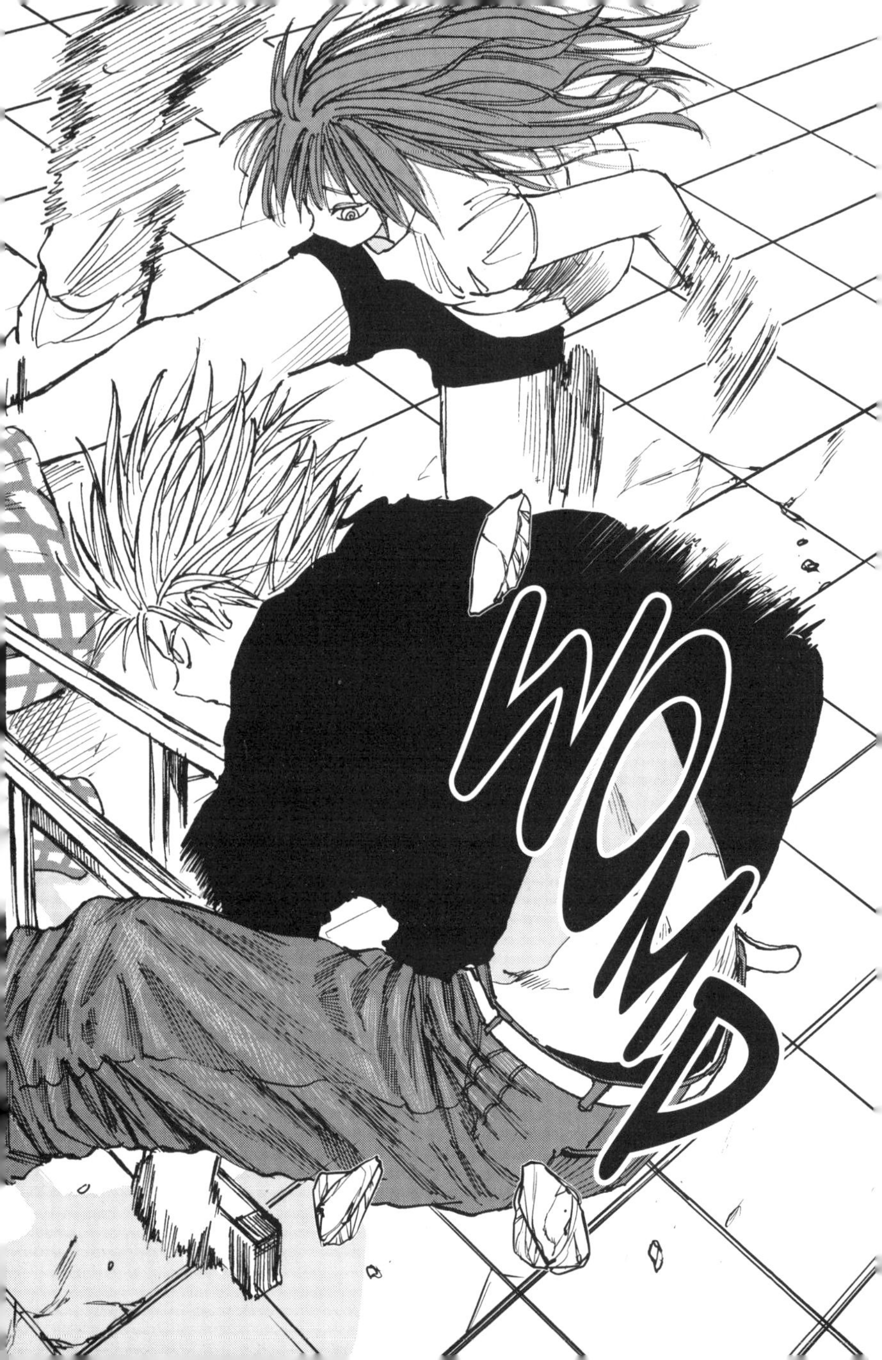
WOMP

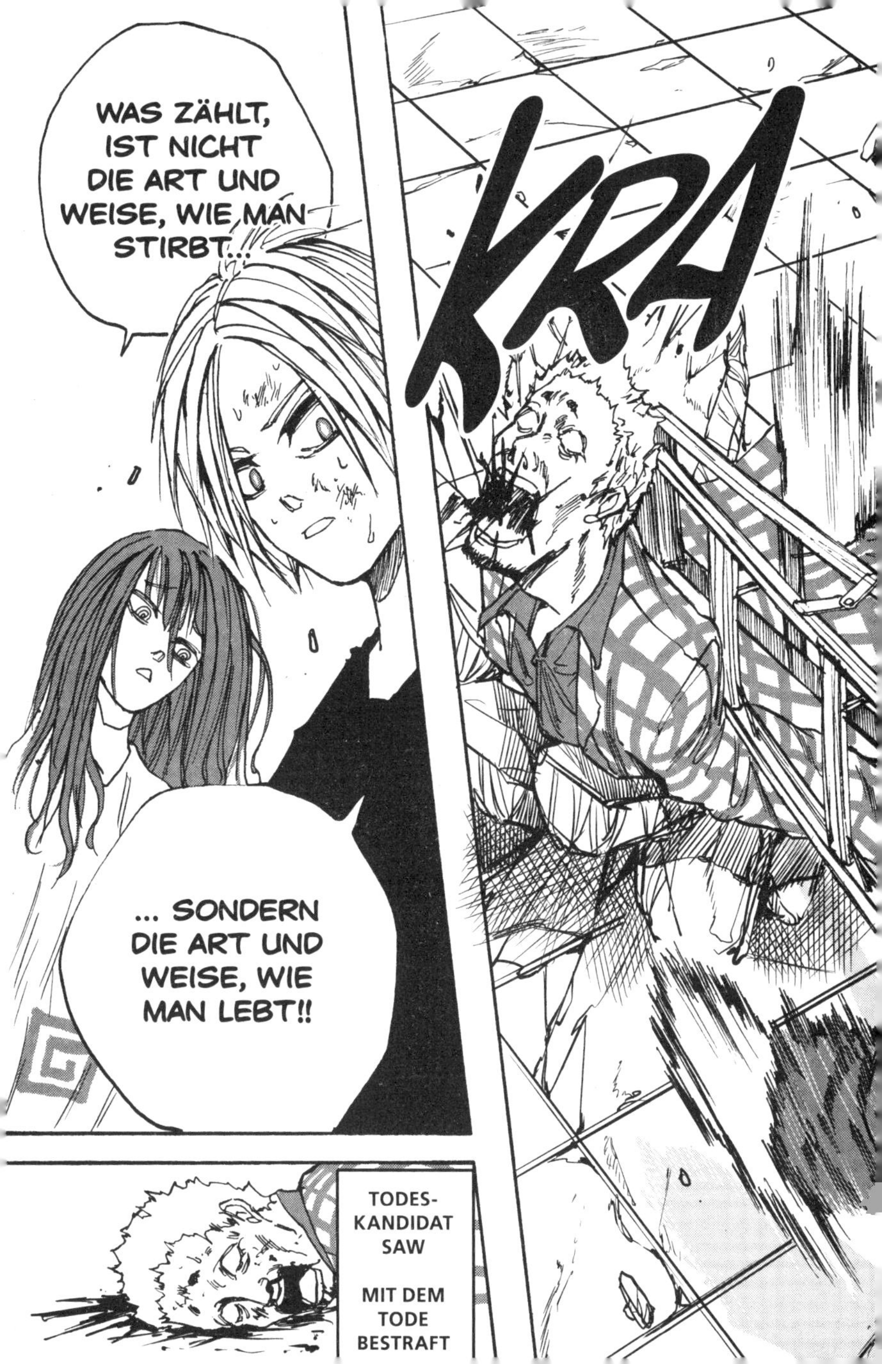
WAS ZÄHLT, IST NICHT DIE ART UND WEISE, WIE MAN STIRBT...
KRA
... SONDERN DIE ART UND WEISE, WIE MAN LEBT!!
TODES-KANDIDAT SAW
MIT DEM TODE BESTRAFT

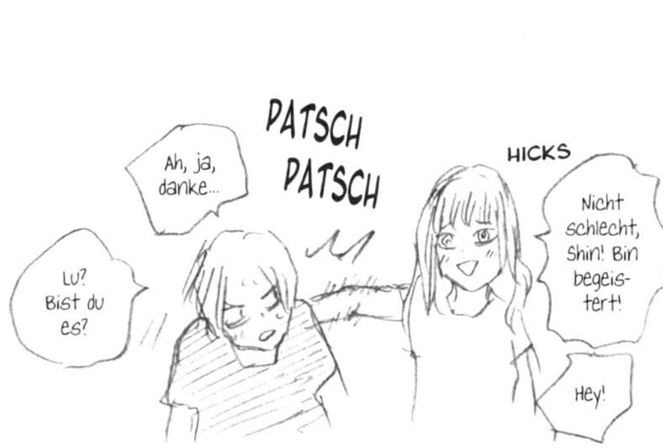
HICKS
Nicht schlecht, Shin! Bin begeis-tert!
Hey!
PATSCH PATSCH
Ah, ja, danke...
Lu? Bist du es?

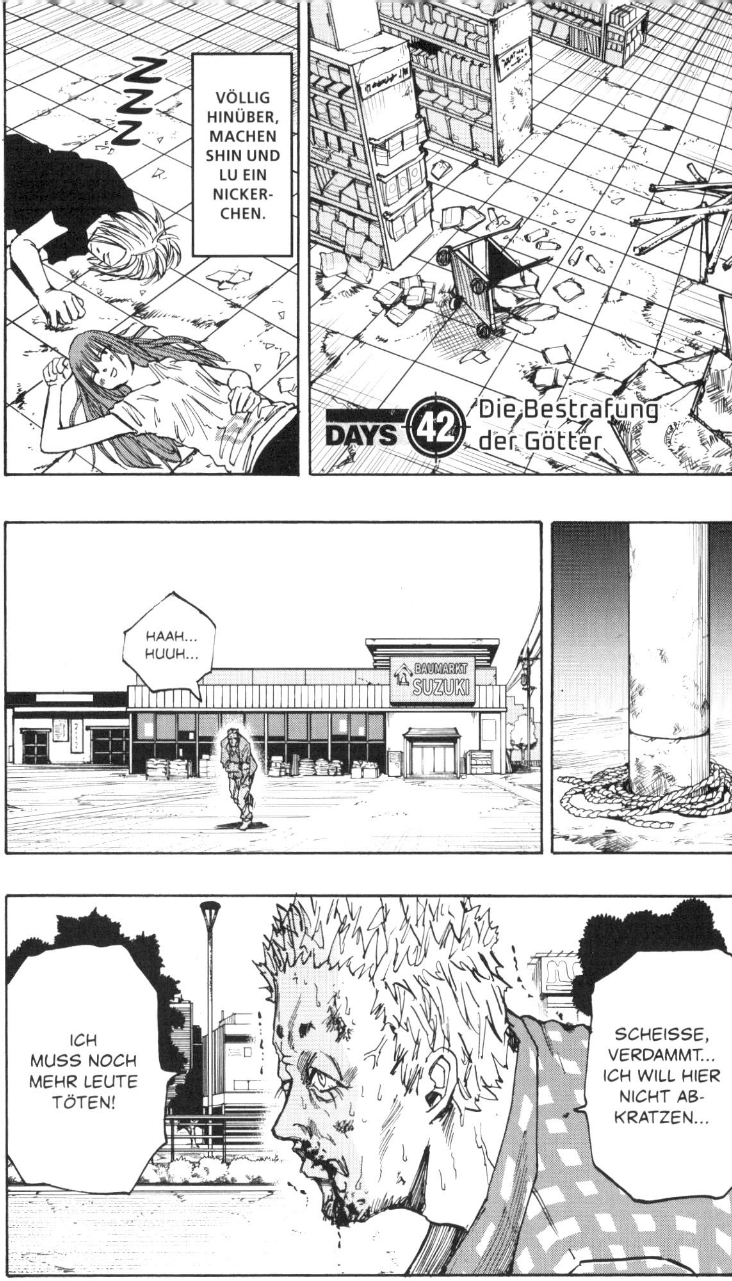
DAYS 42
Die Bestrafung der Götter
VÖLLIG HINÜBER, MACHEN SHIN UND LU EIN NICKERCHEN.
ZZZ
HAAH... HUUH...
BAUMARKT SUZUKI
SCHEISSE, VERDAMMT... ICH WILL HIER NICHT ABKRATZEN...
ICH MUSS NOCH MEHR LEUTE TÖTEN!

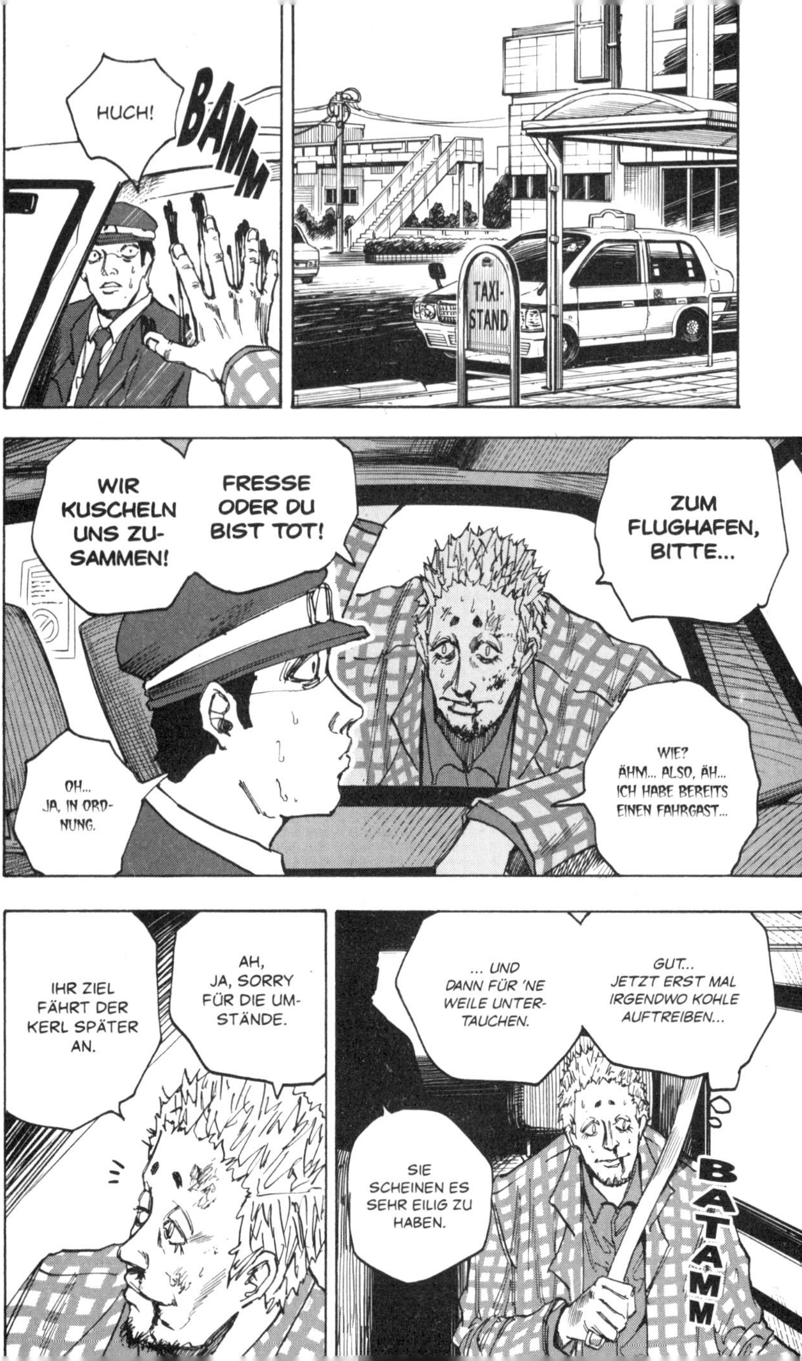
TAXI-STAND
BAMM
HUCH!
ZUM FLUGHAFEN, BITTE...
WIE? ÄHM... ALSO, ÄH... ICH HABE BEREITS EINEN FAHRGAST...
FRESSE ODER DU BIST TOT!
WIR KUSCHELN UNS ZUSAMMEN!
OH... JA, IN ORDNUNG.
GUT... JETZT ERST MAL IRGENDWO KOHLE AUFTREIBEN...
... UND DANN FÜR 'NE WEILE UNTERTAUCHEN.
SIE SCHEINEN ES SEHR EILIG ZU HABEN.
BATAMM
AH, JA, SORRY FÜR DIE UMSTÄNDE.
IHR ZIEL FÄHRT DER KERL SPÄTER AN.

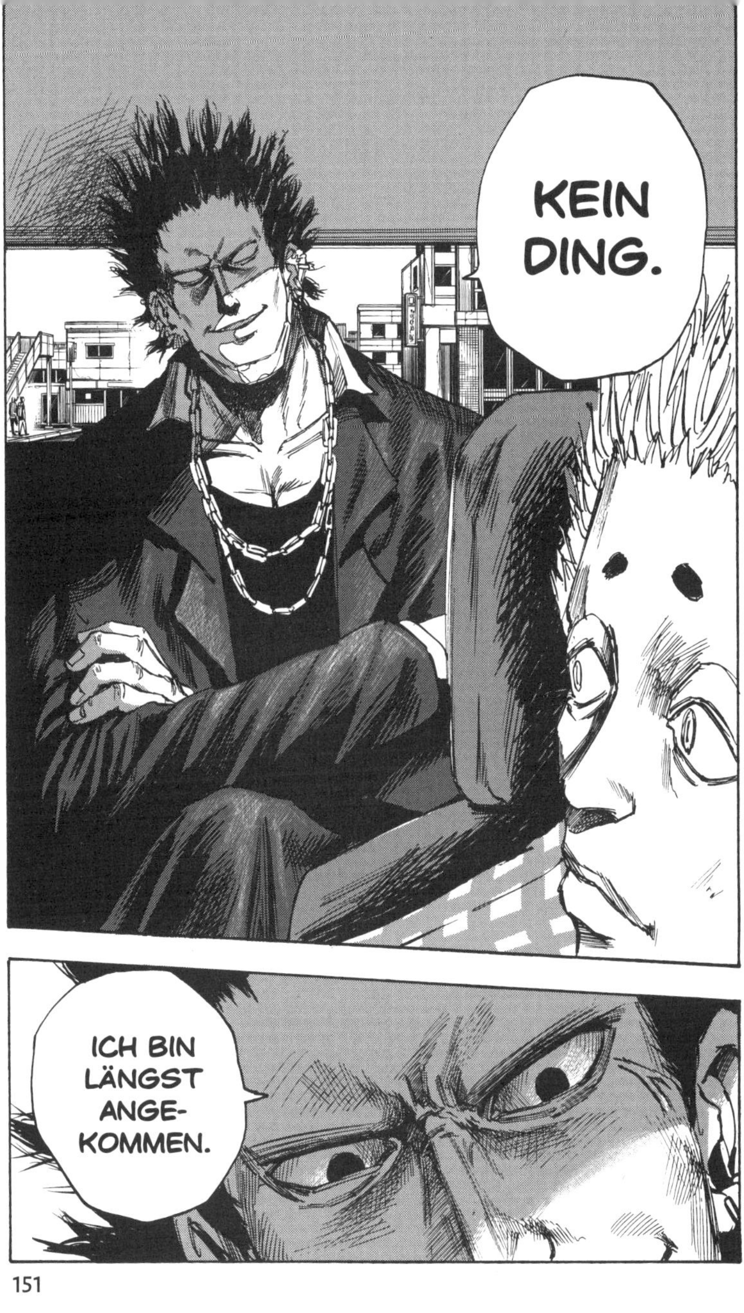
KEIN DING.
ICH BIN LÄNGST ANGE-KOMMEN.

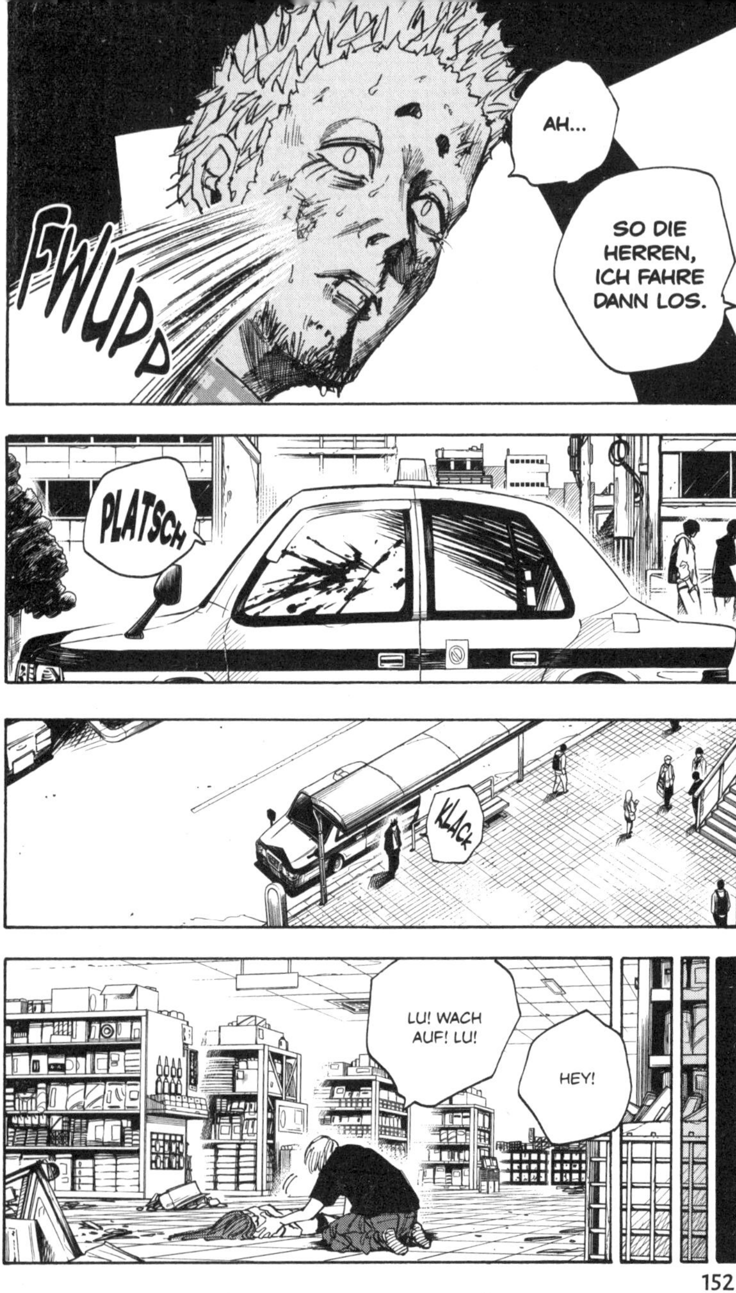
FWUPP
AH...
SO DIE HERREN, ICH FAHRE DANN LOS.
PLATSCH
KLACK
LU! WACH AUF! LU!
HEY!

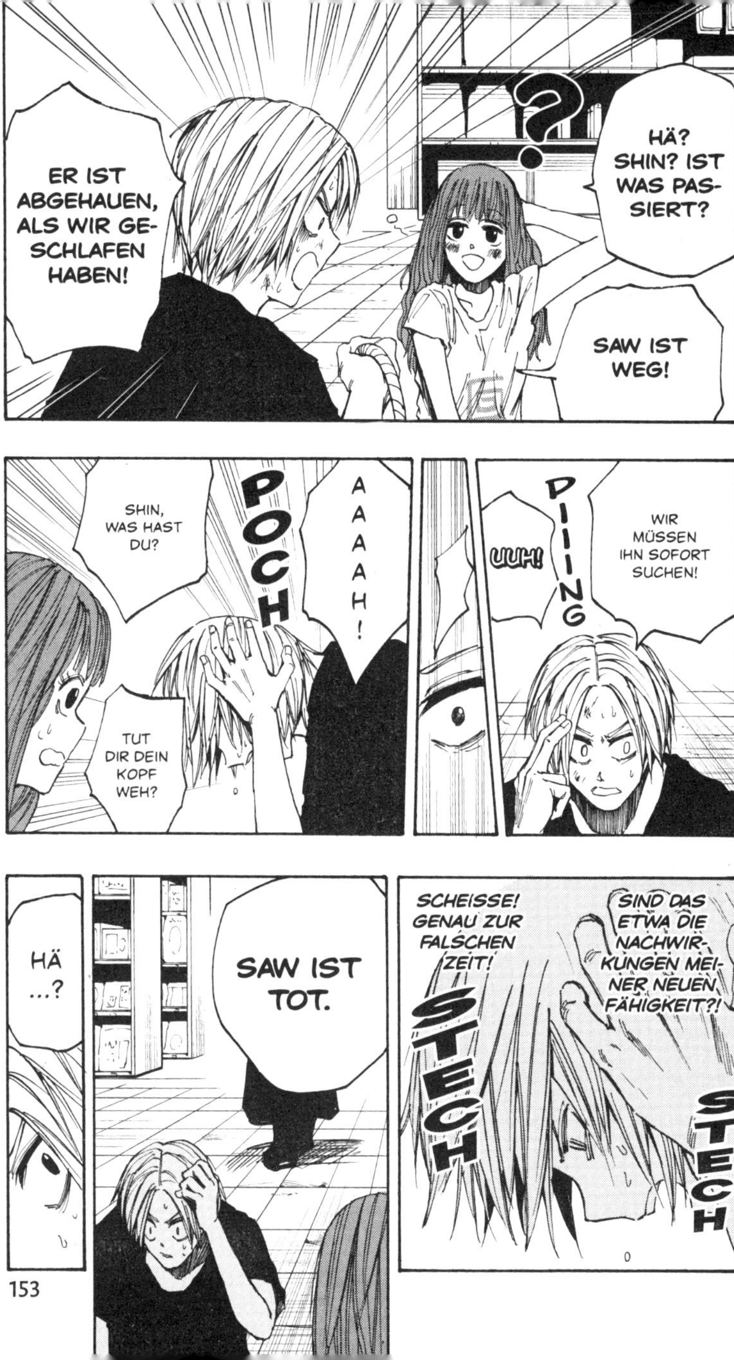
HÄ? SHIN? IST WAS PASSIERT?
SAW IST WEG!
ER IST ABGEHAUEN, ALS WIR GESCHLAFEN HABEN!
WIR MÜSSEN IHN SOFORT SUCHEN!
PIIING
UUH!
AAAAH!
POCH
SHIN, WAS HAST DU?
TUT DIR DEIN KOPF WEH?
SIND DAS ETWA DIE NACHWIRKUNGEN MEINER NEUEN FÄHIGKEIT?!
SCHEISSE! GENAU ZUR FALSCHEN ZEIT!
STECH
STECH
SAW IST TOT.
HÄ ...?

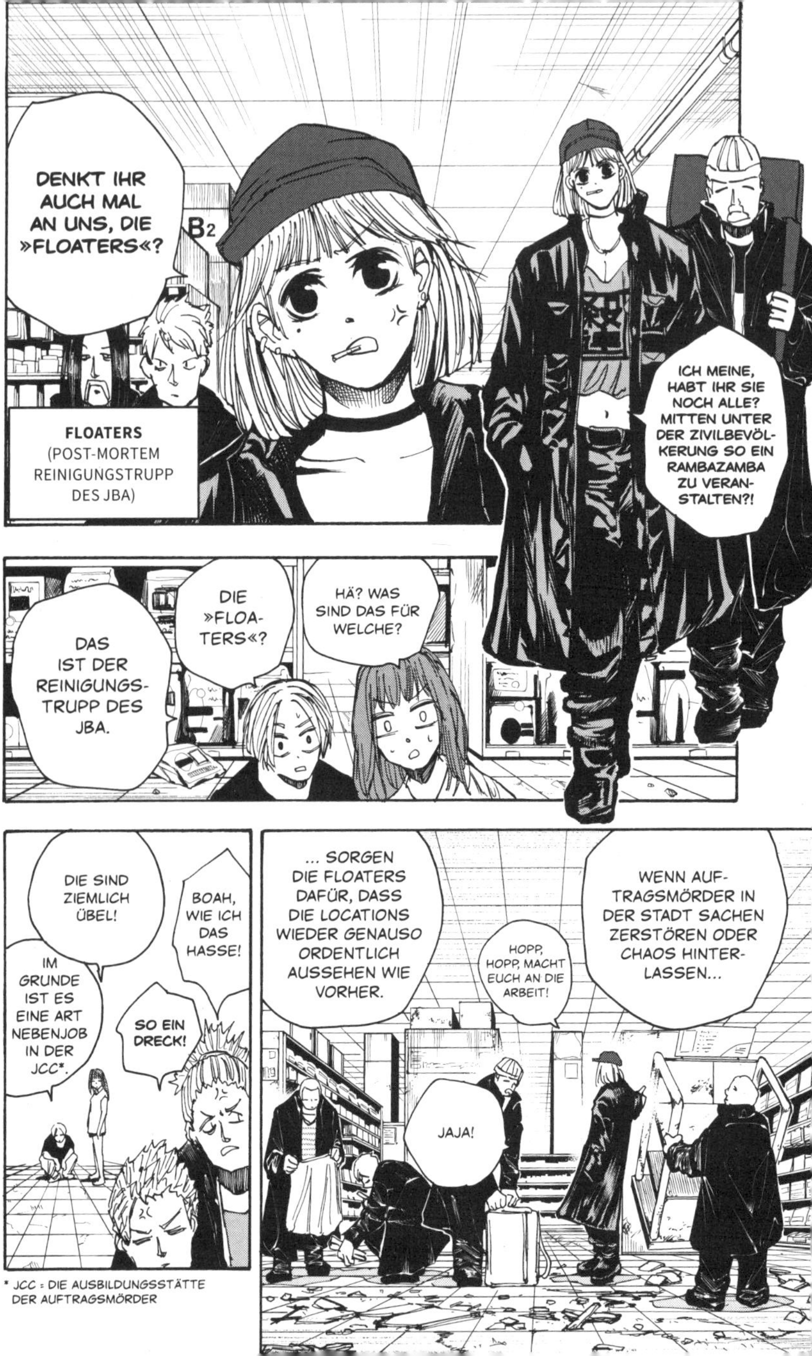

* JCC = DIE AUSBILDUNGSSTÄTTE DER AUFTRAGSMÖRDER

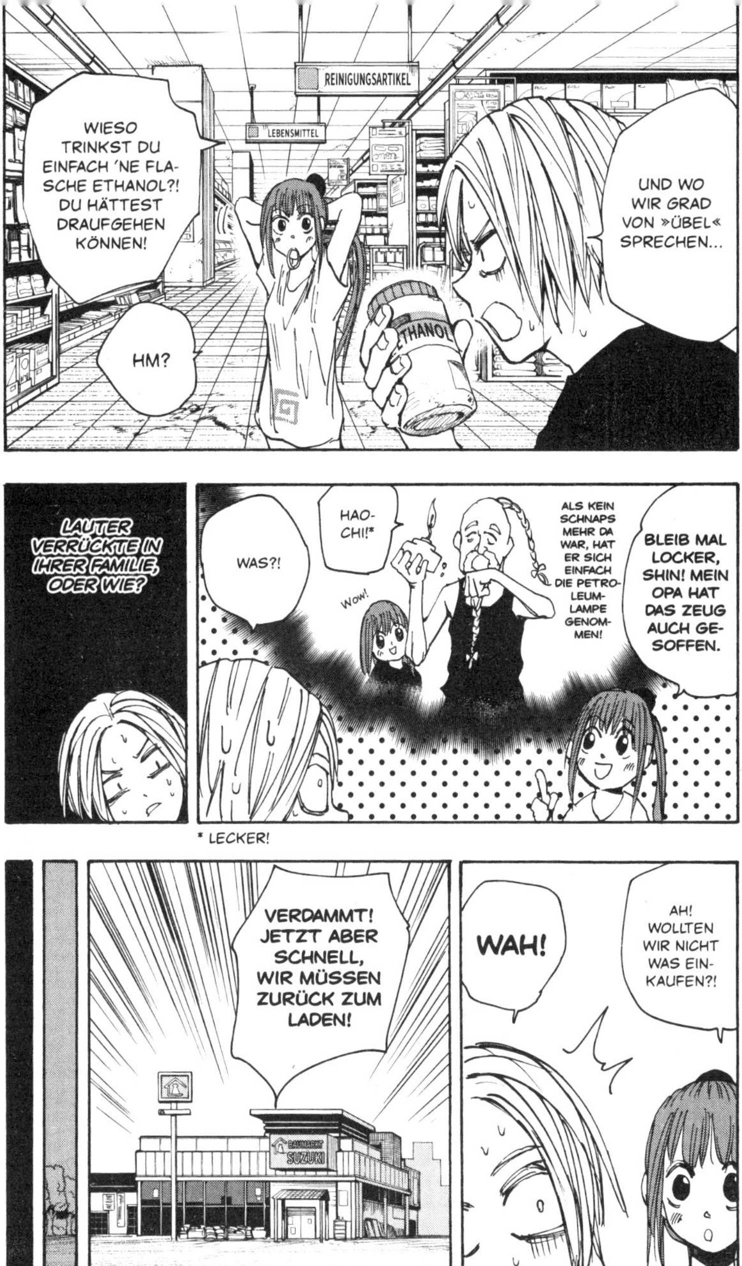
REINIGUNGSARTIKEL
LEBENSMITTEL
UND WO WIR GRAD VON »ÜBEL« SPRECHEN...
ETHANOL
HM?
WIESO TRINKST DU EINFACH 'NE FLASCHE ETHANOL?! DU HÄTTEST DRAUFGEHEN KÖNNEN!
BLEIB MAL LOCKER, SHIN! MEIN OPA HAT DAS ZEUG AUCH GESOFFEN.
ALS KEIN SCHNAPS MEHR DA WAR, HAT ER SICH EINFACH DIE PETROLEUMLAMPE GENOMMEN!
HAO-CHI!*
Wow!
WAS?!
LAUTER VERRÜCKTE IN IHRER FAMILIE, ODER WIE?
* LECKER!
AH! WOLLTEN WIR NICHT WAS EINKAUFEN?!
WAH!
VERDAMMT! JETZT ABER SCHNELL, WIR MÜSSEN ZURÜCK ZUM LADEN!
BAUMARKT SUZUKI

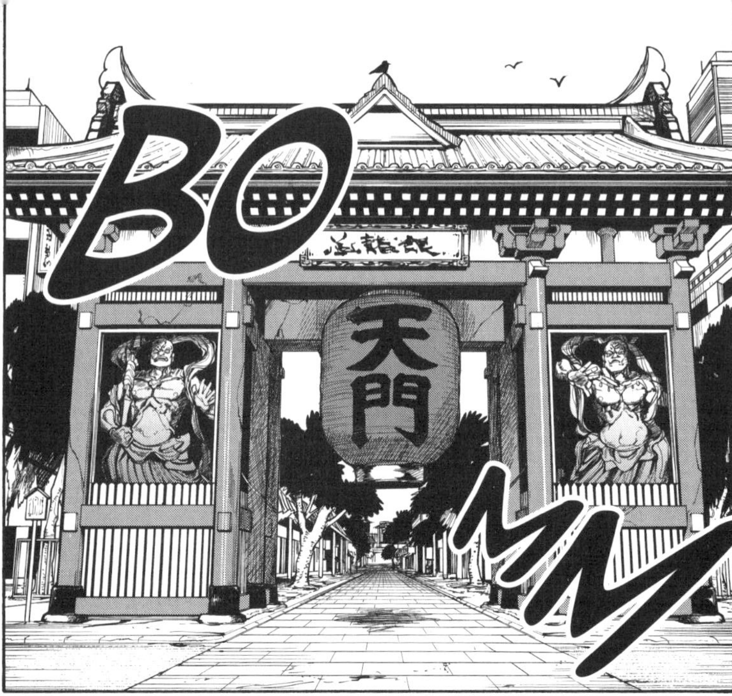

* TENMON: HIMMELSTOR

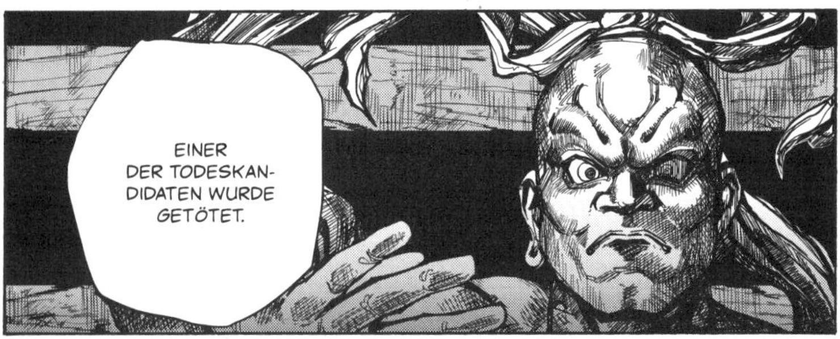

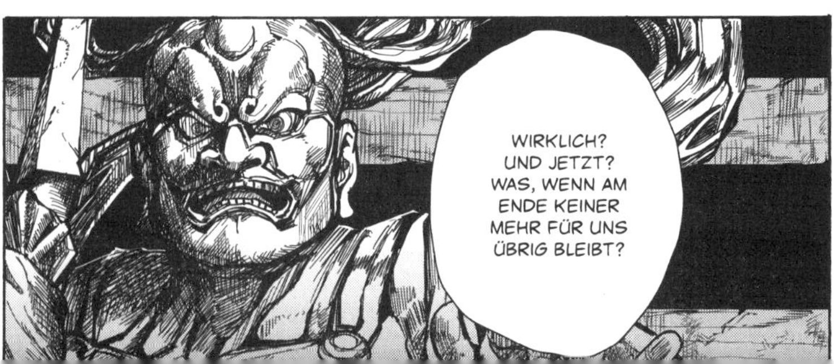

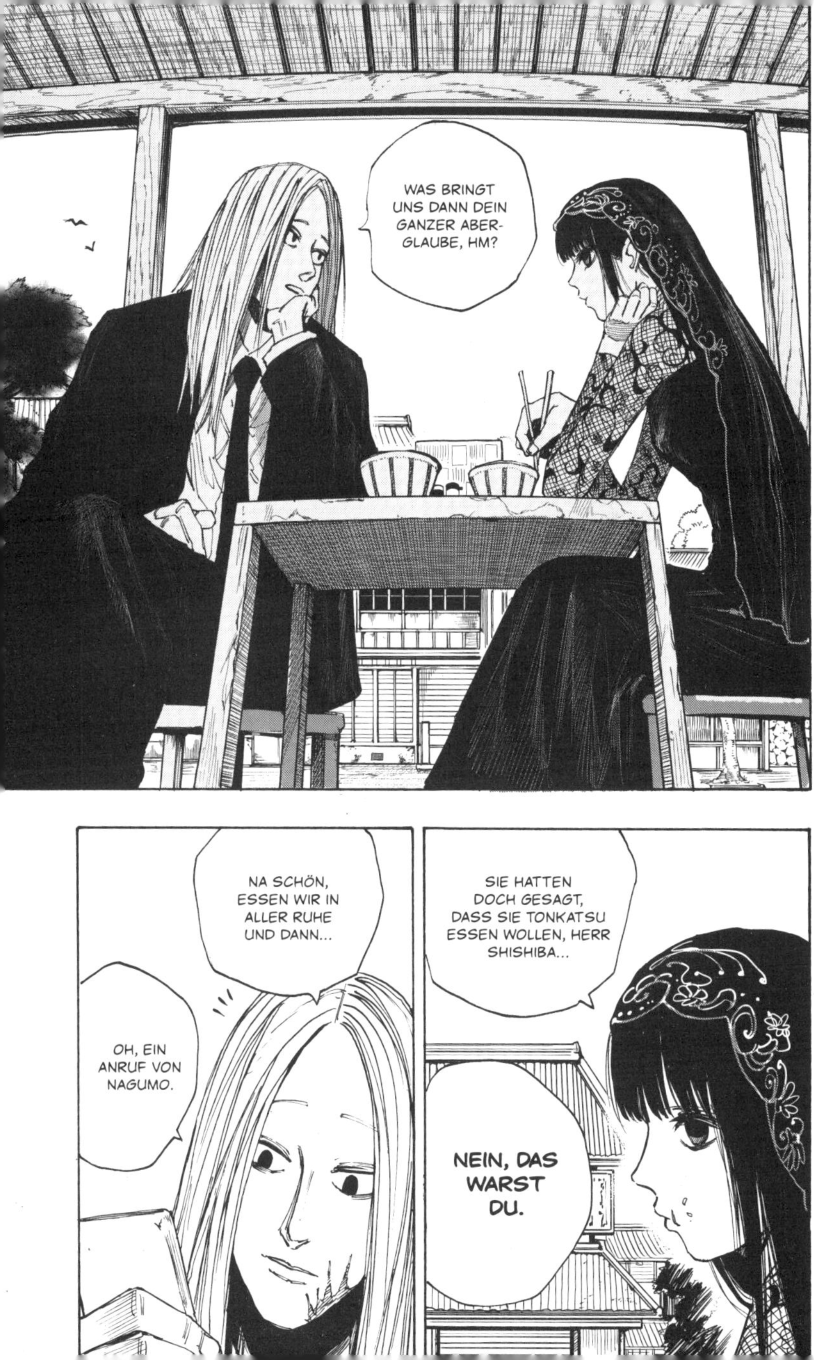
WAS BRINGT UNS DANN DEIN GANZER ABERGLAUBE, HM?
SIE HATTEN DOCH GESAGT, DASS SIE TONKATSU ESSEN WOLLEN, HERR SHISHIBA...
NEIN, DAS WARST DU.
NA SCHÖN, ESSEN WIR IN ALLER RUHE UND DANN...
OH, EIN ANRUF VON NAGUMO.

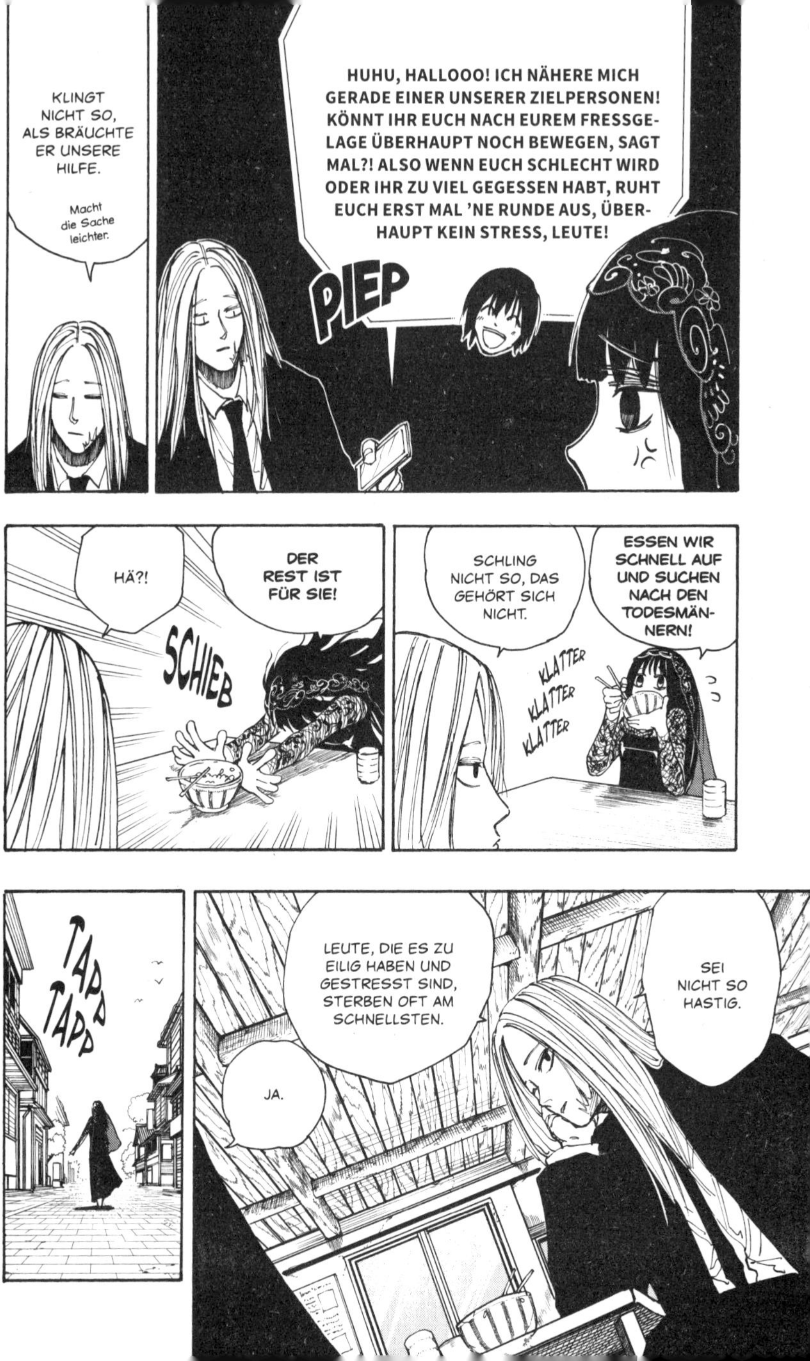
HUHU, HALLOOO! ICH NÄHERE MICH GERADE EINER UNSERER ZIELPERSONEN! KÖNNT IHR EUCH NACH EUREM FRESSGE-LAGE ÜBERHAUPT NOCH BEWEGEN, SAGT MAL?! ALSO WENN EUCH SCHLECHT WIRD ODER IHR ZU VIEL GEGESSEN HABT, RUHT EUCH ERST MAL 'NE RUNDE AUS, ÜBER-HAUPT KEIN STRESS, LEUTE!
PIEP
KLINGT NICHT SO, ALS BRÄUCHTE ER UNSERE HILFE.
Macht die Sache leichter.
ESSEN WIR SCHNELL AUF UND SUCHEN NACH DEN TODESMÄN-NERN!
SCHLING NICHT SO, DAS GEHÖRT SICH NICHT.
KLATTER KLATTER KLATTER
DER REST IST FÜR SIE!
HÄ?!
SCHIEB
SEI NICHT SO HASTIG.
LEUTE, DIE ES ZU EILIG HABEN UND GESTRESST SIND, STERBEN OFT AM SCHNELLSTEN.
JA.
TAPP TAPP

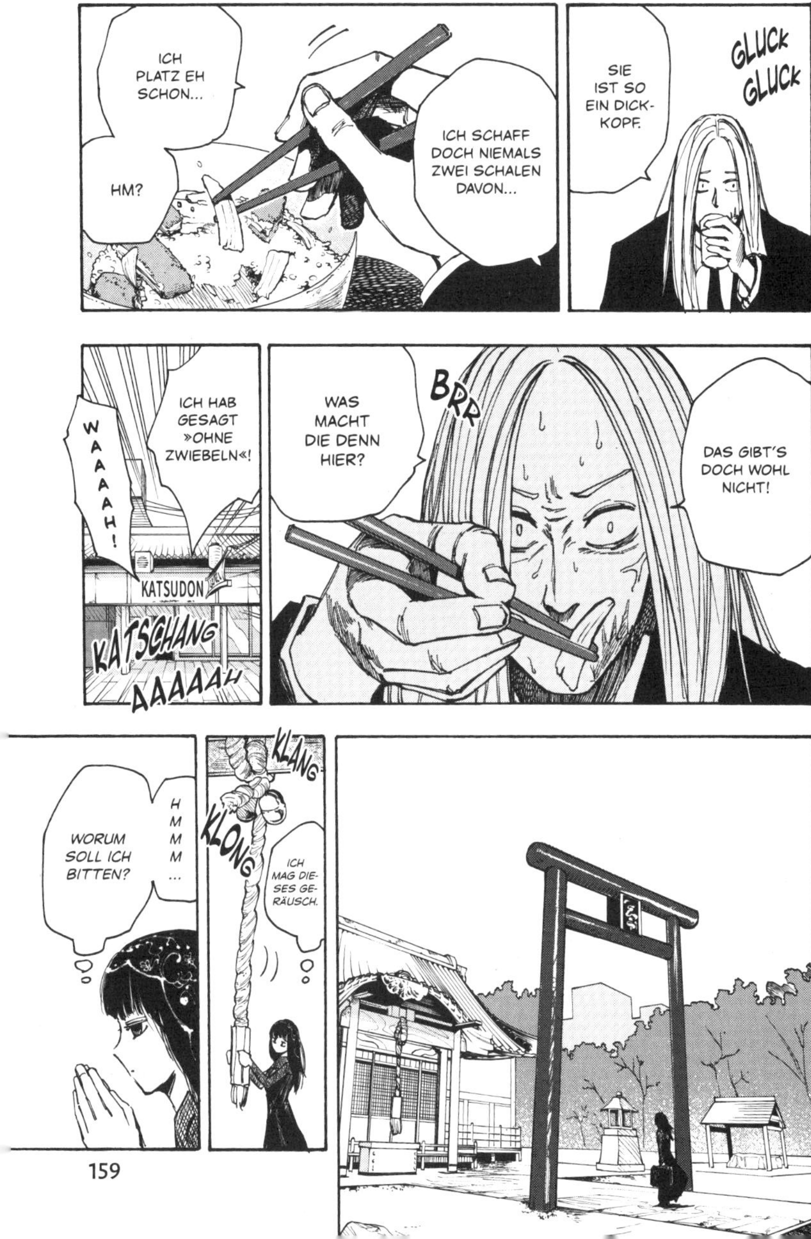

GLUCK GLUCK
SIE IST SO EIN DICK-KOPF.
ICH SCHAFF DOCH NIEMALS ZWEI SCHALEN DAVON…
ICH PLATZ EH SCHON…
HM?
DAS GIBT'S DOCH WOHL NICHT!
BRR
WAS MACHT DIE DENN HIER?
ICH HAB GESAGT »OHNE ZWIEBELN«!
WAAAAAH!
KATSUDON
KATSCHANG
AAAAAH
KLANG
KLONG
ICH MAG DIE-SES GE-RÄUSCH.
HMMM…
WORUM SOLL ICH BITTEN?

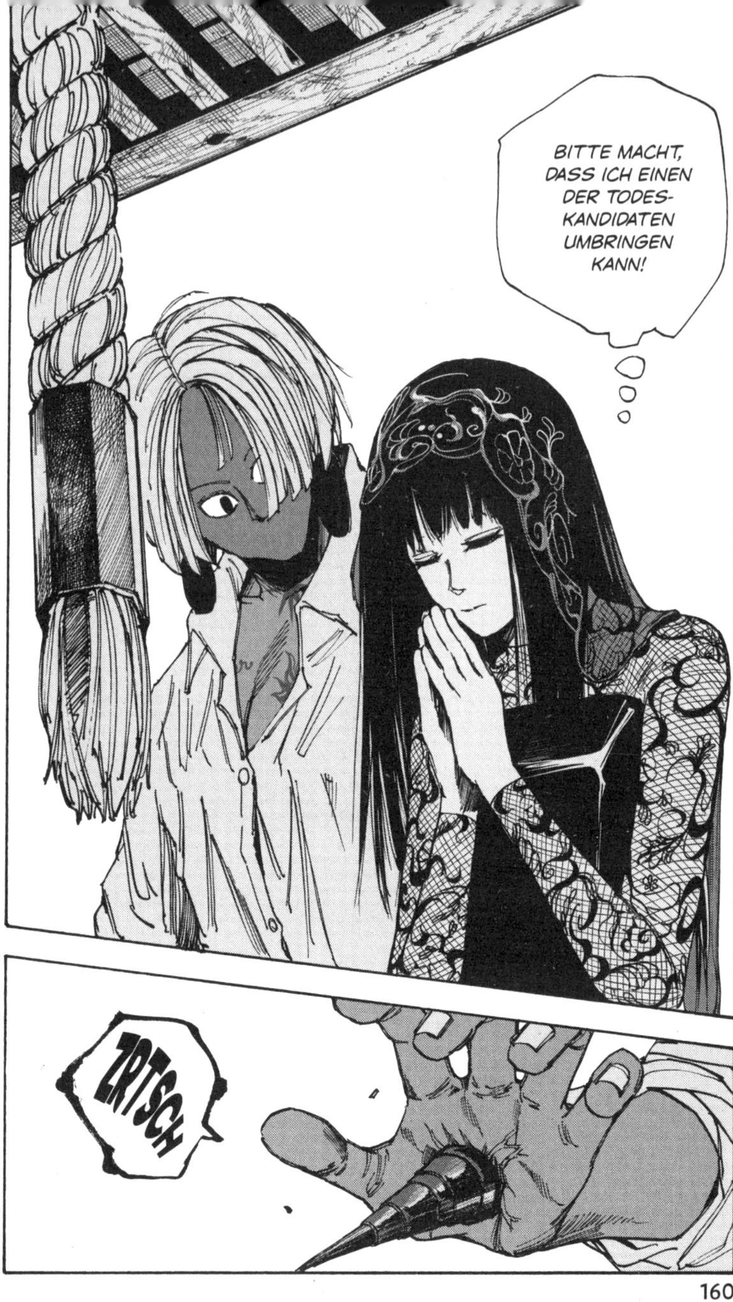
BITTE MACHT, DASS ICH EINEN DER TODES-KANDIDATEN UMBRINGEN KANN!
ZRTSCH

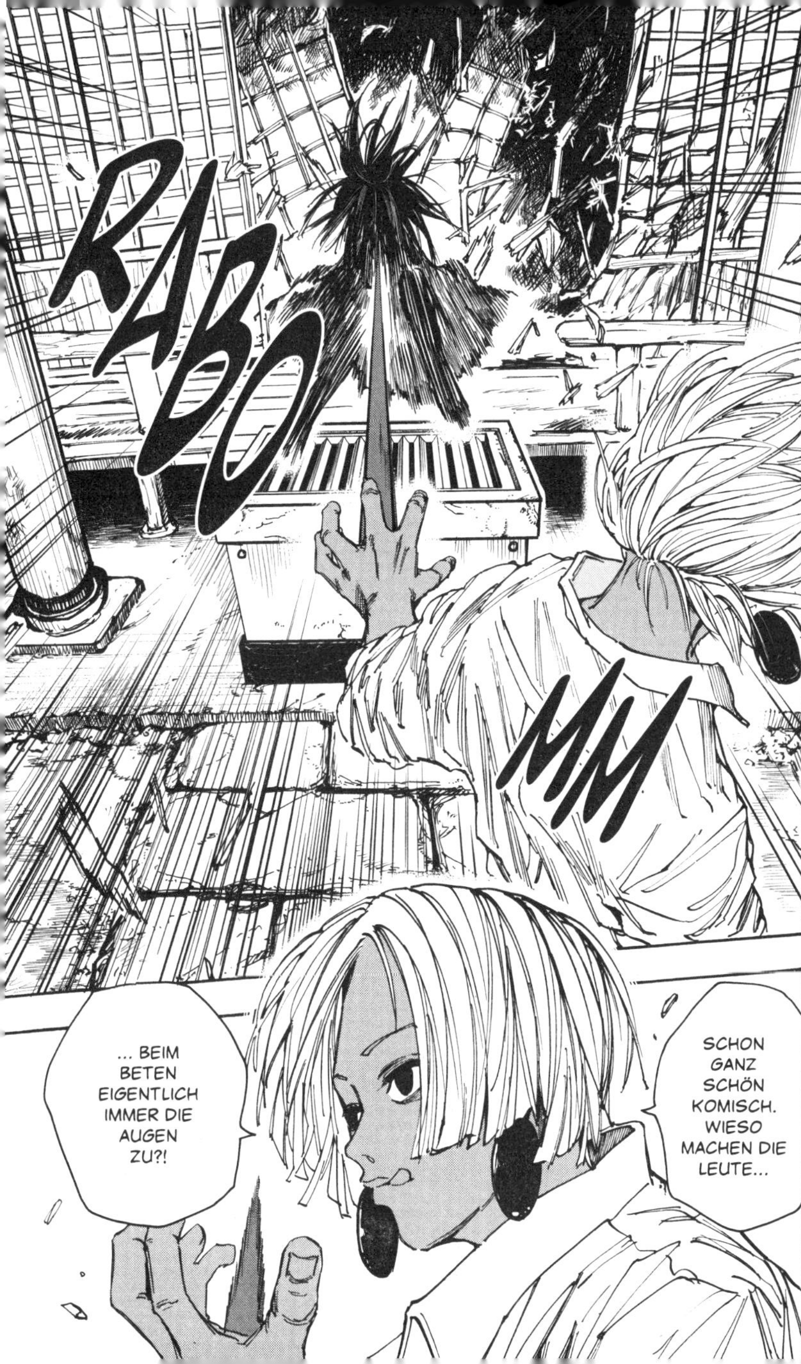
RABO
MM
SCHON GANZ SCHÖN KOMISCH. WIESO MACHEN DIE LEUTE…
… BEIM BETEN EIGENTLICH IMMER DIE AUGEN ZU?!

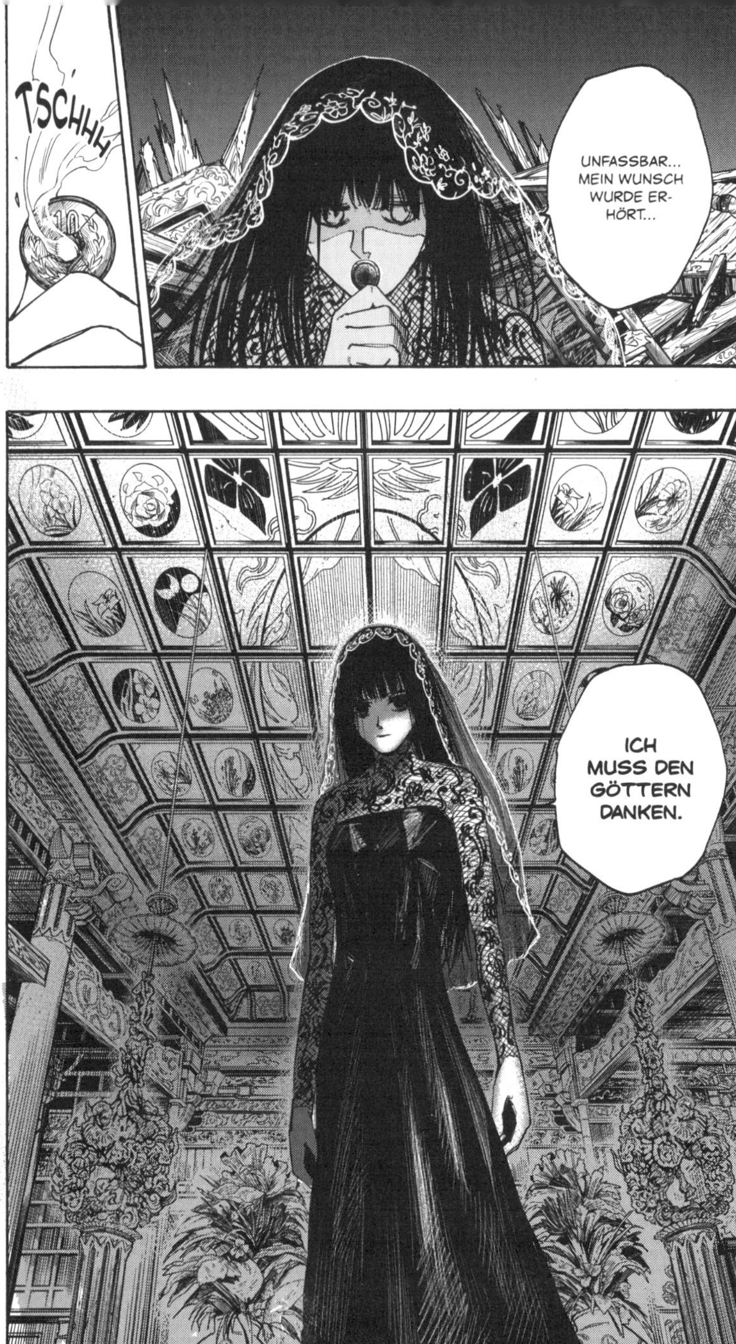
UNFASSBAR... MEIN WUNSCH WURDE ERHÖRT...
TSCHHH
ICH MUSS DEN GÖTTERN DANKEN.

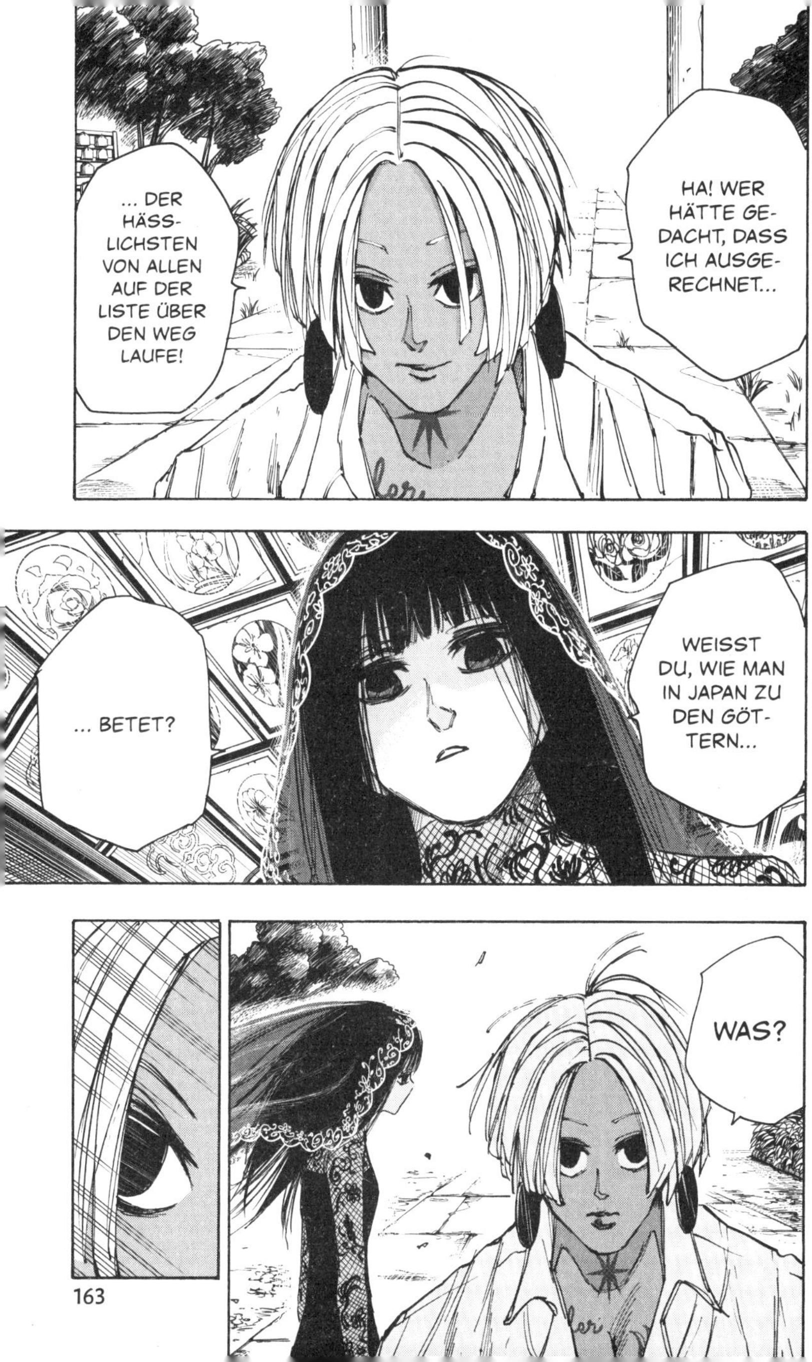
HA! WER HÄTTE GEDACHT, DASS ICH AUSGERECHNET...
... DER HÄSSLICHSTEN VON ALLEN AUF DER LISTE ÜBER DEN WEG LAUFE!
WEISST DU, WIE MAN IN JAPAN ZU DEN GÖTTERN...
... BETET?
WAS?

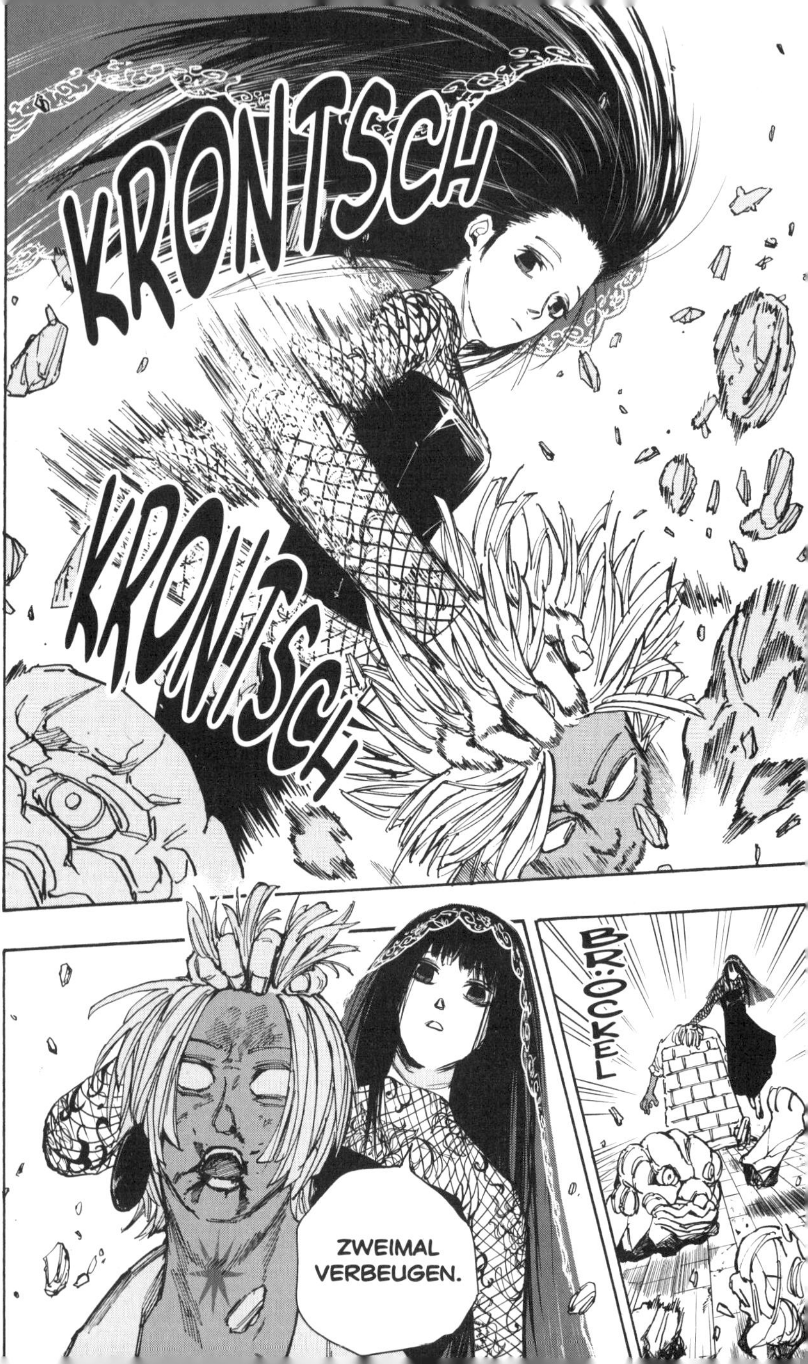
KRONTSCH
KRONTSCH
BRÖCKEL
ZWEIMAL VERBEUGEN.

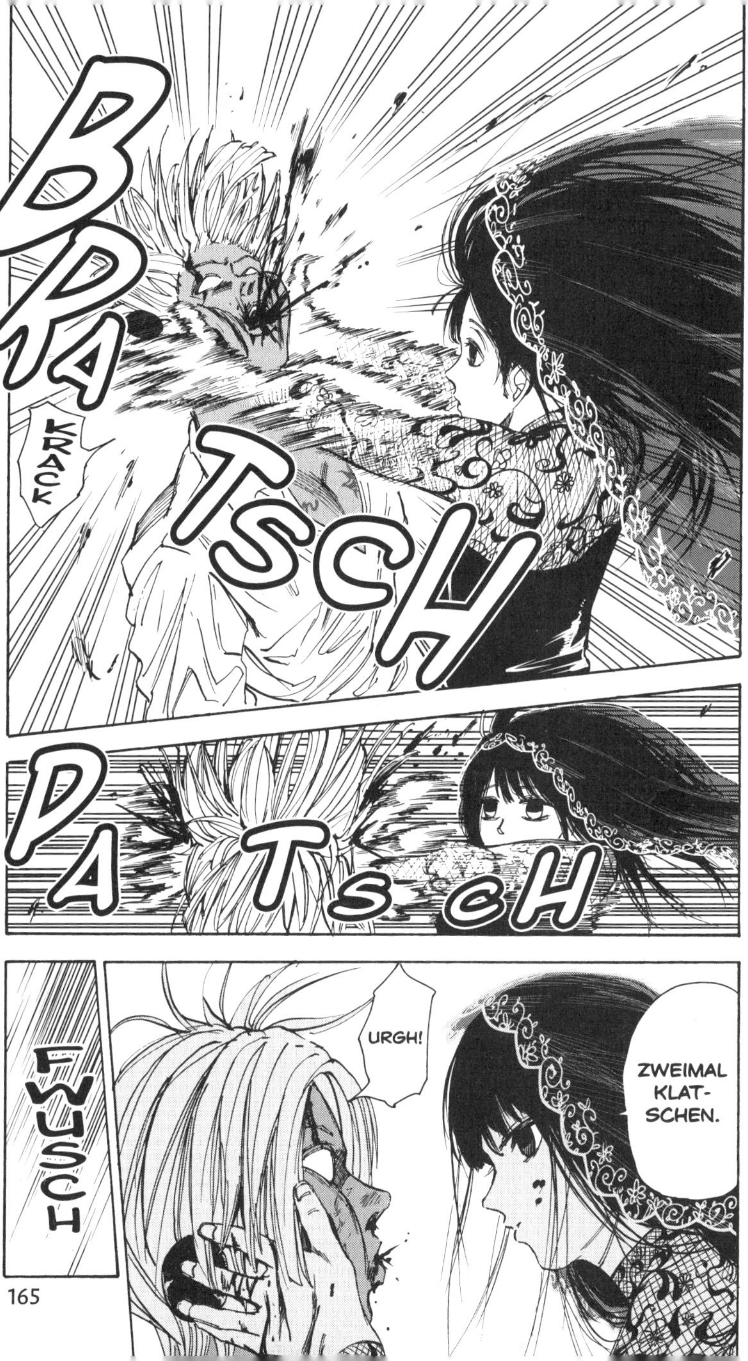
BRATSCH
KRACK
PATSCH
FWUSCH
URGH!
ZWEIMAL KLAT-
SCHEN.

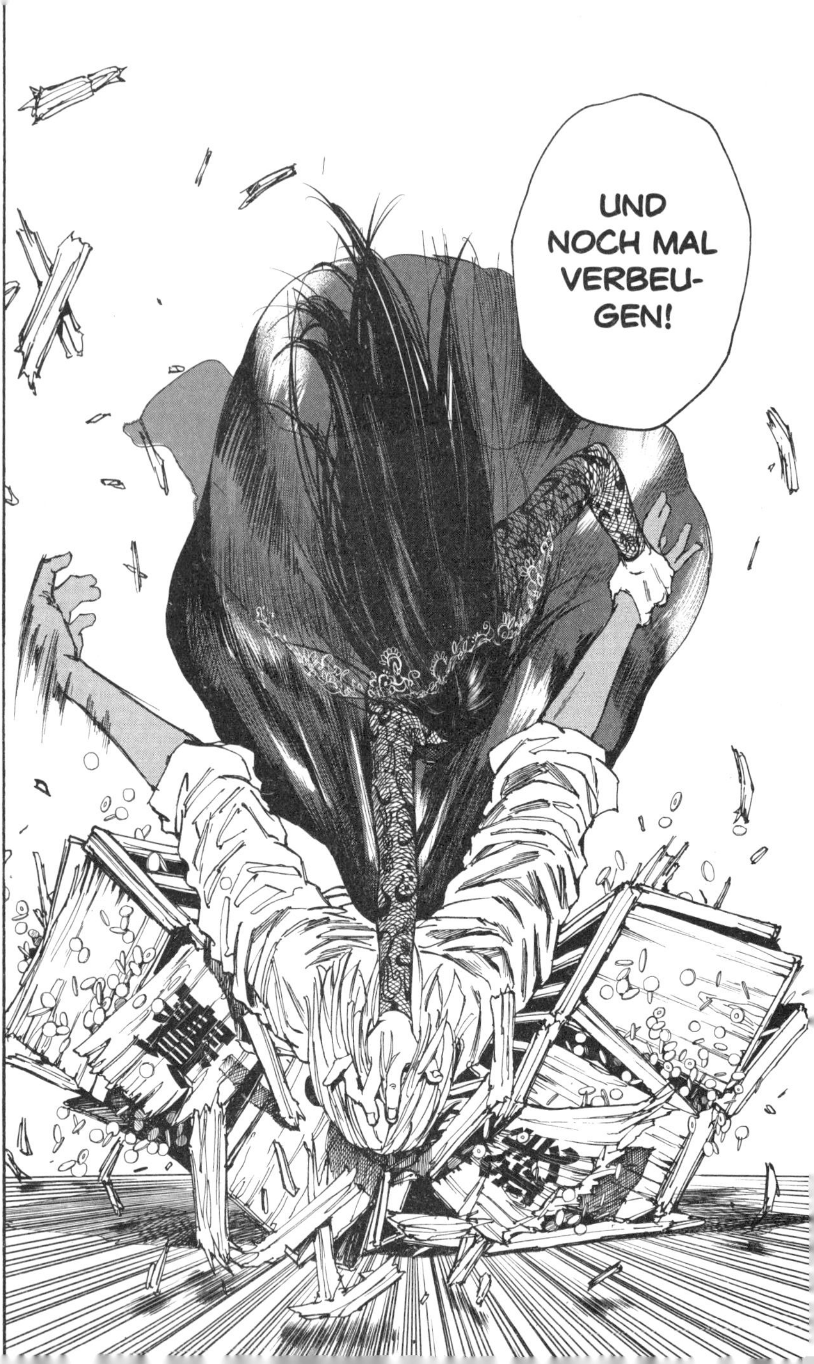

* OPFERGELD

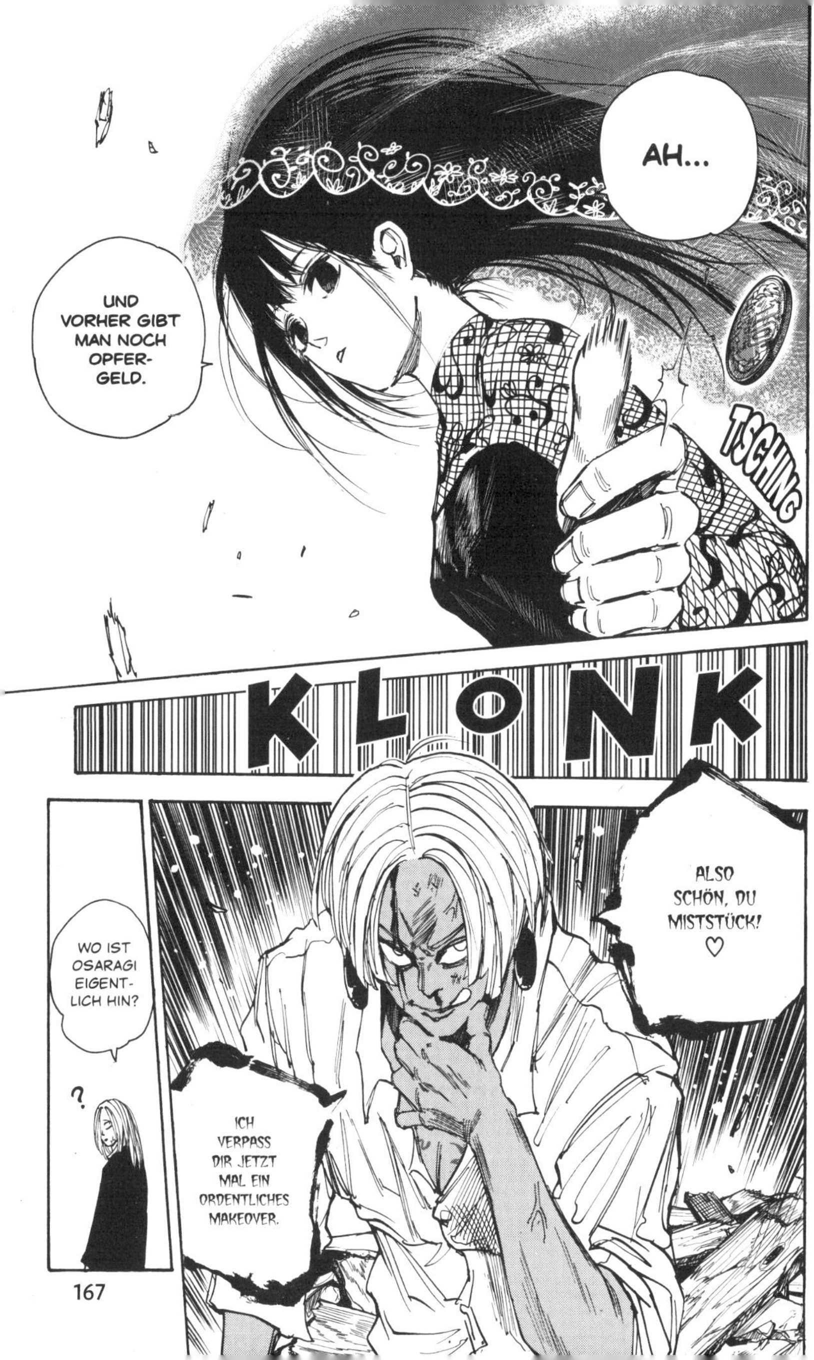
AH...
UND VORHER GIBT MAN NOCH OPFER-GELD.
TSCHING
KLONK
ALSO SCHÖN, DU MISTSTÜCK! ♡
WO IST OSARAGI EIGENT-LICH HIN?
?
ICH VERPASS DIR JETZT MAL EIN ORDENTLICHES MAKEOVER.

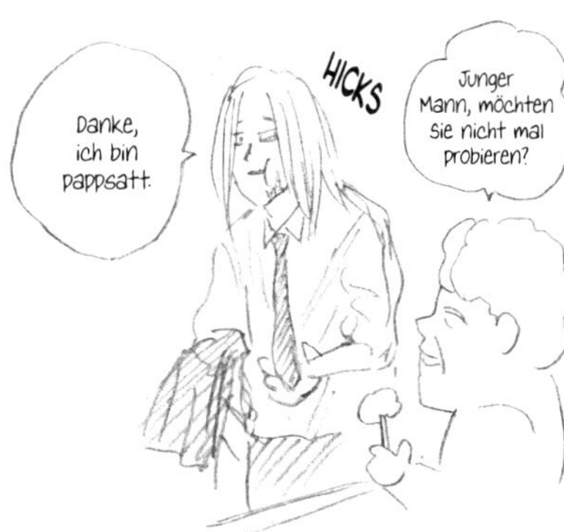
Junger Mann, möchten Sie nicht mal probieren?
HICKS
Danke, ich bin pappsatt.

DAYS 43 Ich liebe dich

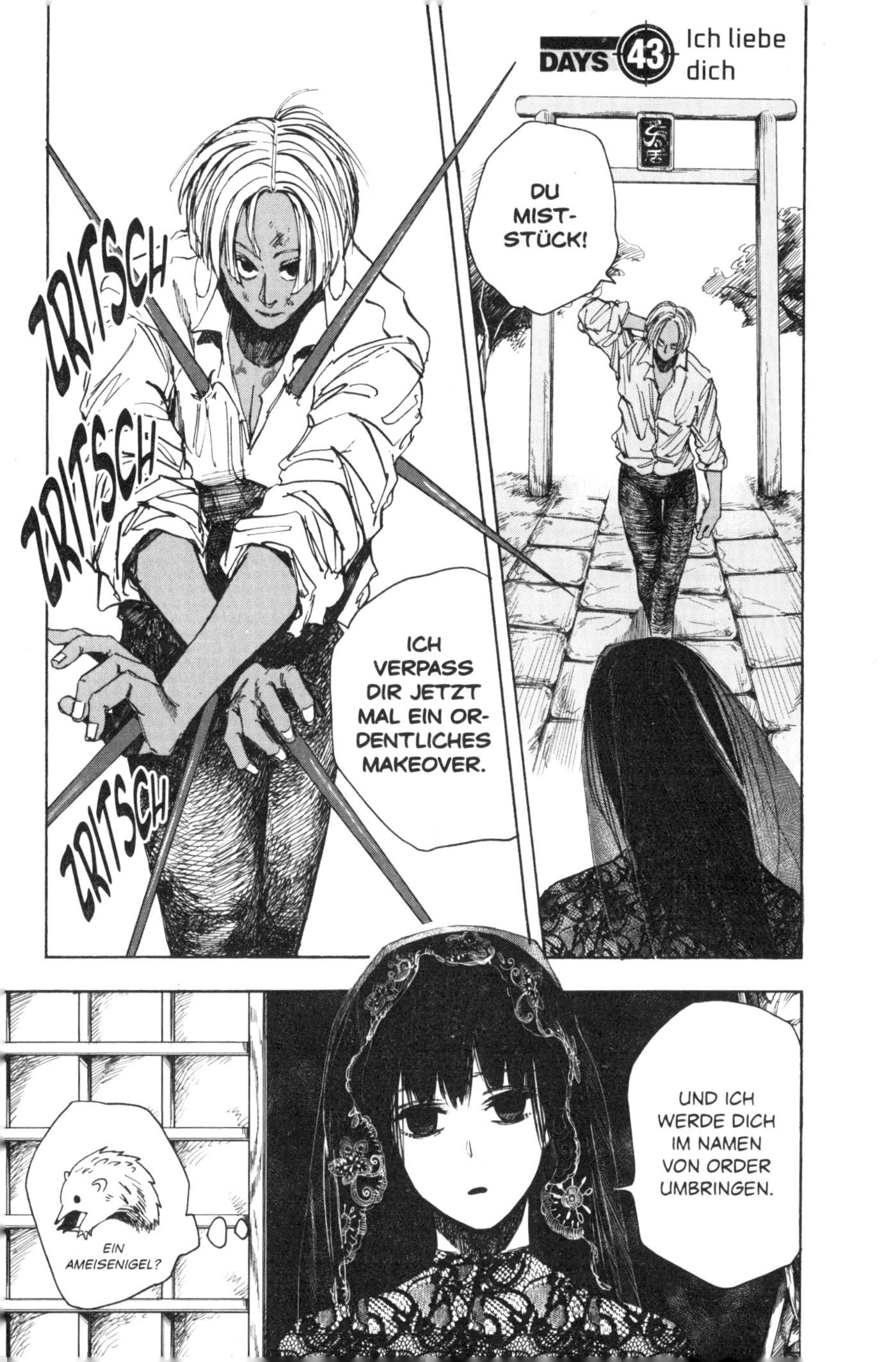

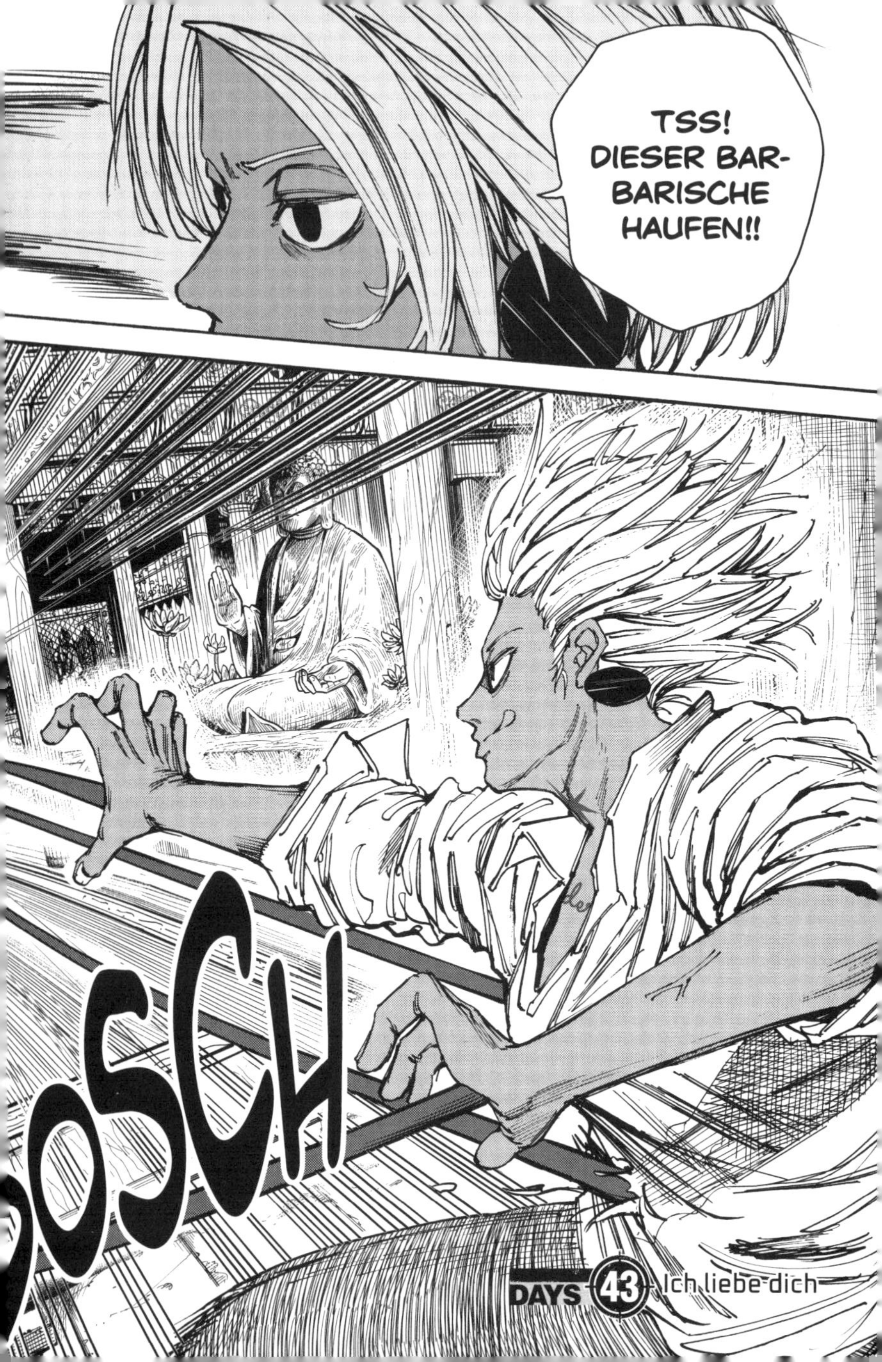
TSS! DIESER BAR-BARISCHE HAUFEN!!
OSCH
DAYS 43 Ich liebe dich

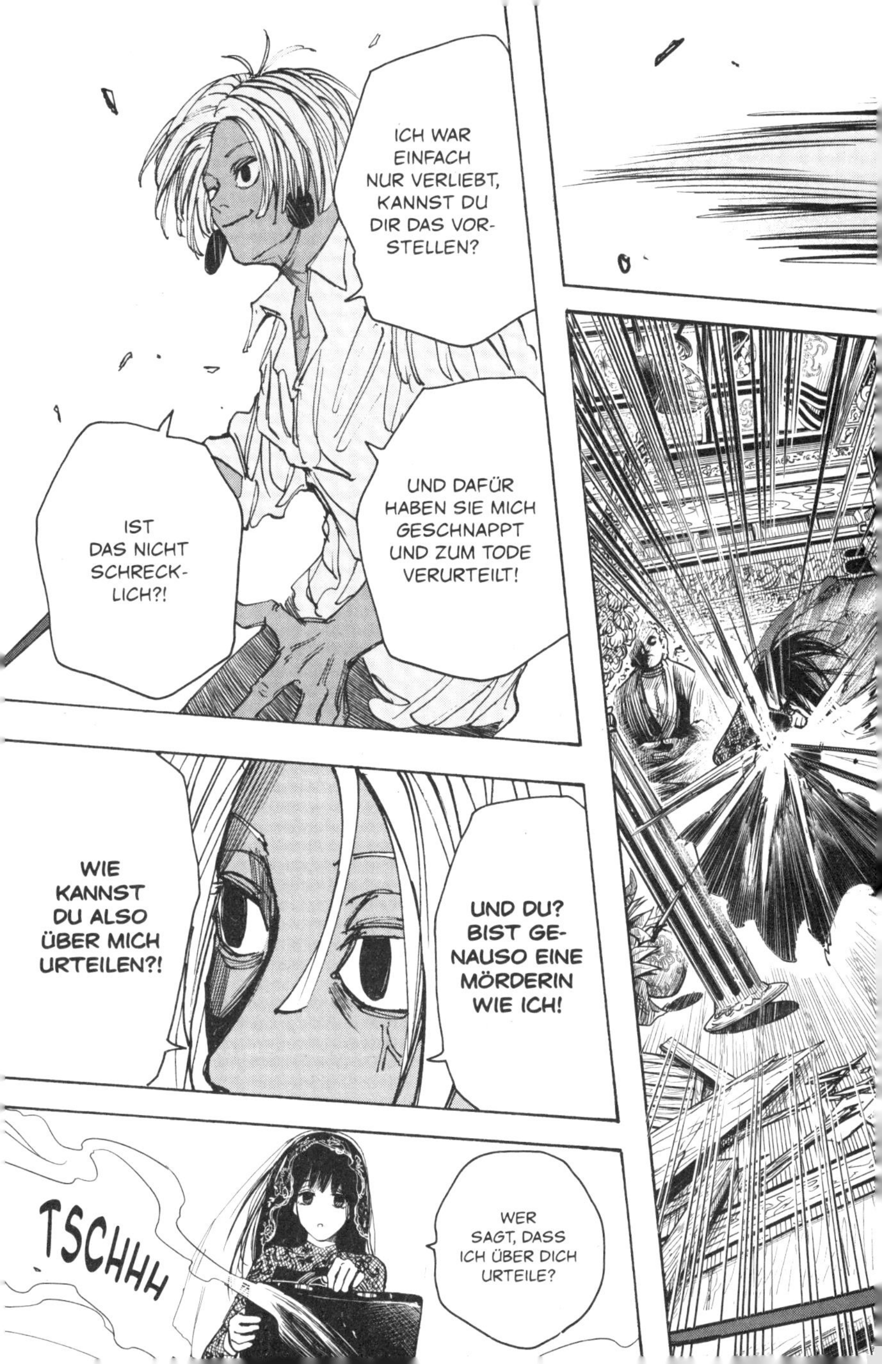
ICH WAR EINFACH NUR VERLIEBT, KANNST DU DIR DAS VOR-STELLEN?
UND DAFÜR HABEN SIE MICH GESCHNAPPT UND ZUM TODE VERURTEILT!
IST DAS NICHT SCHRECK-LICH?!
UND DU? BIST GE-NAUSO EINE MÖRDERIN WIE ICH!
WIE KANNST DU ALSO ÜBER MICH URTEILEN?!
WER SAGT, DASS ICH ÜBER DICH URTEILE?
TSCHHH

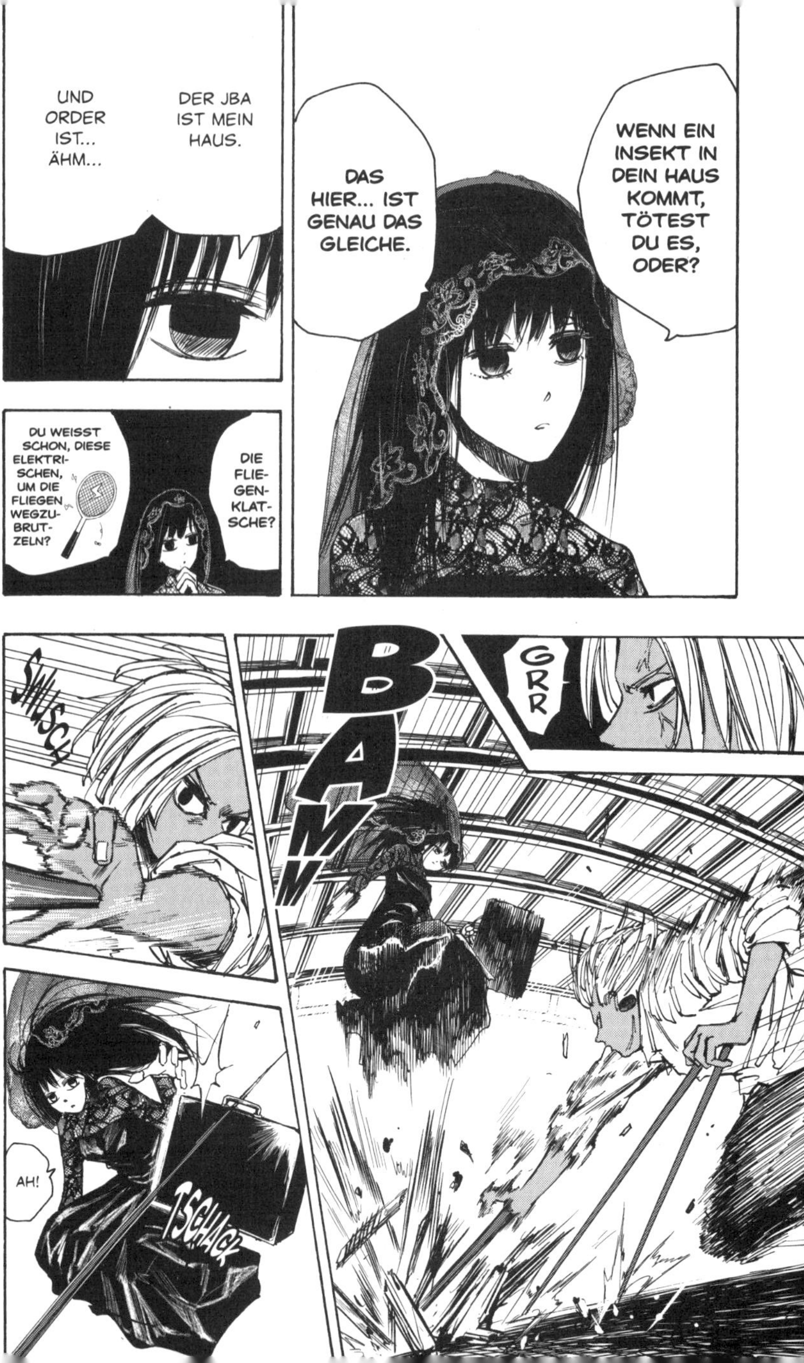
WENN EIN INSEKT IN DEIN HAUS KOMMT, TÖTEST DU ES, ODER?
DAS HIER... IST GENAU DAS GLEICHE.
DER JBA IST MEIN HAUS.
UND ORDER IST... ÄHM...
DIE FLIEGENKLATSCHE?
DU WEISST SCHON, DIESE ELEKTRISCHEN, UM DIE FLIEGEN WEGZUBRUTZELN?
GRR
BAMM
SWUSCH
TSCHACK
AH!

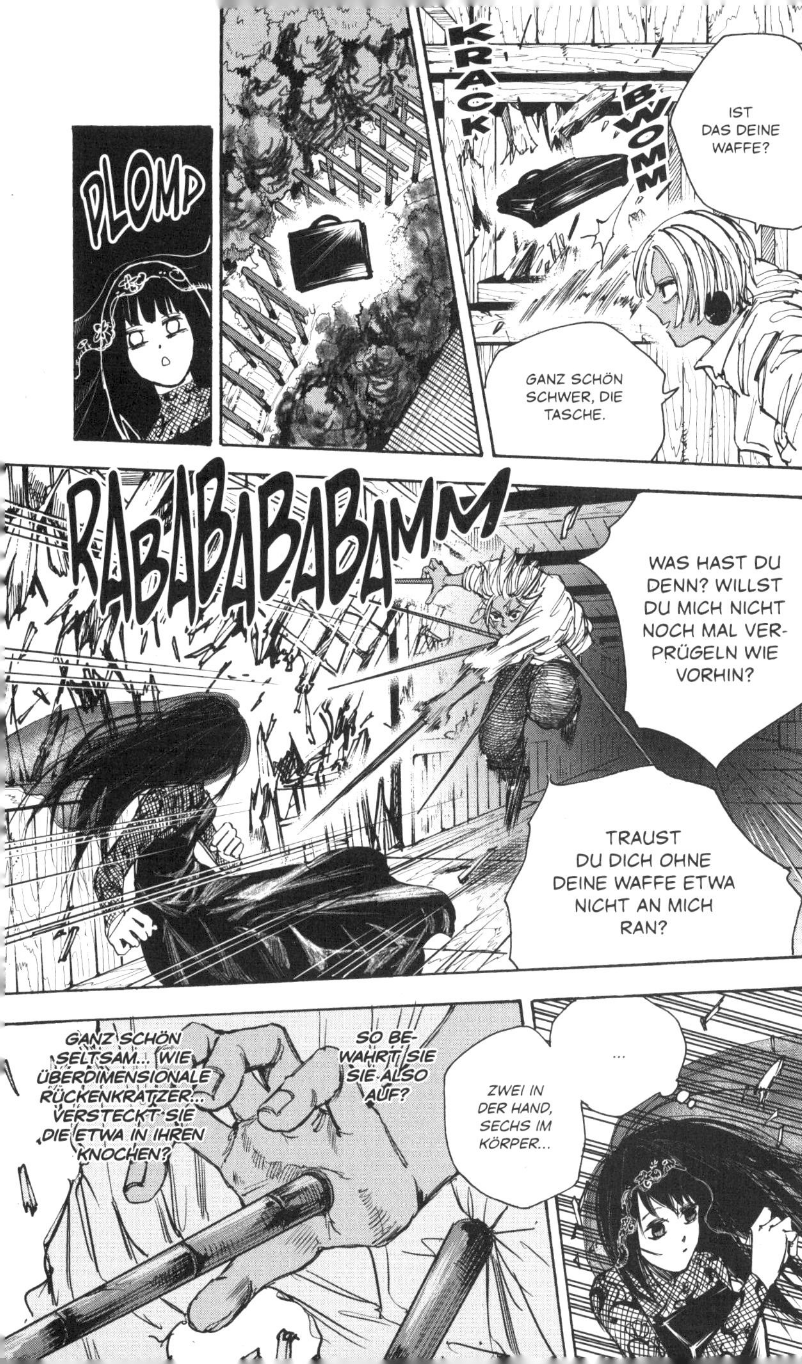
KRACK
BWOMM
IST DAS DEINE WAFFE?
GANZ SCHÖN SCHWER, DIE TASCHE.
PLOMP
RABABABABAMM
WAS HAST DU DENN? WILLST DU MICH NICHT NOCH MAL VERPRÜGELN WIE VORHIN?
TRAUST DU DICH OHNE DEINE WAFFE ETWA NICHT AN MICH RAN?
...
ZWEI IN DER HAND, SECHS IM KÖRPER...
SO BEWAHRT SIE SIE ALSO AUF?
GANZ SCHÖN SELTSAM... WIE ÜBERDIMENSIONALE RÜCKENKRATZER... VERSTECKT SIE DIE ETWA IN IHREN KNOCHEN?

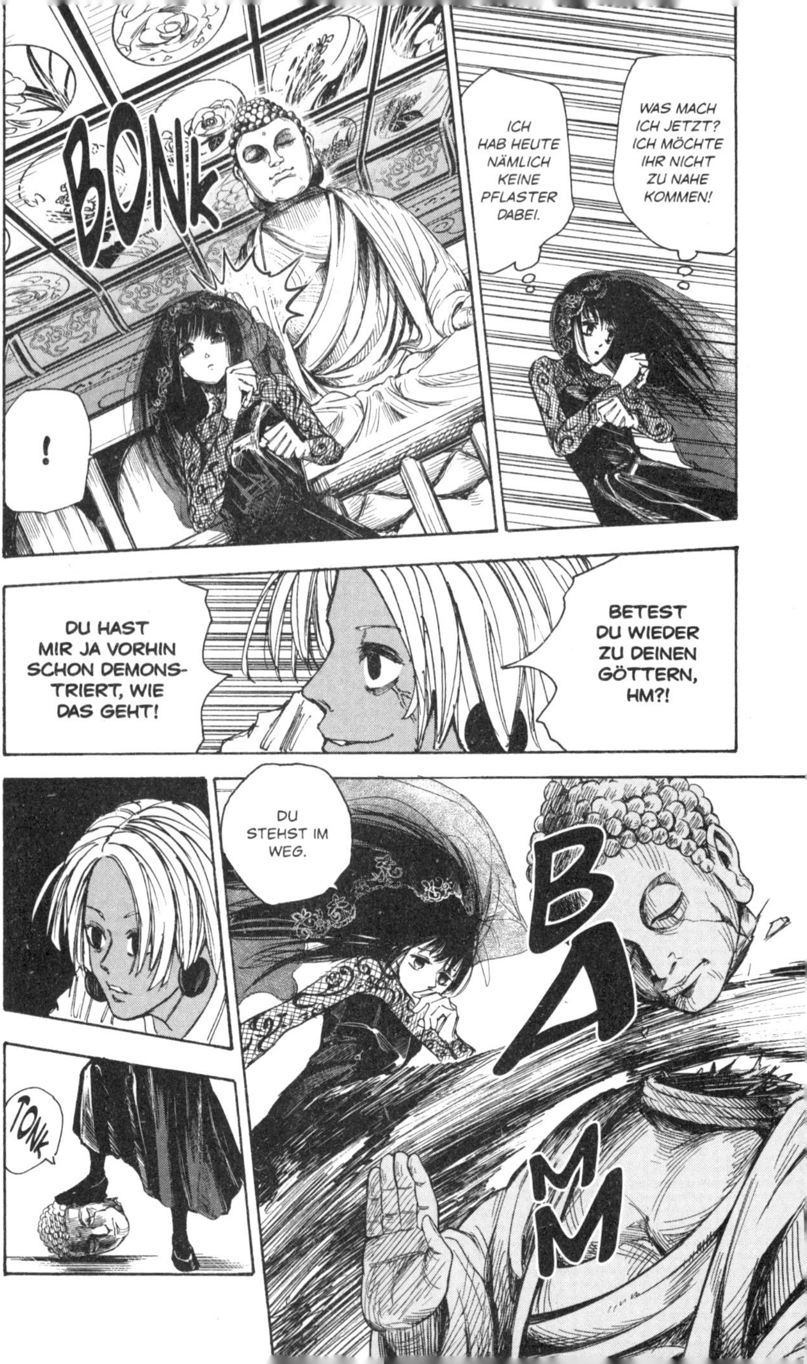
WAS MACH ICH JETZT? ICH MÖCHTE IHR NICHT ZU NAHE KOMMEN!
ICH HAB HEUTE NÄMLICH KEINE PFLASTER DABEI.
BONK
!
BETEST DU WIEDER ZU DEINEN GÖTTERN, HM?!
DU HAST MIR JA VORHIN SCHON DEMONS-TRIERT, WIE DAS GEHT!
BAMMM
DU STEHST IM WEG.
TONK

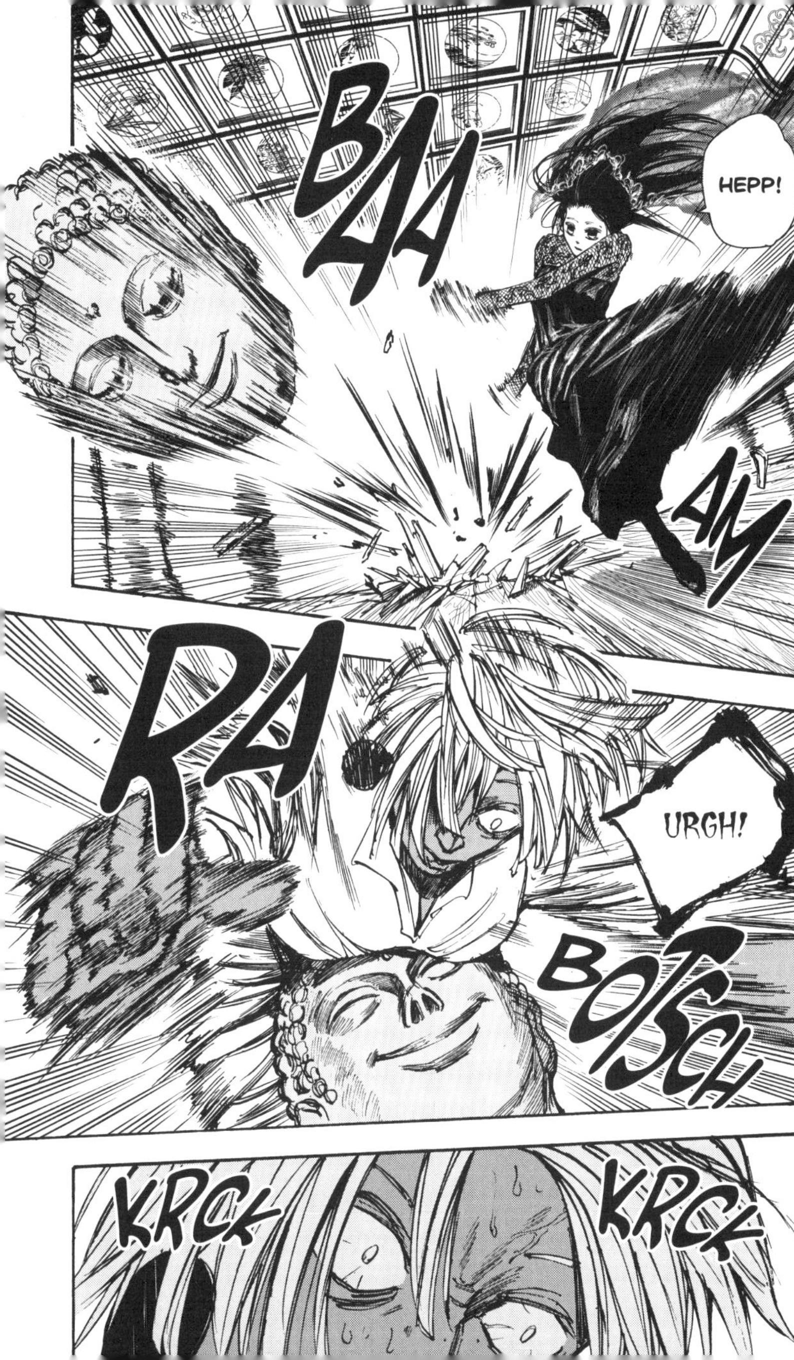
BAAA
HEPP!
AM
RA
URGH!
BOTSCH
KRCK
KRCK

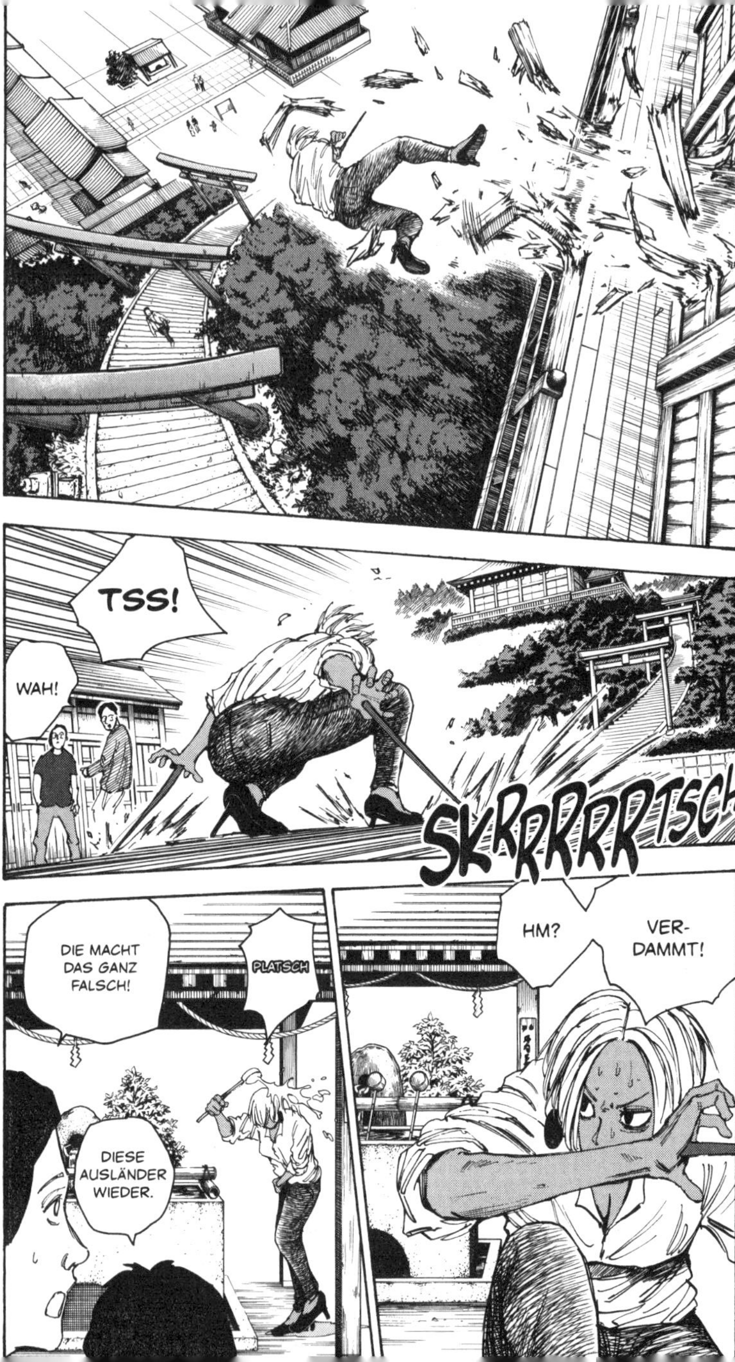
SKRRRRRTSCH
TSS!
WAH!
VER-DAMMT!
HM?
PLATSCH
DIE MACHT DAS GANZ FALSCH!
DIESE AUSLÄNDER WIEDER.

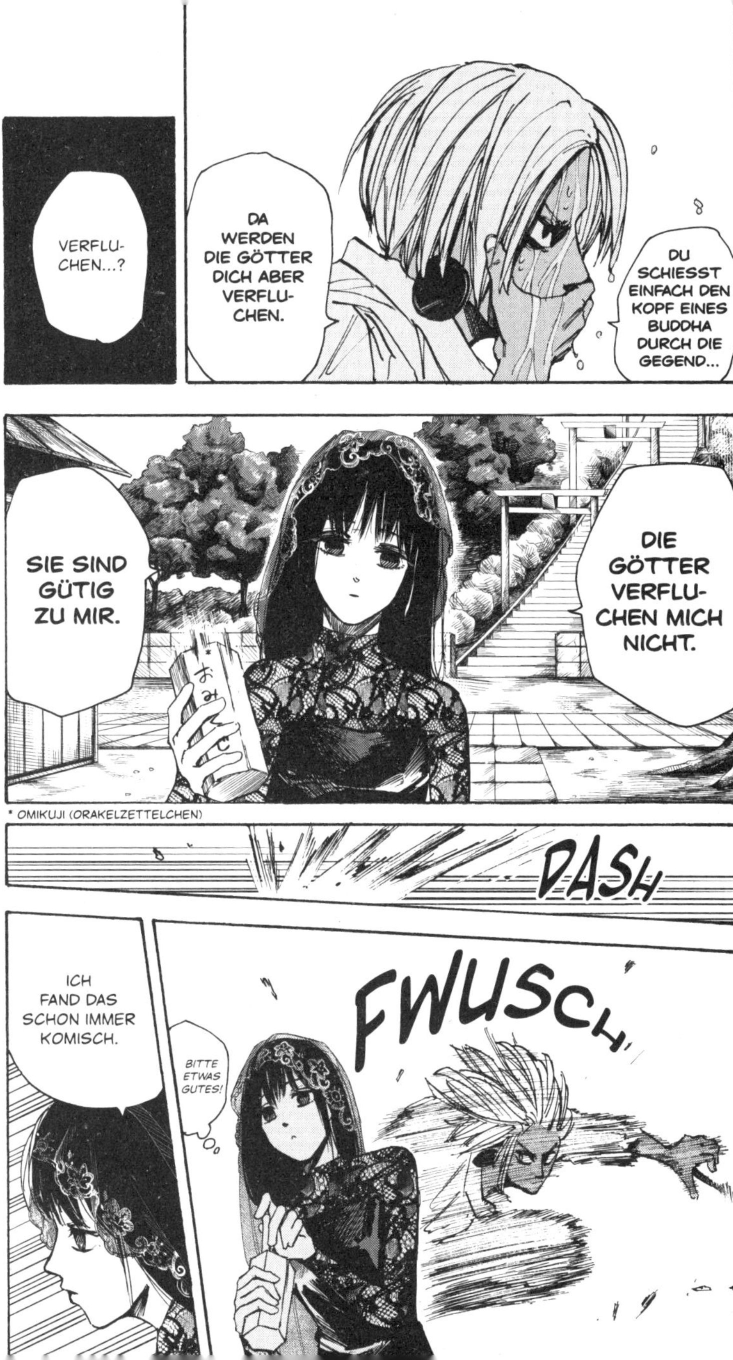

* OMIKUJI (ORAKELZETTELCHEN)

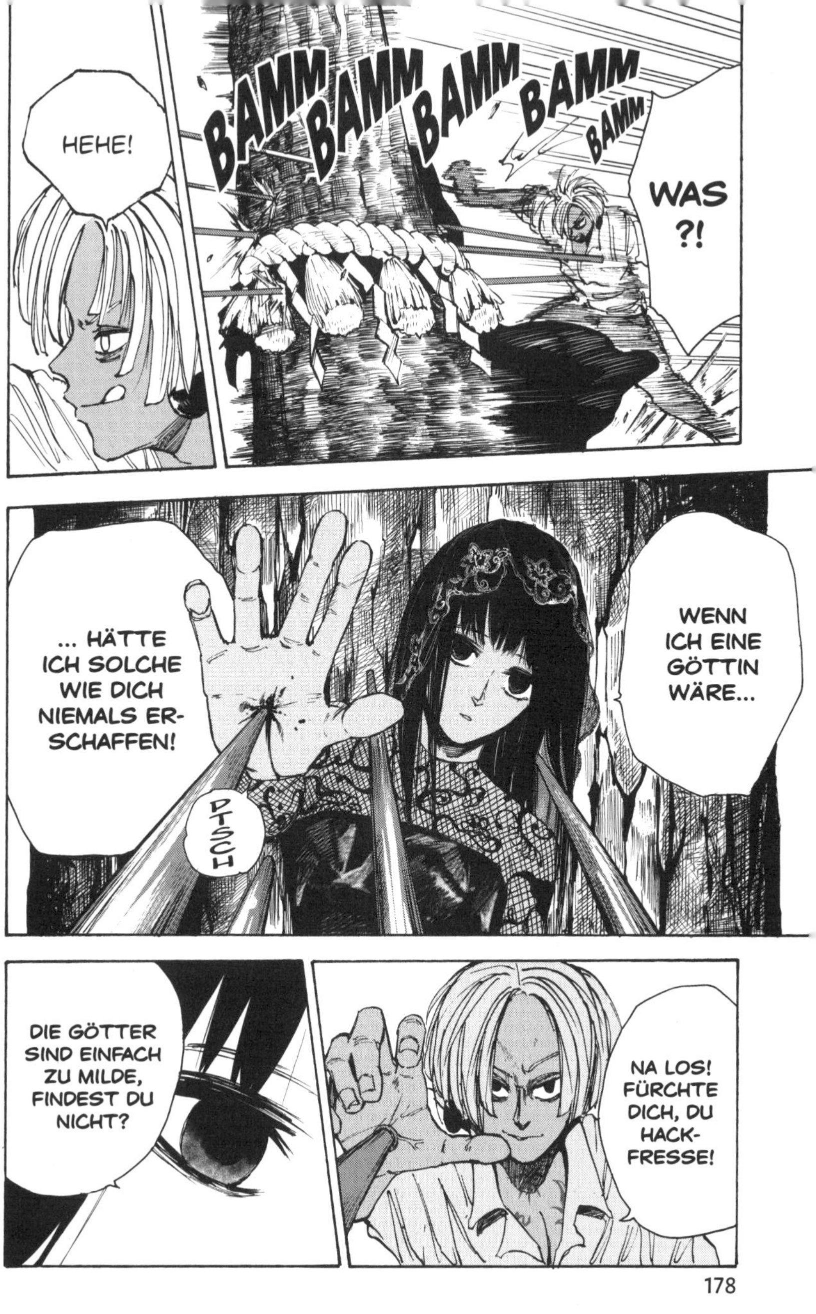
BAMM BAMM BAMM BAMM BAMM
WAS ?!
HEHE!
WENN ICH EINE GÖTTIN WÄRE...
DTSCH
... HÄTTE ICH SOLCHE WIE DICH NIEMALS ER-SCHAFFEN!
NA LOS! FÜRCHTE DICH, DU HACK-FRESSE!
DIE GÖTTER SIND EINFACH ZU MILDE, FINDEST DU NICHT?

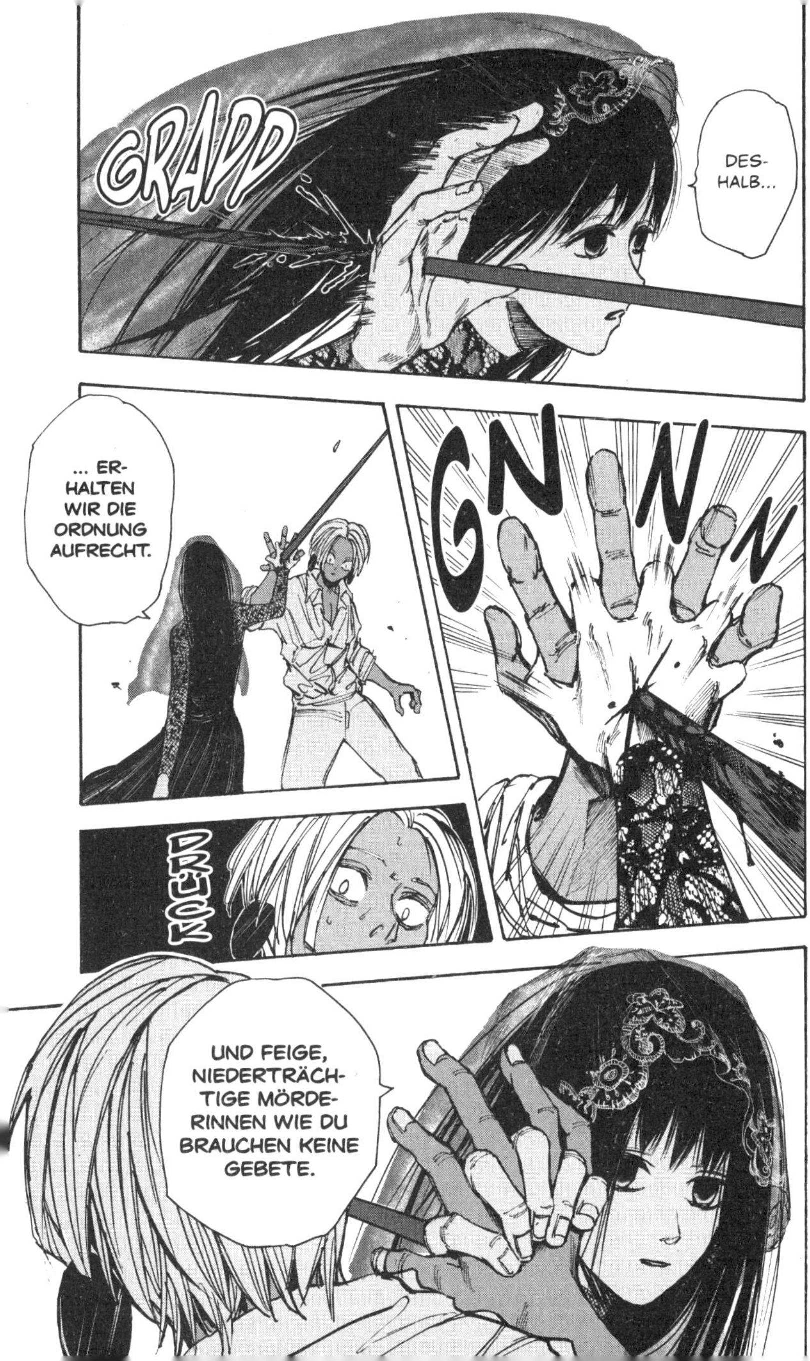
DES-
HALB...
GRAPP
GNNN
... ER-
HALTEN
WIR DIE
ORDNUNG
AUFRECHT.
DRÜCK
UND FEIGE,
NIEDERTRÄCH-
TIGE MÖRDE-
RINNEN WIE DU
BRAUCHEN KEINE
GEBETE.

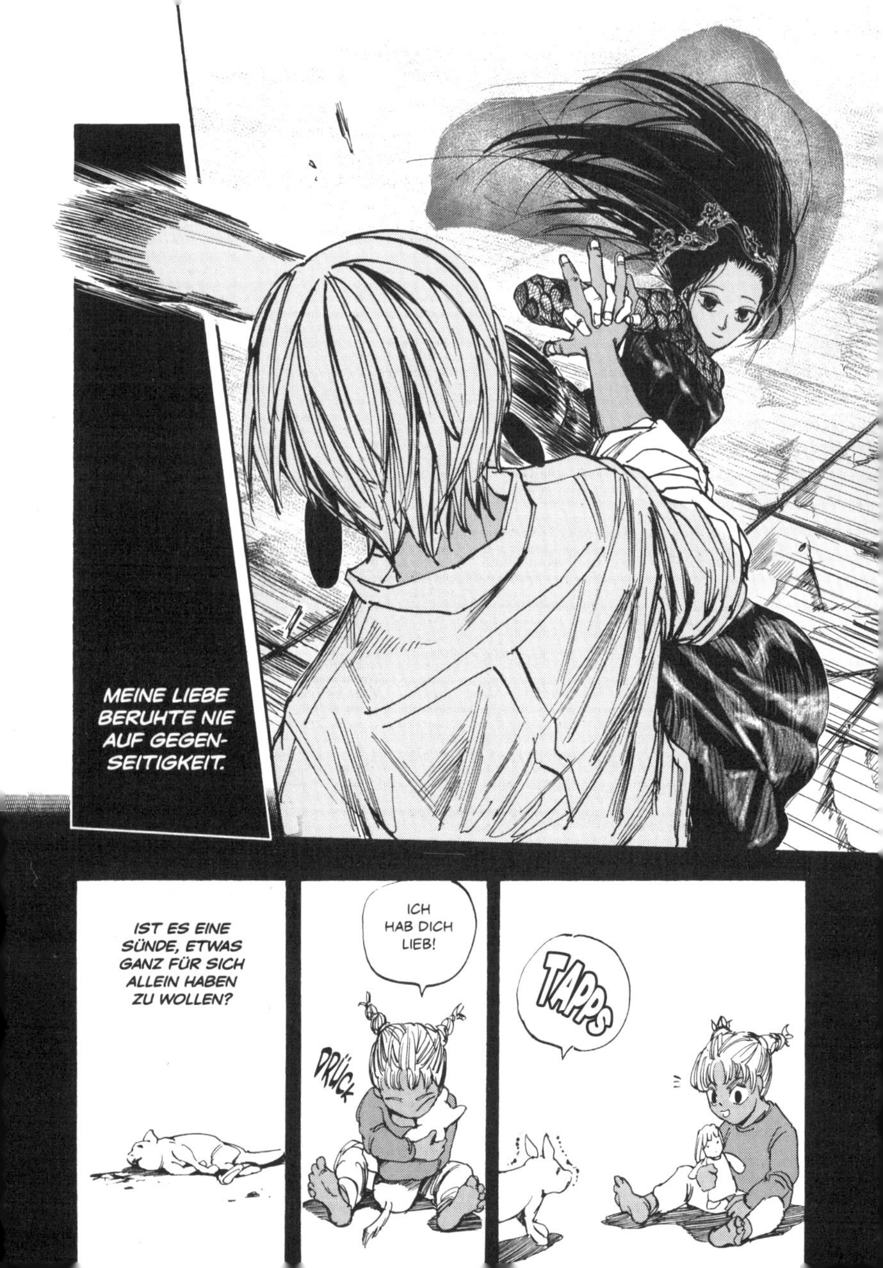
MEINE LIEBE BERUHTE NIE AUF GEGEN-SEITIGKEIT.
TAPPS
ICH HAB DICH LIEB!
DRÜCK
IST ES EINE SÜNDE, ETWAS GANZ FÜR SICH ALLEIN HABEN ZU WOLLEN?

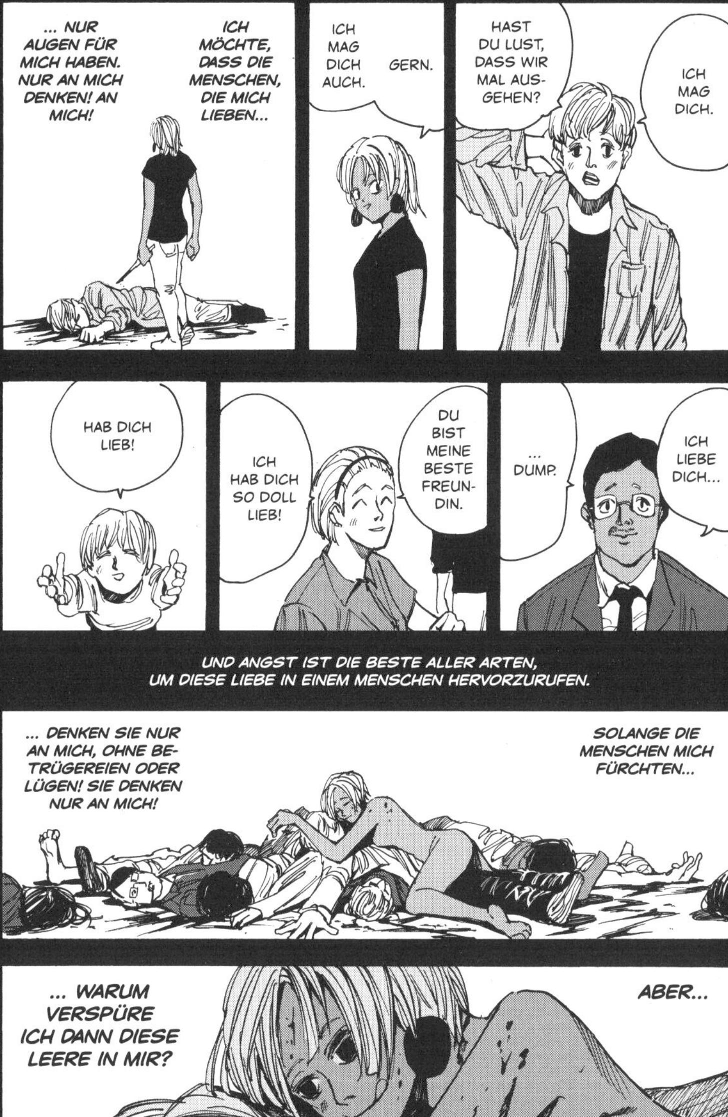
ICH MAG DICH.
HAST DU LUST, DASS WIR MAL AUS-GEHEN?
ICH MAG DICH AUCH. GERN.
ICH MÖCHTE, DASS DIE MENSCHEN, DIE MICH LIEBEN...
... NUR AUGEN FÜR MICH HABEN. NUR AN MICH DENKEN! AN MICH!
ICH LIEBE DICH...
... DUMP.
DU BIST MEINE BESTE FREUN-DIN.
ICH HAB DICH SO DOLL LIEB!
HAB DICH LIEB!
UND ANGST IST DIE BESTE ALLER ARTEN, UM DIESE LIEBE IN EINEM MENSCHEN HERVORZURUFEN.
SOLANGE DIE MENSCHEN MICH FÜRCHTEN...
... DENKEN SIE NUR AN MICH, OHNE BE-TRÜGEREIEN ODER LÜGEN! SIE DENKEN NUR AN MICH!
ABER...
... WARUM VERSPÜRE ICH DANN DIESE LEERE IN MIR?

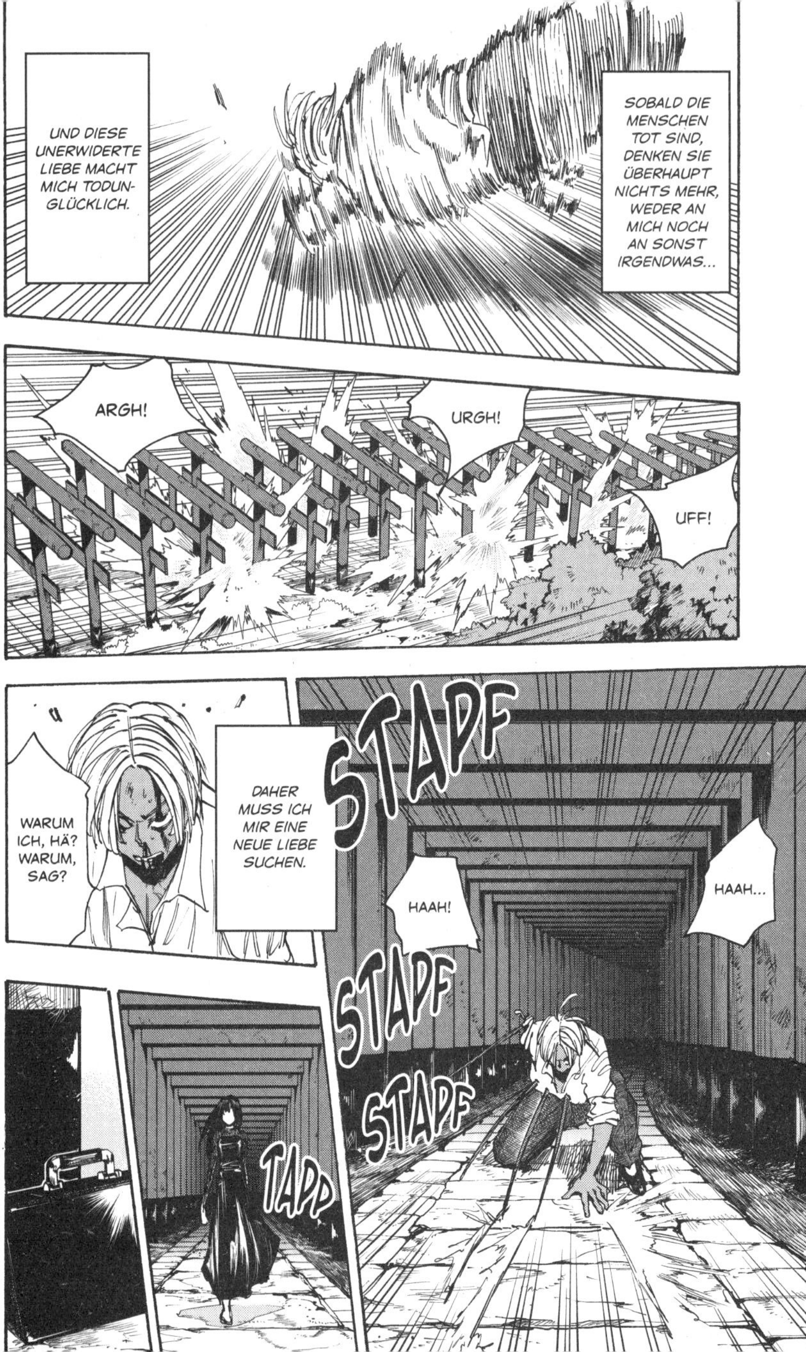
SOBALD DIE MENSCHEN TOT SIND, DENKEN SIE ÜBERHAUPT NICHTS MEHR, WEDER AN MICH NOCH AN SONST IRGENDWAS…
UND DIESE UNERWIDERTE LIEBE MACHT MICH TODUNGLÜCKLICH.
UFF!
URGH!
ARGH!
STAPF
HAAH…
HAAH!
DAHER MUSS ICH MIR EINE NEUE LIEBE SUCHEN.
WARUM ICH, HÄ? WARUM, SAG?
STAPF
STAPF
TAPP

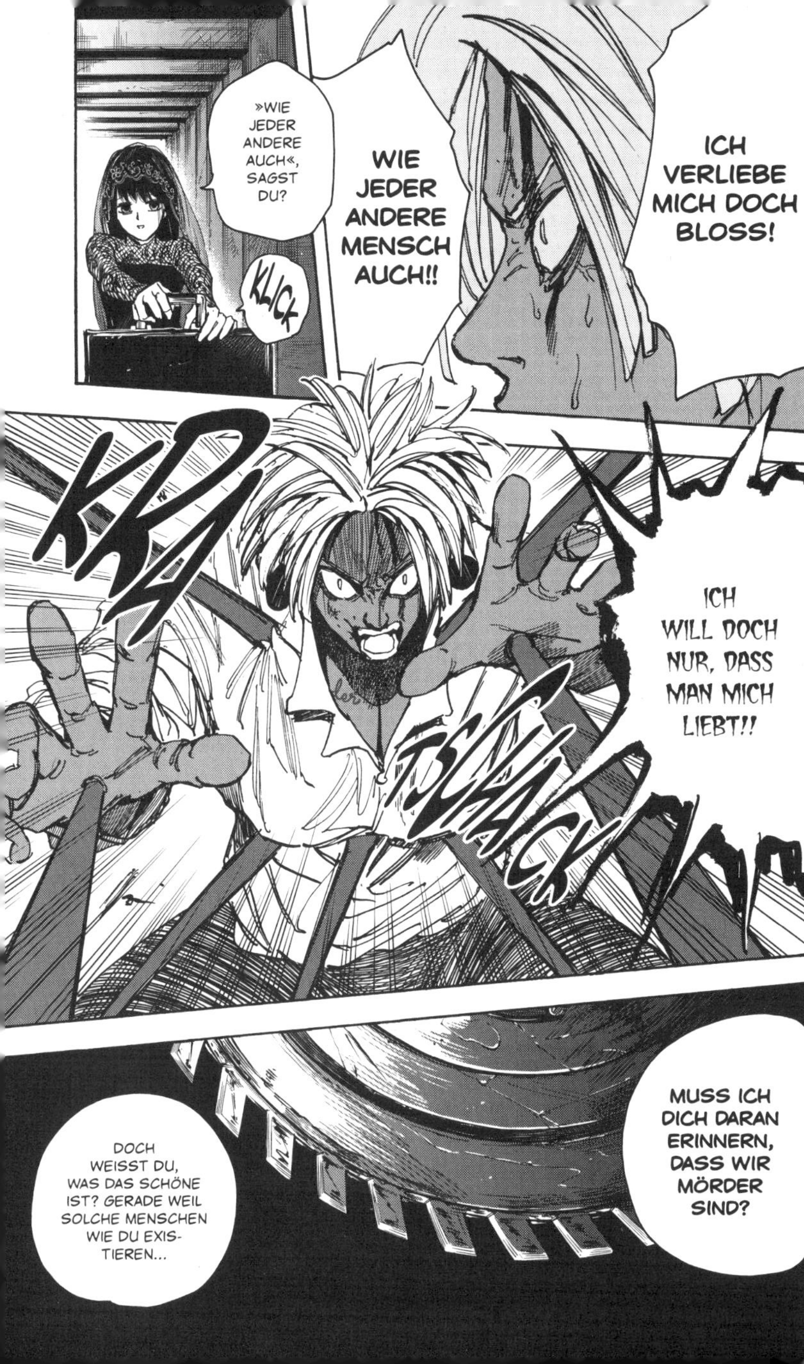
ICH VERLIEBE MICH DOCH BLOSS!
WIE JEDER ANDERE MENSCH AUCH!!
»WIE JEDER ANDERE AUCH«, SAGST DU?
KLICK
KRA
ICH WILL DOCH NUR, DASS MAN MICH LIEBT!!
TSCHACK
MUSS ICH DICH DARAN ERINNERN, DASS WIR MÖRDER SIND?
DOCH WEISST DU, WAS DAS SCHÖNE IST? GERADE WEIL SOLCHE MENSCHEN WIE DU EXISTIEREN...

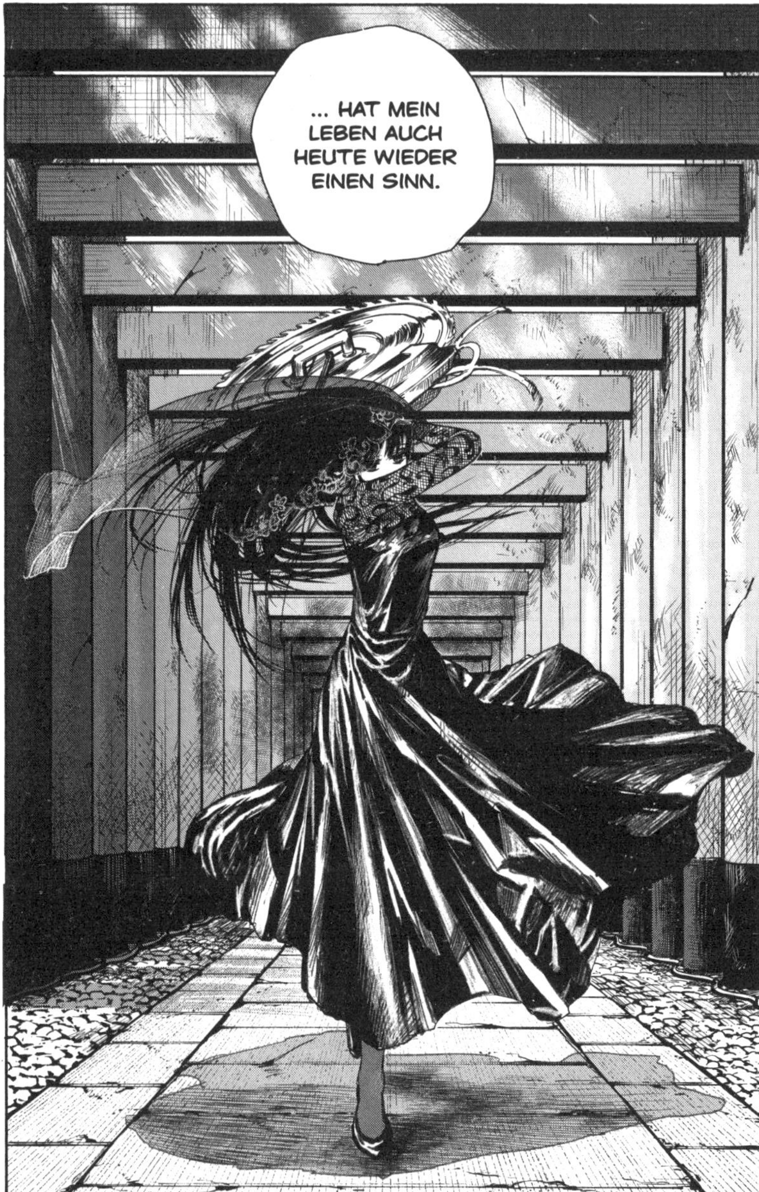
... HAT MEIN LEBEN AUCH HEUTE WIEDER EINEN SINN.

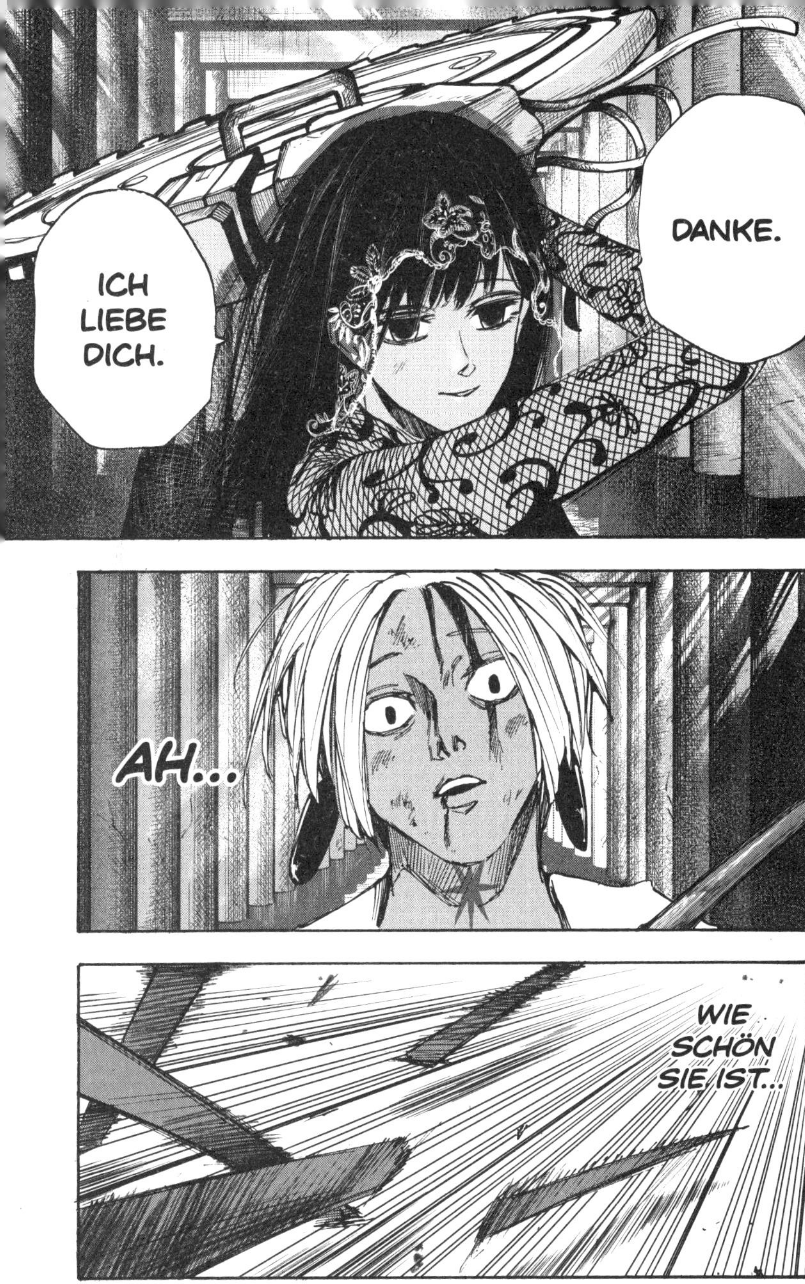
DANKE.
ICH LIEBE DICH.
AH...
WIE SCHÖN SIE IST...

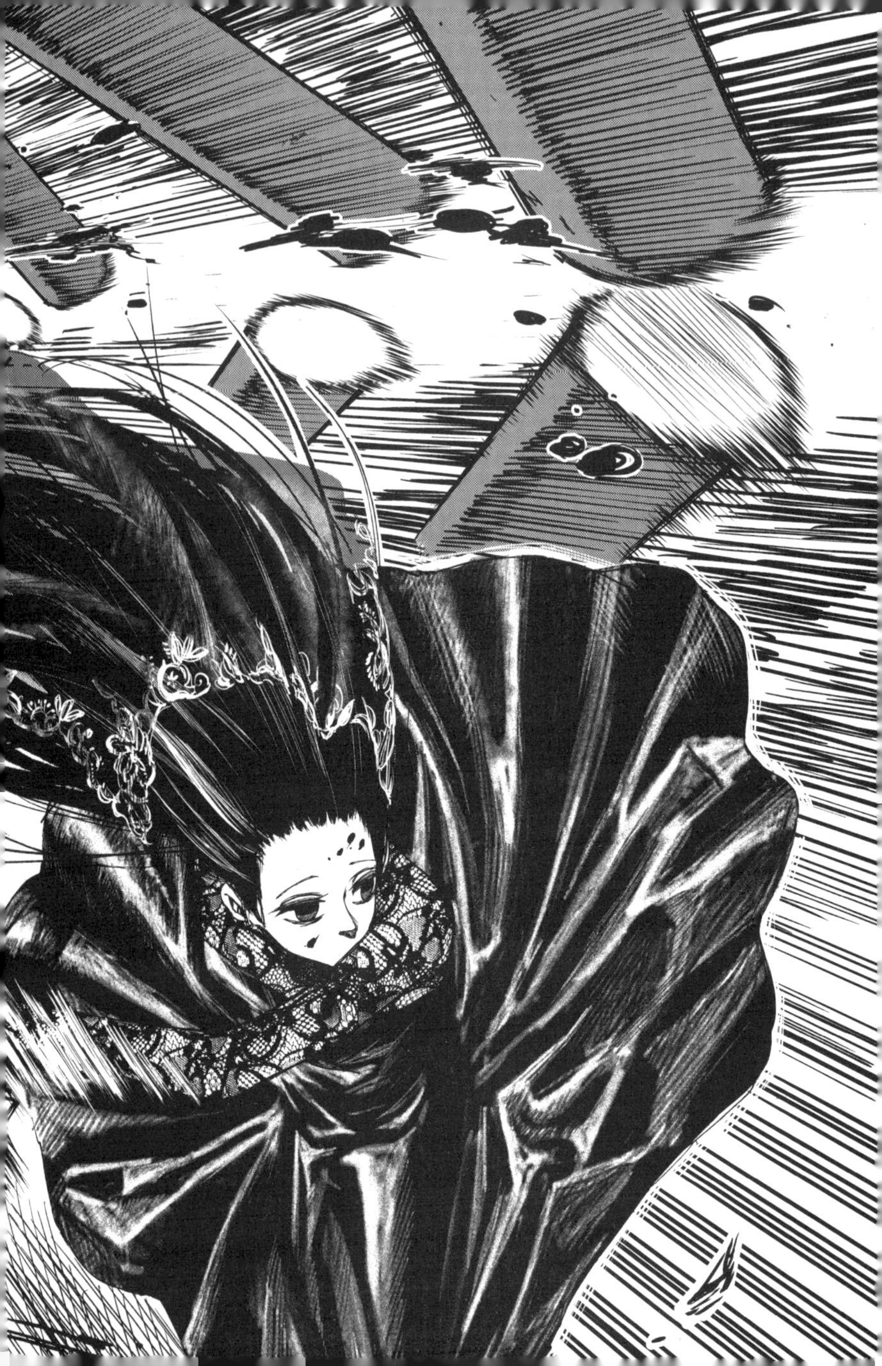

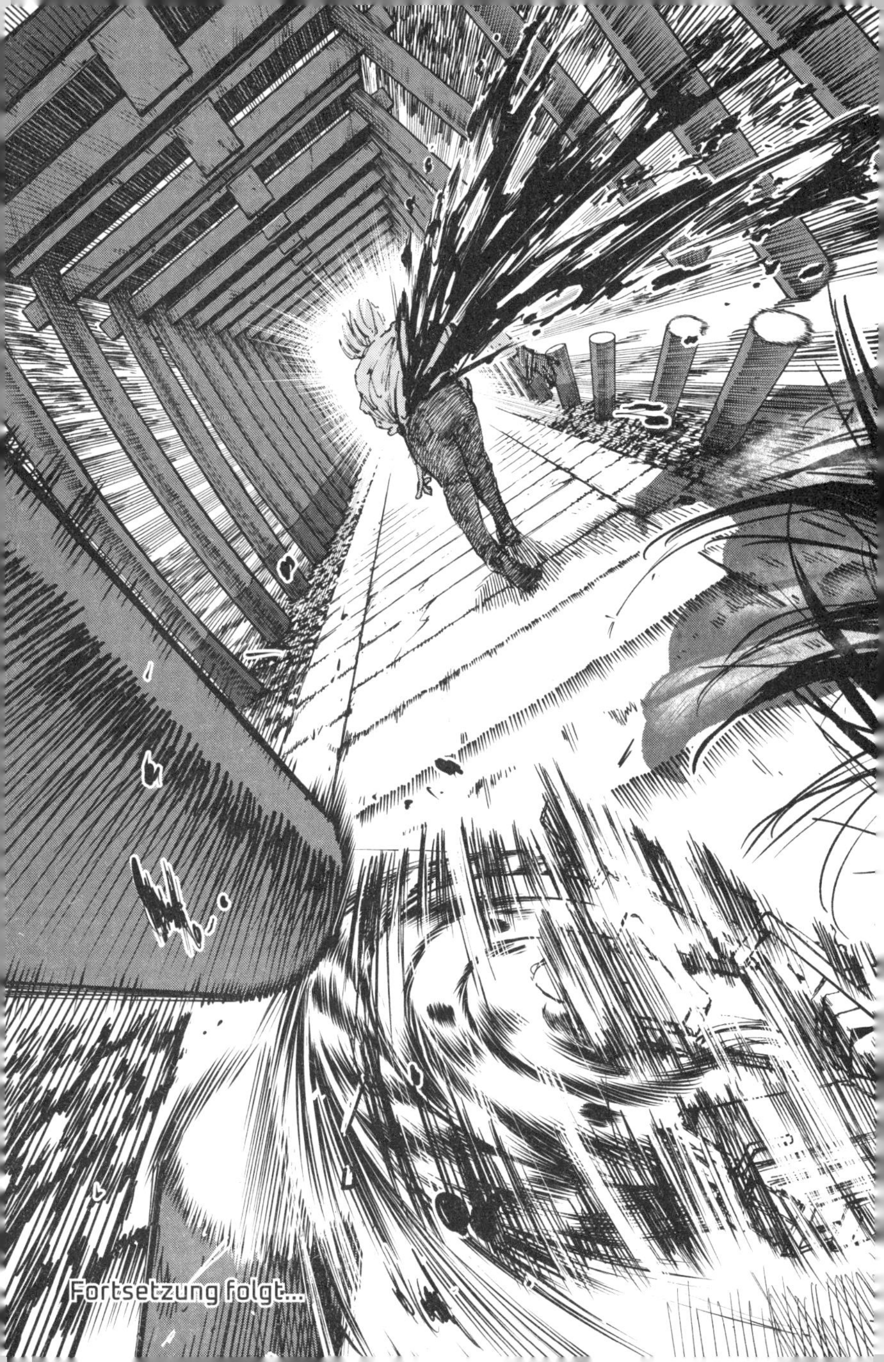
Fortsetzung folgt...

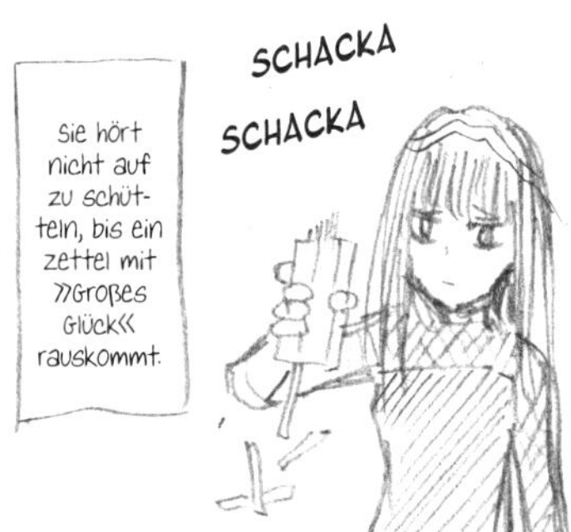
SCHACKA
SCHACKA
Sie hört nicht auf zu schüt-teln, bis ein Zettel mit »Großes Glück« rauskommt.

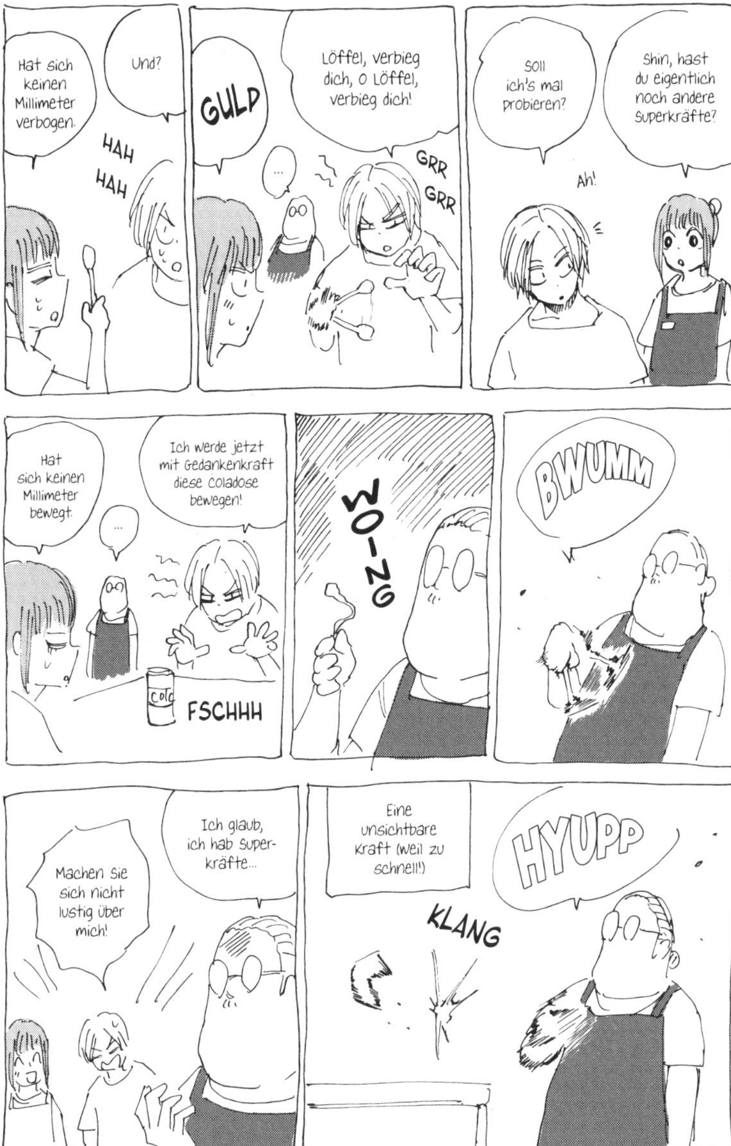

Special thanks ☆ Tomohiro Iwakura · Shinichi Ito · Tetsu Okawa · Moro · Sosuke Ishikawa

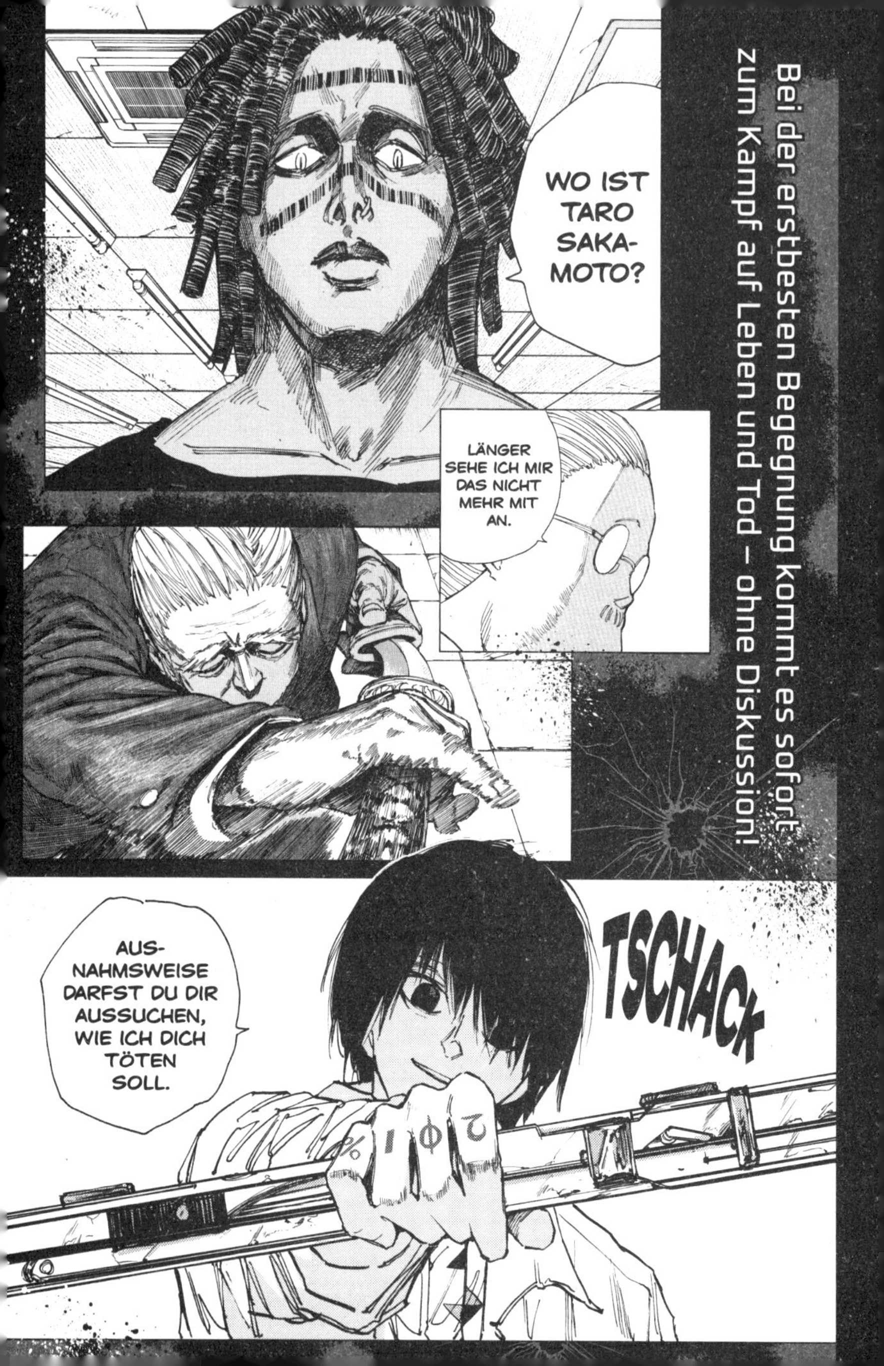
Bei der erstbesten Begegnung kommt es sofort zum Kampf auf Leben und Tod – ohne Diskussion!
WO IST TARO SAKA-MOTO?
LÄNGER SEHE ICH MIR DAS NICHT MEHR MIT AN.
TSCHACK
AUS-NAHMSWEISE DARFST DU DIR AUSSUCHEN, WIE ICH DICH TÖTEN SOLL.

STOPP

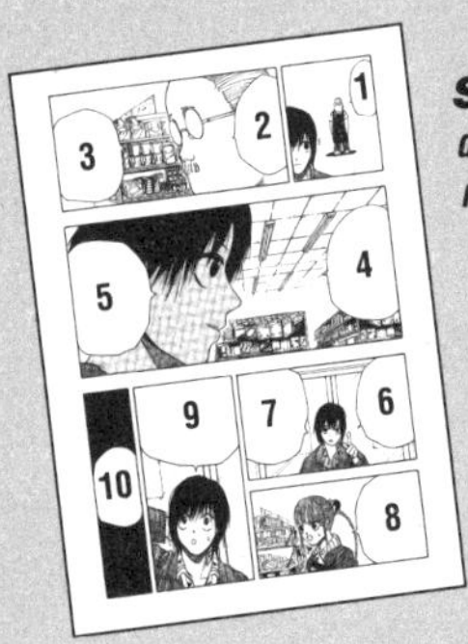

***SAKAMOTO DAYS** ist eine japanische Serie, die originalgetreu von »hinten« nach »vorne« und von rechts nach links gelesen wird. Man muss diesen Manga also »hinten« aufschlagen und Seite für Seite nach »vorn« weiterblättern. Auch die Bilder auf jeder Seite und die Sprechblasen innerhalb der Bilder werden von rechts oben nach links unten gelesen, so wie in der Grafik gezeigt.*

Ultimative Action mit dem besten Profikiller der Welt!

Carlsen Manga! News – jeden Monat neu per E-Mail!
www.carlsenmanga.de • www.carlsen.de

CARLSEN MANGA
Deutsche Ausgabe/German Edition

Völckersstr. 14–20 • 22765 Hamburg
Aus dem Japanischen von Martin Gericke • SAKAMOTO DAYS © 2020 by Yuto Suzuki

Redaktion: Nina Kroesing • Textbearbeitung: Rebecca Richards
Lettering: Datagrafix • Produktionsmanagerin: Karen Kollmetz
 • ISBN: 978-3-551-79484-0

Wir produzieren nachhaltig

- Klimaneutrales Produkt
- Papiere aus nachhaltigen und kontrollierten Quellen
- Hergestellt in Europa

FSC
www.fsc.org
MIX
Papier | Fördert gute Waldnutzung
FSC® C083411